国家出版基金资助项目

"十一五"国家重点图书规划项目

《生态文明与绿色低碳经济发展论丛》

刘思华　主编

循环经济的生态创新

严立冬　刘加林　郭晓川　著

中国财政经济出版社

图书在版编目（CIP）数据

循环经济的生态创新/严立冬，刘加林，郭晓川著.—北京：中国财政经济出版社，2010.11

（《生态文明与绿色低碳经济发展论丛》/刘思华主编）

国家出版基金资助项目　“十一五”国家重点图书规划项目

ISBN 978-7-5095-2575-3

Ⅰ.①循…　Ⅱ.①严…　②刘…　③郭…　Ⅲ.①自然资源-资源经济学-研究-中国　Ⅳ.①F124.5

中国版本图书馆CIP数据核字（2010）第208021号

责任编辑：涂　蕙　　　　责任校对：胡永立

封面设计：朱　江　　　　版式设计：董生萍

中国财政经济出版社出版

URL：http：//www.cfeph.cn

E-mail：cfeph@cfeph.cn

社址：北京市海淀区阜成路甲28号　邮政编码：100142

发行处电话：88190406　财经书店电话：64033436

北京富生印刷厂印刷　　各地新华书店经销

787×1092毫米　16开　23印张　311 000字

2011年12月第1版　2011年12月北京第1次印刷

定价：45.00元

ISBN 978-7-5095-2575-3/F·2191

（图书出现印装问题，本社负责调换）

本社质量投诉电话：010-88190744

国家出版基金资助项目
“十一五”国家重点图书规划项目
《生态文明与绿色低碳经济发展论丛》编委会

总　序

建设生态文明·发展绿色经济·构建和谐社会
——论发展中国特色社会主义“三大法宝”

党的十六大以后，以胡锦涛为总书记的党中央，科学分析我国全面参与经济全球化的新机遇、新挑战，全面认识工业化、信息化、生态化、市场化、国际化深入发展的新形势、新任务，正确把握当今世界和当代中国发展的面临的新课题、新矛盾；不仅认真总结发展中国特色社会主义的实践经验，而且高度重视世界各国发展的实践经验，从而提出科学发展观、构建和谐社会、建设生态文明、发展绿色经济①等一系列崭新发展理念和重大战略思想，集中体现了新世纪新阶段我们党、国家、政府在中国特色社会主义发展与经济发展问题上重大理论与实践的双重创新。因此，用科学发展观统领建设生态文明、发展绿色经济、构建和谐社会，这是以胡锦涛为总书记的中央领导集

① 本书所说的发展绿色经济是广义的，不仅是指广义的绿色产业，而且包括低碳经济、循环经济、清洁能源与可再生能源经济、碳汇经济以及其他节约能源资源与保护环境生态的经济等。

体的伟大创造。从理论层面上说，这三大重要战略思想，是中国特色社会主义发展理论与经济发展理论的基本观点，是胡锦涛为总书记的中央领导集体对中国特色社会主义理论的丰富和发展，所作出的特有的重大理论贡献，开辟了马克思主义发展理论在当代中国创新与发展的新境界，谱写了马克思主义中国化、时代化、大众化的新篇章。从实践层面上看，我们按照科学发展观的客观要求，建设生态文明、发展绿色经济、构建和谐社会的伟大实践，是中国特色社会主义实践的基本形式，应该说是21世纪中国发展的主旋律；甚至可以说，它们是21世纪发展中国特色社会主义的“三大法宝”，必将展现出中华文明发展所追求的中国生态经济社会有机整体绿色、和谐、协调、可持续发展的最高境界。“十一五”国家重点图书规划项目《生态文明与绿色低碳经济发展论丛》（以下简称《论丛》），是新中国成立以来最大的生态经济学哲学社会学出版工程，它力图从新兴交叉学科视角反映中国特色社会主义发展与经济发展的理论和实践双重创新。因此，本论丛的每部著作，都是选择发展中国特色社会主义的某个重大理论与实践问题进行双重探索，都有所创新。这就涉及发展中国特色社会主义的理论与实践问题很多，在此，仅把其中10个重大问题特意推出并加以简论，是为序。

一

科学发展观是建设生态文明、发展绿色经济、构建和谐社会的理论前提和生命线。党的十七大最终确立了社会主义生态文明观，这是把科学社会主义同中国基本国情与具体实践相结合得出来的马克思主义论断。建设生态文明，是中国特色社会主义的应有之义和重要内涵。它必然成为科学发展观的重要内涵与组成部分，是科学发展观的新发展的重要标志，使我们党的发展理论和文明理论由原来局限于

“社会的世界”扩展到“自然的世界”，反映了当今世界和人类文明的最新发展理念。它不仅是对人类经济社会发展的经验，而且是对生态自然发展的经验的深刻总结与高度概括。这是科学发展观具有划时代意义的根本含义。因此，以人为本的科学发展观的完整内涵和精神实质具有两层含义：一是在经济社会领域里，处理人与人的社会关系是以人为本；二是在生态自然领域里，处理人与自然的生态关系是以生态为本。在此，广义的“生态”，既是科学发展、和谐发展的核心要义，也是衡量科学发展、和谐发展的根本标志。因此，我们完全可以说，科学发展观是以人为本和以生态为本的双重价值取向的内在统一，是经济社会发展观和生态自然发展观的有机统一观。这就是科学发展观的核心内涵与基本要求的内在统一。因为，在21世纪建设生态文明、发展绿色经济、构建和谐社会的世纪，无论是全面发展，还是协调发展，尤其是可持续发展，都是与自然生态环境良性循环不可须臾分离的绿色发展，离开了人与自然和谐统一的生态发展即绿色发展就没有全面、协调、可持续发展可言。当然，也就没有科学发展可言。由此，我们必然得出一个合乎逻辑的结论：科学发展是以绿色发展、和谐发展为核心的全面、协调、可持续发展。这充分体现了科学发展观的绿色发展属性和特征。

科学发展观作为发展着的科学理论，它的理论内涵，不仅涵盖了建设生态文明的思想观念，而且涵盖了发展绿色经济的思想观念。如果说，生态文明与和谐发展是科学发展观和中国特色社会主义的应有之义与重要内涵，那么完全可以说绿色经济与绿色发展也是科学发展观和中国特色社会主义的应有之义与重要内涵。尤其是人与自然和谐协调发展，是生态文明的核心理念，也是生态自然发展观的核心理念；绿色经济的实质是经济生态和谐协调发展；和谐社会的本质是社会生态和谐协调发展。正是从“生态—经济—社会”有机整体的生态和谐协调发展意义上说，生态和谐协调已经成为当今中国和谐协调发展的根本基础。它是科学发展观在生态经济社会有机整体发展现实中的具体体现，也是社会主义和谐社会的一个最基本特征。正是在这个意义上说，在哲学层面上，科学发展观是中国特色社会主义生态文明观；在经济学层面上，是生态自然发展观和经济社会发展观有机统一的绿色经济发展观；在社会学层面上，则是中国特色社会主义和谐社会发展观。

二

发展是我们党执政兴国的第一要务。那么，发展的终极目的与价值尺度又是什么呢？尤其“三大法宝”实践选择的终极目的与价值尺度是什么呢？这是新世纪新阶段发展中国特色社会主义要解决的首要的重大理论与实践问题。党的十七大以后，传统或纯哲学社会科学理论，当然也包括传统或纯马克思主义经济学理论在内，都仍然认为，发展尤其是经济发展的终极目的与价值尺度，只是为了人的生存与发展的需要和利益，把非人类生命物种生存与发展的需要与利益，排斥在人的经济社会实践的终极目的和价值尺度之外。国际国内学术界都是如此。西方学者有句名言：“人类保护自然是出于保护自己的目的。”近几年来，学术界在阐明以人为本的科学发展观，纠正了过去把人作为工具和手段来实现经济增长的目的的错误观念，认为科学发展观的以人为本是指发展的出发点和落脚点，是为了人的生存与发展的需要和利益，人的发展是目的，即坚持把人民群众作为发展的终极目的和价值尺度。这是理论上一大进步。一些著名学者和权威刊物发表文章说：“建设生态文明，归根结底是为了人类自身的利益，也正是我们建设生态文明的归宿”。“注重生态价值和呵护好生态利益，归根到底为了人类利益，是为了更好坚持以人为本”。这种解说实际上是沿着极端人类中心主义和工业文明的思路来诠释建设生态文明，仍然没有摆脱工业文明发展的窠臼；把自然作为工具和手段来实现经济增长和最大限度地占有物质财富的目的。“三大法宝”的伟大实践，就向这种单一的终极目的和价值尺度发出了挑战。理论与实践都充分表明，工业文明是反人性（社会）和反自然（生态）的文明形态，工业文明时代的黑色经济是反人性（社会）和反自然（生态）的现代经济，资本主义工业社会是反人性（社会）和反自然（生态）的现代社会。当今我们建设社会主义生态文明、和谐社会和发展绿色经济，是人性化和生态化的崭新的现代文明、现代社会和现代经济，既要保证满足全体人民可持续生存与全面发展的需要和利益；又要保证满足非人类生命物种的生存健康与安全发展的需要和利益。这就是“三大法宝”实践选择的两重终极目的和价值尺度，这是自然、人、社会有机整体和谐协调为导向的生态文明、绿色经济、和谐社会的理论与实践的基本价值取向，更是我们探索中国特色社会主义发展与经济发展道路的理论与实践宗旨。因此，我们重构马克思主义经济学双重价值取向理论，寻找马克思主义经济学与当代人与人的发展问题和自然与生态发展问题之间的有机联系，使两者回归马克思主义经济学视野，确立它们在马克思主义经济学基本价值维度的地位。于是，我们把人和自然都是发展的终极目的的双重价值取向理论，运用到建设生态文明，发展绿色经济，构建和谐社会中来，不仅是经济智慧的升华，而且是生态智慧的升华；不仅是生存智慧的升华，而且是发展智慧的升华，必将引起包括新兴、交叉科学在内的哲学社会科学尤其会给马克思主义经济学研究带来革命性变革。

三

建设生态文明，构建和谐社会，都必须也应当大力发展绿色经济，形成生态和谐、社会和谐和经济和谐一体化的绿色经济形态。这是因为，绿色经济既是生态文明时代全新的经济形态与发展模式，又是和谐社会的最佳经济形态与发展模式。

马克思主义生态文明观认为，生态文明作为一种后工业文明，是社会形态和经济形态内在统一的全新的文明形态。从文明形态对人与自然发展关系的影响来说，工业文明是人与自然分裂与冲突的不和谐发展，可以称之为“黑色文明”，生态文明是人与自然内在统一与和谐共生的和谐发展，可以称之为“绿色文明”。因而，从生态与经济的发展关系而言，工业文明的经济形态是“黑色经济”，生态文明的经济形态是绿色经济。21世纪是建设生态文明、发展绿色经济、构建和谐社会的世纪。这个新世纪的社会形态的主导形态是生态文明或绿色文明，它们也是和谐社会的主导社会形态，这个新世纪的经济形态的主导形态是生态经济或绿色经济，它们在本质上是可持续发展经济，也是和谐社会的主导经济形态。首先，从绿色经济本质属性来看，我曾作过这样的概括：“绿色经济是可持续经济的实现形态和形象概括。它的本质是以生态经济协调发展为核心的可持续发展经济。”① 这就确认了绿色经济的生态经济属性，揭示了它的可持续经济的本质内涵。正是从这个意义上说，绿色经济作为生态文明时代的经济形态，是生态经济形态的现实象征与生动概括。其次，从现时代的经济发展实践来看，绿色经济正在朝着成为人类社会文明发展继农业文明的农业经济、工业文明的工业经济与知识经济之后的崭新经济形态的方向发展，并且现实已成为建设生态文明、构建和谐社会的重要经济发展模式。再次，从人类社会的经济形态演变的客观进程来看，生态文明是一种后工业文明形态，绿色经济是一种后工业经济形态；而包括信息经济在内的知识经济，既是工业文明高度发达的突出表现，又是在此基础上发展起来的一种后工业经济，是从工业文明的黑色经济向生态文明的绿色经济转型的经济形态，必然充当了工业文明

① 刘思华主编：《绿色经济论》，中国财政经济出版社2001年版，第3页。

和生态文明、黑色经济和绿色经济的中介。正是这个意义上，我们对绿色经济重新界定为：以生态文明为价值取向，以生态、知识、智力资本为基本要素，以人与自然和谐发展和生态与经济协调发展为根本目标，实现生态资本增殖的可持续经济。正因如此，2009 年 11 月，欧盟正式提出了新的战略构想，其核心要素就是发展绿色经济，要在未来的 10 年内，将欧盟打造成为一个“绿色知识经济体”。

社会主义和谐社会是一个自然生态和社会经济有机整体可持续发展的社会，这就决定了和谐社会的经济形态与发展模式，必然也应当是绿色经济。我曾在一些论著中提出“社会主义和谐社会是生态经济可持续性发展的社会”的新论点，此论准确地反映了和谐社会的生态经济属性和可持续发展经济的经济特征。因此，现在，我们完全可以说，发展绿色经济，铸造绿色经济形态，是对社会主义和谐社会生态经济属性和可持续经济特征的最充分体现。首先，社会主义和谐社会的科学命题，是对中国特色社会主义社会的生态与生态经济本质的最充分表达。因为社会和谐是中国特色社会主义的本质属性；生态和谐是构建社会主义和谐社会的生态基础，也是中国特色社会主义的本质属性；经济和谐是构建社会主义和谐社会的经济基础，当然是中国特色社会主义的本质属性。尤其是对于生态文明时代的现代社会主义社会，是自然生态关系和社会经济关系内在统一与和谐共生的生态经济社会有机整体。正是自然生态属性和社会经济属性的内在统一与和谐共生，才构成中国特色社会主义的本质。这种本质集中体现在人、社会、自然之间形成和谐、协调、可持续发展的关系。因此，社会主义和谐社会是一个生态经济可持续本质的社会。其次，建设生态文明、构建和谐社会，是对工业文明社会的人与自然相分裂、个人与社会相脱离、自然与社会互损而付出双重代价的基本特征的否定，是要真正实现人与自然双盛、个人与社会双强、社会与自然双赢，达到人、社会、自然和谐共生，共同繁荣与可持续发展的至高境界，最终创造一个自然生态和社会经济有机整体和谐协调可持续发展的社会。这是建设生态文明的真谛，也是构建和谐社会的要旨。再次，能够满足上述要求的只能是也应该是符合建设生态文明与构建和谐社会要求的绿色经济；只有发展绿色经济，才能建设生态和谐与经济和谐相统一的和谐经济。从自然生态意义上说，大力发展绿色经济是为和谐社会发展提供生态基础；从社会经济意义上说，大力发展绿色经济是为和谐社会发展提供经济基础。因此，大力发展绿色经济已成为当今世界经济社会发展和人类文明进步的一大趋势；绿色发展与绿色崛起更是当代中国经济社会发展、中华文明进步的势不可挡的大趋势。

四

建设生态文明、发展绿色经济、构建和谐社会，必须实施生态主导型的发展战略。这是发展中国特色社会主义的新战略，也是21世纪中国现代化发展的基本战略。这是建设生态文明和构建和谐社会的客观要求。(1) 生态文明是21世纪人类社会文明的主导文明形态，它是人与自然、人与人、人与社会、人自身四大和谐协调发展的现代文明。生态文明的这种总体特征，也是构建和谐社会的基本内容与根本目标，将成为21世纪现代经济发展和人类文明进步的主旋律和大趋势。而社会主义和谐社会的科学内涵内含着“四大和谐协调发展”，因此，建设社会主义生态文明的主旨，同构建社会主义和谐社会的主旨完全一致，这种一致性要求实施生态主导型的现代化发展战略。(2) 从我国实践来看，进入21世纪以来，我国一些地区大力提倡生态优先的发展理念，实施“生态立市（省）、环境优先”的发展战略，使一些城市、地区在走中国特色的新型工业化道路过程中，不仅在克服工业文明的弊端，而且超越工业文明，正在朝着建设生态文明社会方面前进，这实质上体现了“生态主导型的现代化发展”的基本战略。(3) 当然，从当今中国的总体上看，生态危机还在加深，它在本质上不仅是当代中国的发展危机，而且是当代中国的生存危机，是中华民族的生存方式的危机，真正缓解和克服生态危机的根本出路就在于从根本上改变现行的现代化的基本战略，实施生态主导型的现代化发展战略。(4) 全面贯彻落实科学发展观，必须把不断追求和递进实现"四大和谐协调发展"作为建设生态文明、发展绿色经济、构建和谐社会的价值原则、根本目标和运作航标，就必须要求实施自然生态、社会生态、人体生态一体化的生态文明发展战略，它在本质上是生态主导型的现代化发展战略。这种绿色发展与绿色崛起应当视为胡锦涛为总书记的中央领导集体实施科学发展战略的核心。因此，用绿色崛起带动和平崛起，走绿色和平发展道路，这是中华文明伟大复兴的必由之路。(5) 实施生态主导型的现代化发展战略，在经济领域内，就是实施绿色经济与绿色发展战略。这是21世纪可持续发展战略的集中体现。实现绿色经济发展战略，是加快转变经济发展方式、大力调整经济结构，走生态文明发展道路，从根本上促进中国生态经济社会有机整体和谐协调发展的根本大计，是具有全局性和战略性的重大战略。

五

建设生态文明、发展绿色经济、构建和谐社会的战略目标，就是把我国建设成为富强民主文明和谐的社会主义现代化国家，在发展中国家率先跨入生态文明社会，即可称之为生态社会或绿色社会。人类文明发展到今天，随着工业文明高度发达，人类社会生产与生活过程和自然界的生态过程已经完全相互交织与相互融合而浑然一体。当今维系人类生命和非生命形式的这个濒临失衡的球体上，客观存在的只是自然生态系统和社会经济系统互相依存、互相制约、互相作用、互相转化的生态经济社会有机整体。当今社会主义也是这样的有机整体，应该是人与自然、人与人、人与社会、人自身和谐共生共荣的社会有机整体发展形态。这就决定了“三大法宝”的战略目标和根本任务在实质上是完全一致的，甚至可以说，建设社会主义生态文明和构建社会主义和谐社会的目标和任务，是同一个问题的两个方面。

首先，不管是狭义还是广义的生态文明之说，建设社会主义生态文明，都必须是牢固地建立在马克思主义人、社会、自然有机整体和谐协调发展理论的基础上，推进人与自然、人与人、人与社会、人与自身和谐共生共荣、生态自然和经济社会的全面协调发展，实现生态经济社会有机整体的科学发展、和谐发展、绿色发展。只有这样，才能把中华文明建设成为人与自然、人与人、人与社会、人自身和谐协调发展的现代文明形态。这是建设社会主义生态文明的主旨，是实践马克思主义人、社会、自然有机整体和谐协调发展理论的生动体现。

其次，生态文明时代的绿色经济同工业文明时代的黑色经济的本质区别，就在于后者是建立在人与自然相分裂、社会与自然相互损的基础上；前者是建立在人与自然内在统一、社会与自然和谐共生的基础上。因此，绿色经济发展是以人与自然和谐发展、生态与经济协调发展为根本目标，是人、社会、自然和谐共生共荣的现代经济，是把中国特色社会主义经济发展的生态环境代价和社会经济成本减少到最低限度的可持续性的和谐经济。

再次，社会主义和谐社会必须是经济、政治、思想文化、生态环境等社会领域，各种要素及各个关系之间互相协调、相互融合的和谐发展状态。笔者曾把这种发展状态概括为：是“以人为主体的社会和谐发展状态，它包括人与人之间的和谐、人与自然之间的和谐、人与社会之间的和谐、人自身关系和谐四个方面的基本内涵”[①]。因此，构建和谐社会，实际上是人们不断追求和递进实现人与自然、人与人、

① 刘思华：《生态马克思主义经济学原理》，人民出版社2006年版，第484页。

人与社会之间关系的和谐发展，并最终达到人自身关系和谐发展，实现人、社会、自然有机整体和谐协调发展。正如胡锦涛同志所指出的："我们要构建的社会主义和谐社会，是经济建设、政治建设、文化建设、社会建设协调发展的社会，是人与人、人与社会、人与自然整体和谐的社会，要贯穿于建设中国特色社会主义的整个历史过程。"①

由上可知，在科学发展观的统领下，建设生态文明，就是建设生态和谐、经济和谐、社会和谐相统一的现代文明；发展循环经济，就是发展生态效率、经济效率、社会效率相统一的现代经济；构建和谐社会，就是构建生态公平、经济公平、社会公平相统一的现代社会。这样的现代文明形态和经济社会状态，就标志现代中国跨入了生态文明社会。从国内外学术界对后工业社会的研究，生态文明社会可以概括为生态社会或绿色社会。

在1994年出版的《当代中国的绿色道路》一书中，笔者明确提出："生态社会是现代经济社会发展的远景"，"农业社会——工业社会——生态社会并列为人类社会文明递进的发展序列"。在2006年出版的《生态马克思主义经济学原理》一书中，进一步指出："生态社会是和谐社会的理想模式"，揭示了绿色社会模式同和谐社会、生态文明的内在统一性。在国际上，许多学科学者的后工业社会或后现代社会的主张同笔者的主张基本相同。自20世纪90年代以来，先是西方生态学家试图以系统整体观和生态中心主义思想为基础，来构造全盘改造工业文明社会的方案，提出了"最终建立一种无等级差别的理想的生态社会"的主张。生态自治主义者对后现代社会的设想是一个在人与自然和人与社会关系上都消灭了统治、征服与压抑的绿色社会，是一个合作和谐的社会。英国学者伊恩·莫法特在《可持续发展》一书中，描述了可持续发展社会的景象，并称之为绿色社会模

① 引自《科学发展观重要论述摘编》，中央文献出版社2008年版，第72页。

式。日本经济学家在1999年提出了生态发展的共生与社会发展的共生相统一的“生态社会发展理论”。尤其是美国社会生态学者和生态社会主义学者，都设想了未来的生态社会的总体轮廓，提出了他们的生态社会观。生态社会主义理论对未来社会主义或共产主义社会发展模式的构想，就是构建一种超越资本主义和现实社会主义模式，按照生态可持续性原则，形成的人与自然、人与社会（人）、人自身和谐发展的新型社会主义社会，在这个总目标下，未来生态社会主义发展蓝图，也就是绿色社会模式。这同笔者所说的绿色社会模式，不仅是生态社会模式的形象概括，而且是“四大和谐有机整体”的生态社会的绿色概括，是完全一致的。在此，我还要特别强调的是，美国生态后现代主义的奠基人查伦·斯普瑞特克在2006年作了“生态社会的分析和展望”的演讲，指出“生态社会的选择正在高涨，并且正在成功地融入主流”，他用现实事实说明转向“生态社会的紧迫性”，还对中国给予厚望：“参与到生态社会的世界观中去，中国的社区和地区就可能在种种超越现代性的意识形态，走向绿色未来的道路上成为典范。”①

综上所述，在当代中国建设生态文明、发展绿色经济、构建和谐社会的终极目标，就是努力探索一个当今农业、工业、生态文明并存的“三元文明结构”的社会主义大国，实现中国特色社会主义文明形态超越发展，建设成为绿色经济强国、生态文明富国，在发展中国家率先把十几亿人口带进生态社会或绿色社会，即是生态（绿色）社会主义的和谐社会。这是在21世纪把我国建设成为富强民主文明和谐社会主义现代化国家的最高层次含义。

---

① ［美］查伦·斯普瑞特克著，张妮妮译：《生态后现代主义对中国现代化的意义》，《马克思主义与现实》2007年第2期。

六

建设生态文明、发展绿色经济、构建和谐社会的双重战略任务；这是中国的基本国情和21世纪中国特色社会主义发展的特殊规律所决定的。在人类文明发展史上，西方发达国家用了近300年时间，才实现工业化，使10亿人口进入工业社会。而我国仅用了60年就阔步进入工业化中后期，把13亿人口带进工业社会。但工业化的任务还没有最终完成，要继续进行工业文明建设。就在此进程中，我们又提出了建设生态文明的重大战略任务。这就是说，我们要遵循当今世界文明发展的普遍规律和共同思想，即人类文明发展正在进入生态时代，必须按照生态文明的要求进行工业文明建设，完成工业化的任务；发达国家是实现了工业化、建成高度发达的工业文明之后，才提出建设后工业文明，而中国特色社会主义则在建设工业文明的过程中就要正视建设生态文明问题。这如实反映了21世纪中国特色社会主义文明发展的特殊规律。社会主义中国作为世界上最大的发展中国家，必须坚持把发展作为党执政兴国的第一要务。因此，我们背负着建设工业文明、实现工业化和建设生态文明、实现生态现代化的双重战略任务；既面临着克服、消除工业文明的黑色经济形态与发展模式的黑色弊端，将其改造成为绿色经济形态，又面临着构建与生态文明发展相适应的绿色经济形态与发展模式的双重压力与双重应对。这是21世纪中国发展与经济发展的最根本的特殊性。根据这种特殊性来探索中国特色社会主义发展道路，使我们找到了“三大法宝”，它们充分体现了中国特色社会主义发展与经济发展应对双重压力和完成双重任务的时代步伐和客观进程。

正确认识和理解“三大法宝”尤其是建设生态文明与发展绿色经济同新型工业化的辩证关系，赋予新工业文明理论特质与新的实践导向，这是把中国经济切实转移到科学发展轨道上来所要解决的一个重大理论与实践问题。因为，（1）党的十六大确定的新型工业化道路，只是赋予了新工业文明的信息化内涵与信息经济的特征。新工业文明只有信息维度。这种工业化与信息化融合，只是表明工业化由大机器生产力发展到信息生产力，这是工业文明发展的新阶段。由于它缺乏生态内涵，使新型工业化在本质上仍然属于工业文明形态。(2) 工业化和信息化融合难以克服传统工业化的弊端。这种弊端在人与自然的生态关系方面，是资源短缺、环境污染、生态恶化；在人与人的社会经济关系方面，是贫富悬殊、缺乏经济社会公平。我们探索新型工业化道路以来的7年间，不仅环境污染和生态破坏日益严重，而且为富不仁、劳资对立、贫富差距也变得越来越严重。从学理上说，信息化是应当获得资源消耗低的效果，但是这7年间资源高消耗没有得到缓解。对此，不少学者认为，我国探索新型工业化道路并没改变我们在传统工业文明发展老路上前行的步伐，没有达到新型工业化和建设生态文明的一致性。(3) 只有信息维度的新型工业化的主旨，主要是对传统工业文明的弊端加以限制，不会改变工业文明整体的反人性、反生态性质和不可持续性，是不能使新型工业化直接成长为生态文明的。因此，新型工业化道路在本质上是建设工业文明的发展道路；建设生态文明，是生态文明发展道路，不能把两者混为一谈。因此，在实践中推进新工业文明同生态文明有机结合与融合发展，这必须将走新型工业化道路综合为生态文明发展道路的内在环节，使建设新工业文明纳入建设生态文明之中，使它成为中华文明由工业文明向生态文明转型的过渡性文明形态。为此，我们必须对新型工业化的理论特质与实践导向重新界定。（4）按照“三大法宝”尤其建设生态文明的新要求，赋予新型工业化生态内涵，确立新工业文明信息化维度和生态化维度的有机统一，开启新工业文明的生态视阈，为我国现代工业体系和产业结构的知识化（包括信息化）与生态化的相互协调与融合发展提供理论前提。（5）笔者曾在《生态马克思主义经济学原理》一书中提出：探索新型工业化道路，应当从一个基本点升华为两个基本点，“以信息化带动工业化，以工业化促进信息化：以生态化优化工业化，以工业化推动生态化，走出一条科技含量高、经济效益好、资源消耗低、环境污染少、人力资源优势得到充分发展的新型工业化路子。”[①] 因此，新工业文明不仅要大量推进信息化与工业化融合，而且要大力推进生态化与工业化融合。它不仅是实现工业化，建设高度发达工业文明的过程；而且是这种过程同信息化与生态化并行不悖且相互融合，从而推进工业文明向生态文明转型的跃迁过程。

七

加快转变经济发展方式，形成与建设生态文明、构建和谐社会相适应的绿色经济发展模式，这是21世纪现代经济发展模式的伟大革命，是生态文明与可持续经济发展理论研究的一个历史性课题，也是中国特色社会主义经济发展理论研究的一场攻坚战。首先，党的十七大明确指出，“经济增长的资源环境代价过大”，“建设生态文明；基本形成节约能源资源和保护生态环境的产业结构、增长方式、消费模式。”这表明我们建设生态文明需要由高昂代价的黑色经济发展方式向最低代价的绿色经济发展方式转变，形成最低代价的可持续的绿色经济发展模式。长期以来，我国学界对我国经济发展的创新理论模式的研究，显得十分薄弱，尤其是近年来，对建设生态文明、构建和谐社会的经济发展“模式化”问题研究，可以说还没有破题。大家知道，党的十四届五中全会制定了经济体制和增长方式两个根本转变的战略方针，时至今日，经济体制的根本转变基本实现而增长方式的转变没有实现，并且粗放型增长方式更加强化，使在工业文明发展过程

① 刘思华：《生态马克思主义经济学原理》，人民出版社2006年版，第541页。

中形成的缺乏生态内涵的经济增长方式与经济发展模式仍然处于主导地位。因此，彻底改变、超越工业文明发展的经济模式，形成生态文明发展的经济模式，这是中国特色社会主义道路的战略重点和发展思路，也是建设生态文明与构建和谐社会的极其重大的难题。我们可以说，中国现代化建设和改革开放能否取得最终成功，将取决于我们能否成功地实现工业文明发展的经济模式向生态文明发展的经济模式转变。

其次，可持续发展经济学及它的马克思主义形态的生态马克思主义经济学，全方位论证了生态是21世纪现代经济运行和经济发展中的内生变量，探讨了生态发展规律及其对经济发展和运行效率的影响，构建了最低代价生态内生经济发展模式的基本框架。绿色经济发展模式，就是这种模式的现实形态，也就是说，绿色经济发展在本质上是最低代价生态内生经济发展模式。历史与现实都表明，工业文明发展的经济模式，是“大量生产、大量消耗、大量消费、大量废弃”的不可持续的黑色经济发展模式。这种经济模式在我国工业文明发展中，形成“高开采、高投入、高消耗、高污染、低利用、低产出、低质量”的粗放型经济增长方式，这是目前我国最高代价生态外生经济发展模式的基本实现形态。因此，改革开放30年来，我国经济快速高速增长，可以说是完全被工业文明的经济发展模式所浸透。这就迫切要求我们必须创造一种与自然生态相和谐协调的科学发展模式，这已成为当今中国现代化建设的当务之急。党的十七大标志着中华文明中一个建设社会主义生态文明的新时代正在到来，建设生态文明与构建和谐社会的经济发展“模式化”，就是要形成与社会主义生态文明、和谐社会发展相适应的绿色经济模式。这就是中国特色的绿色经济发展模式，应该是超越资本主义经济模式，其本质内涵应当是最低代价的、生态内生的生态经济和谐协调可持续发展模式，即是生态自然和经济社会和谐协调可持续发展双赢发展模式。

再次，从学理上说，绿色经济是生态文明时代的崭新经济形态，从实践层面上说绿色经济是生态文明发展的全新经济模式，无论是前者还是后者，其现实的具体的实现形式，都具有多样性，其中最基本的形态，或者说主要经济技术模式，就是以低能耗、低污染、低排放为基础的低碳经济和减量化、再利用、资源化为特征的循环经济，它们都属于绿色经济范畴，都是绿色经济模式的现实体现。

八

深化经济体制改革，建立社会主义生态市场经济体制，为建设生态文明、发展绿色经济、构建和谐社会提供制度基础和体制环境。这是中国经济体制的第二次革命，即经济体制的生态革命。我国经济改革与发展，实行两个具有全局意义的根本性转变之所以呈现逆向运动，其中一个根本原因就在于，我国初步建立起的社会主义市场经济体制，未能摆脱传统计划经济体制的窠臼，仍然保留着生态与经济相脱离、人与自然不和谐的基本特征，甚至可以说，还是一个以牺牲生态环境和以牺牲大多数平民百姓的利益（包括人的生命安全与心身健康）为代价而使一部分人富起来的经济体制，它实质上是建设工业文明的经济体制。正是从这个意义上说，改革开放30年来，我国经济体制改革，基本上是沿着工业文明发展“体制化”的方向前行。所以，现行的社会主义市场经济体制克服工业文明发展那种牺牲生态环境和大多数平民百姓利益的制度与机制，显得勉为其难和无能为力。

在当今世界，无论是发达国家还是发展中国家，各国市场经济体制及运行机制，基本上是以人与自然、生态与经济相分裂与对立为特征的，使现代经济运行与发展往往不能反映生态学真理。正如一位德国学者所指出的：“迄今为止，还没有一个国家拥有围绕关注环境而组织的市场经济，德国也不例外。”① 因此，当今世界各国的现代市场经济体制尤其是发达国家的自由市场经济体制，不仅是当今有效需求不足的国际金融危机与全球资本主义经济危机的体制原因，而且更是生态资本有效供给不足的全球生态危机的体制原因。在改革开放30年间，我国坚持资源配置市场化的改革方向，从根本上改变了高度集中的计划经济体制，建立了社会主义市场经济体制，带来了空前的经济繁荣，创造了世界经济发展的奇迹，使我国物的世界大大发展，初步实现由贫穷向富裕的根本转变。但是，初步建立起的现代市场经济体制即没有克服当今世界各国的现代市场经济体制的根本缺陷，这就是没有超越人与自然、生态与经济相分裂与对立的根本特征，仍然是一种生态外生的非持续发展经济体制。这是我国现行的社会主义市场经济体制还很不完善的一个根本方面。它还存在着排斥市场经济体制与运行机制的生态要素，以及市场主体的厂商追求效用最大化、利润最大化与环境保护、生态建设与发展的尖锐矛盾；从而经济运行不能反映生态学真理，在创造物质生产力、使我国经济发展、日益富裕的同时，消灭了生态生产力，使我国生态资本有效供给不足、生态贫困越来越严重。国内外现代市场经济运行与发展正反两方面事实充分表明，中国特色的社会主义市场经济体制，应该是市场对资源配置的基础性调节作用同国家宏观调控与政府监督对经济社会的主导性调控作用相结合的政府主导型市场经济，这是一方面；另一方面，建立和完善社会主义市场经济必须内在地具有可持续发展的生态机制，使生态环境真正成为现代经济良性运行与可持续发展的内生要素与内在机制，就能表现出超越发达资本主义市场经济的制度优势。这是完善社会主义市场经济市场体制即现代市场经济体制创新的一个根本方向。

因此，符合生态文明发展的绿色经济发展、和谐社会发展要求的

① 吴晓东等译：《人类需要多大的世界 MIPS——生态经济的有效尺度》，清华大学出版社2003年版，第146页。

经济体制，是生态与经济一体化的生态内生经济体制，这就是以生态可持续性为核心的可持续发展经济体制。它要求我们必须推进生态掠夺型的工业文明经济体制向生态发展型的生态文明经济体制转变。唯有如此，才能使我国社会主义市场经济既能反映经济学的真理，又能反映生态学真理。这是建设生态文明和构建和谐社会尤其是发展绿色经济“体制化”的正确方向和重大任务，更是完善社会主义市场经济体制的正确方向与重大任务。

早在10多年前，我在《可持续发展经济学》一书中批判了传统经济体制的根本缺陷与主要弊端，深刻论述了可持续发展经济体制的本质内涵与基本特征，提出了我国经济体制改革的本身应当实现两个根本转变：一是从传统计划经济体制向现代市场经济体制的根本转变，即建立社会主义市场经济体制：二是从现代市场经济体制向可持续发展经济体制的根本转变。这种体制的要义应是基于生态关怀和人文关怀的生态可持续性，在此基础上构建全新的生态内在现代市场经济体制，即中国特色的社会主义可持续发展经济体制，它实质上是中国特色的社会主义生态市场经济体制，是对现行的现代市场经济的现实超越与理论超越。因此，实践“三大法宝”都内在要求现行市场经济体制和运行机制，克服自身的根本缺陷，使之具有生态向度和人文向度及其统一性，真正建立起生态与经济一体化的、生态内在的可持续发展经济体制。这种经济体制才是符合生态文明发展、绿色经济发展、和谐社会发展的崭新的经济体制。这是一个新的历史跨越、新的伟大实践。在理论上，尤其在实践上，这是个21世纪中国改革与发展的难题。

九

建设生态文明、发展绿色经济、构建和谐社会，都需要一场彻底的生态革命，形成整个社会主义社会运行与发展机制的全面生态化即全面绿化。20世纪下半叶以来，发达国家的工业文明高度发达，把现代人类逼进了生态危机的深渊，现今全人类还处于大规模的生态灾难之中。它不仅吞噬着自然生态（即人身外的自然），而且毁坏着人体生态（即人自身的自然），使现存的人类生存方式具有毁灭性。这是资本主义工业文明和自由市场经济的反生态和反人性的集中表现。这种人类生存方式危机的深刻根源，就是人们经济社会活动的价值观念、行为方式、社会经济、政治文化、科学技术机制的反生态化和人性化。因此，当今人类可持续生存与全面发展，需要一场深刻的生态革命，推进人类生存与发展的生产方式和生活方式的生态化转型，实现人类生存方式的全面绿化；其关键又在于现代经济领域里必须进行一场彻底的生态革命，实现现代经济运行与发展的全面绿化。生态革命要求现代经济社会活动必须按照反映自然生态规律的自然生态原则去实现世界系统运行的生态合理性，也就内在要求经济、科技、文教、政治、社会活动等经济社会运行与发展的全面绿化，当代中国的生态革命的根本目标，就是追求生态经济社会有机整体内部机制的生态化，形成社会主义生态市场经济体制机制，使中国特色的社会主义经济社会体系运行朝着人性化与生态化的方向发展，这是科学发展观和社会主义生态文明对工业文明的时代性扬弃和实践超越。生态文明、绿色经济、和谐社会是生态化和人性化内在统一的现代文明、现代经济、现代社会。因此，实践“三大法宝”，都内在要求现代经济社会运行与发展机制的人性化与生态化，实现自然生态、社会生态和人体生态的和谐协调发展。

进行经济社会的彻底生态革命，不仅要用生态理性绿化现代经济和现代社会，更重要的是而且首先是用生态理性绿化思想观念，进行彻底的思想观念的生态革命。近年来，世界各国应对国际金融危机和气候变化的过程，正如李克强同志所说：“是人们思想革故鼎新的过程，也是世界经济创新发展的过程。”在今日之中国，实践“三大法宝”的过程，确实是中国特色社会主义创新发展的过程，是推动中国特色社会主义经济发展从要素驱动向创新驱动转变的过程，这是首先要创新思想观念。从根本上说，应当是革工业文明思想观念之故，鼎生态文明思想观念之新。然而，不要说包括当代中国在内的发展中国家，就是当代发达国家已经发展到后工业社会，进入“后工业文明时代”，但人们的价值观、财富观、发展观、实现观还停留在工业文明社会，基本处于工业文明时代。正如美国学者H. 梅多斯所说的：“生活在今天的人们是很难理解工业革命是如何深刻改变人类思想的，因为我们自己一直都在运用工业革命的思维模式进行思考。”[①] 因而需要一场彻底的思想观念生态革命。建设生态文明、发展绿色经济、构建和谐社会，当务之急就是进行新一轮的思想解放，其主旨是思维模式的生态革命。这就是从建设工业文明观念、思想、理论的禁锢下解放出来，树立和践行建设社会主义生态文明的价值观、财富观、发展观、实现观和政绩观，才能保证中国特色社会主义经济社会运行与发展朝着生态化与人性化方向发展。

十

建设生态文明、发展循环经济、构建和谐社会的最大难题和严峻挑战，就是今日之中国“资本的逻辑”已差不多成为支配社会生活一切的逻辑。“资本的逻辑”是同“三大法宝”的“劳动的逻辑”相对立的，尤其是与生态和谐、经济和谐、社会和谐不相容。因此，如何克服、摆脱“资本的逻辑”的束缚，构建和谐生态、和谐经济、和谐社会，并推进当代中国生态经济社会有机整体和谐协调发展，这是发

① ［美］唐标勒·H. 梅多斯等著，赵旭等译：《超越极限》，上海译文出版社2001年版，第231页。

展中国特色社会主义的"歌德巴赫"猜想。

首先，马克思主义对资本主义社会的批判，就是对资本逻辑的批判。在资本主义私有制下，建设工业文明是通过发展市场经济（从总体上看，主要表现为自由市场经济）来创建资本主义工业文明。于是"资本霸权逻辑"就成为资本主义工业文明和市场经济的内在性的社会经济属性。它们就完全被资本主义制度的反人性和反自然的本质特征所浸透，使反人性和反自然成为它们的内在特质。马克思曾经强调指出，资本家是"人格化的资本"，贪婪和惟利是图是他们的本性，在他们看来，世界上没有一样东西不是为了金钱而存在，他们活着就是为了赚钱。因此，资本①的惟一价值取向，就是要使自身不断增殖，以赚钱为本，追求资本利益最大化，最大限度地获取经济利益，实现赚钱发财的目的。这种资本的本性支配着企业乃至整个社会生活，它们就围绕利润最大化这一核心运转，在这种"资本霸权逻辑"支配下，资本主义工业文明与市场经济发展，就必然以牺牲精神道德为代价，以牺牲生态环境为代价，以牺牲人的生命安全与心身健康为代价，尤其是掠夺自然，破坏环境，蹂躏生态，成为"资本霸权逻辑"支配、主宰自然的必然逻辑。当今发达国家资本主义文明在"资本霸权逻辑"的支配下，不仅发生金融危机与经济危机；而且是生态经济社会极不公平、不和谐、极度片面发展的现代文明。可见，资本逻辑确实是与生态文明、绿色经济、社会和谐相对立的，资本的价值取向和生态的价值取向是相对抗的。

其次，当今之中国，处于社会主义初级阶段，改革开放初步建立起社会主义市场经济，已从排斥资本变为接纳资本，甚至允许资本扩张。在我国是以公有制为主体的多种所有制并存，个体经济、民营经济、外资经济等私人资本在数量可能超过国有资产；加之私营企业家也可以入党，以赚钱为主旨的人们无疑已成为中国社会的中坚。这样

① 这里所说的资本，是指物质资本，即是马克思《资本论》中所说的资本概念。

“资本的逻辑”已差不多成为支配中国经济社会运行的主导逻辑。从我国前段时期利用资本所带来的负效应来看，出现了许多企业见利忘义、惟利是图，道德滑坡，不择手段牟取非法暴利，官商勾结，权钱交易，腐败现象日益严重。贫富差距日益扩大，生态环境日益恶化，制造出癌症村越来越多等破坏经济和谐、生态和谐、社会和谐，使我国发展陷入了“挤资源求发展”、“有发展无幸福”的困境。这是新自由主义经济学在实践中酿成的必然恶果，其罪魁祸首，就是“资本的逻辑”。2008年的山西溃坝事件和三鹿奶粉事件的罪魁祸首也正是“资本的逻辑”。因而，在我们面前出现了这样一个世界难题，中国现代化事业尤其经济发展离不开资本的扩张，发展私营资本经济，而在我国现阶段又难以消解、改变资本的本性，社会主义市场经济和工业文明，又不能克服市场经济和工业文明的反人性和反生态的特性，那么我们究竟如何破解这个难题呢？

再次，丰富和发展中国特色社会主义理论，消除马克思主义生态文明与和谐社会理论同我国工业文明发展与市场经济发展实践之间的尖锐矛盾，这就必须把建设工业文明纳入建设生态文明的轨道，探索中国特色社会主义生态文明、绿色经济、和谐社会发展道路。按照马克思主义观点，社会主义的最终目标，是要消灭私有经济，逐步克服、消除“资本霸权逻辑”。然而，今日之中国资本存在具有合理性，但不能认为只有等到资本的合理性完全丧失殆尽以后再去考虑超越资本。因此，“为了确保经济的发展和社会的稳定，国家不能让资本权力无限地张扬，而是通过国家的调节，以缓解资本与社会的对抗。”这就是说，“在现阶段，我们需要资本，但必须限制资本的霸权，这就是基本结论。”[①] 所以，我们为了建设生态文明、发展绿色经济、构建和谐社会，“我们不仅要利用资本与限制资本结合在一起，还要把

① 详见孙承叔：《真正的马克思》，人民出版社2009年版，第398—400页。

利用资本与超越资本结合在一起。”[①] 这就是我们要实行利用、改造、限制、超越资本的“八字”方针。利用资本发展经济，使物质生产力高度发展；改造资本就是利用资本绝对不能拜倒在资本的脚下而自由放任，而要逐步改变它的反人性和反生态性的负面影响；限制资本就是绝对不能任凭资本逻辑的横行霸道，不能让资本权力无限张扬，必须采取种种限制措施，把资本增殖、追求利润最大化，以“三个牺牲”为高昂代价降到最低限度；超越资本就是摆脱“资本的逻辑”束缚，逐步扬弃资本原则。只有这样，我们探索中国特色社会主义发展道路，才能实现生态和谐、经济和谐、社会和谐，使中华文明发展走向生态经济社会有机整体和谐协调可持续发展的理想境界，最终建设成为富强民主文明和谐的社会主义现代化国家。

最后，我还要指出的是，自党的十七大以来，建设生态文明问题已成为我国学术理论界的研究热点，引起多学科学者的极大兴趣，发表了大量的论文，出版了不少著作，国家社科基金也立项了多项课题。然而，令人遗憾的是，运用马克思主义的立场、观点、方法，研究生态文明理论，真正认识建设社会主义生态文明问题的学者（如像陈学明教授那样）却是少数；多数学者没有真正认识生态文明本身所特有的基本范畴、基本理论及其发展规律；甚至有些学者把西方经济学的环境污染治理思想，这种西方工业文明发展先污染后治理的理论表现，也归纳成为生态文明理论，这是把工业文明和生态文明混为一谈，在理论上是很不科学的。所以，我认为，在今日之中国，对建设生态文明理论的马克思主义研究，还是刚刚起步。因此，目前和今后加强对建设社会主义生态文明与和谐社会、发展中国特色的绿色经济及其相互关系研究，是中国特色社会主义生态经济社会发展理论研究的一场硬战。虽然说，本论丛存在着不少值得商榷之处，但它的出版，会为我国学术理论界更深层次的研究，提供有益的丰富的思想材

① 陈学明：《生态文明论》，重庆出版社2008年版，第63页。

料，必将推动中国特色社会主义生态经济社会理论与实践的不断探索与日益发展。

刘思华

2010 年 11 月于湖北恩施

目　录

第一章
绪 论

生态创新作为现代经济可持续发展的重要支柱，是我国“两型社会”建设、维持经济社会稳步健康发展的根本途径，是实现循环经济发展的基础。生态创新是从经济发展生态化的生态发展实际出发，遵循生态文明的新思想和新概念，以生态经济系统良性循环以及创新、协调、可持续发展为基本目标，通过生态科技的革新、绿色制度的形成、生态观念的改变，不断地解决经济可持续发展过程中的各种生态问题，其目的就是要增加生态环境系统运转的生态资本，增强生态环境系统的转化功能，提高自然物质和经济物质转化效率，从而提高生态环境系统适应现代经济发展的供给能力及其对现代经济社会的支撑能力。本章主要探讨生态创新论的提出背景与发展过程，界定循环经济生态创新的涵义，明确生态创新在循环经济发展中的作用，以及研究循环经济生态创新的支持系统等内容，对丰富创新理论内容，促进我国生态文明发展、“两型社会”建设和现代经济发展具有重大的理论意义和现实意义。

第一节 生态创新论的提出与发展

一、生态创新论提出的背景

生态环境是人类生存和发展的基本条件，是经济、社会可持续发展的基础。然而，长期以来人类在重视经济增长速度的同时，忽视了对生态环境的保护，从而使生态环境遭受严重破坏，产生了严重的生态危机。

1. 我国资源短缺、生态环境恶化的局面尚未根本转变，将制约经济可持续发展。由于经济增长方式的粗放，我国自然资源的消耗增长迅猛，浪费大、污染重，单位 GDP 能源、原材料和水资源消耗大大高于世界平均水平。1997 年全球人均自然资源消耗量（生态足迹）为 2.8 公顷，人均生态容量（生态承载能力）为 2.0 公顷，人均生态赤字为 0.8 公顷；而中国人均自然资源消耗量（生态足迹）为 1.2 公顷，人均生态容量（生态承载能力）仅为 0.8 公顷，人均生态赤字达 0.4 公顷，人均生态赤字明显低于全球平均水平。到 2008 年全球人均自然资源消耗量（生态足迹）为 2.2 公顷，人均生态容量（生态承载能力）为 1.8 公顷，人均生态赤字为 0.4 公顷；而中国人均自然资源消耗量（生态足迹）为 1.5 公顷，人均生态容量（生态承载能力）仅为 0.8 公顷，人均生态赤字达 0.7 公顷，人均生态赤字高于全球平均水平。我国生态赤字从 1997 年的人均 0.4 公顷到 2008 年的人均 0.7 公顷增长了近一倍，这说明我国生态环境在过去十多年中又明显恶化了。有学者以 2006 年数据为例，对我国各地区的生态足迹与生态赤字进行计算，发现东部地区的生态赤字最高，而西部地区稍有生态盈余，存在明显地区生态赤字差异（见表1－1与表1－2）。

表 1－1　　2006 年中国地区间生态足迹、生态承载力与生态赤字比较①　　单位：hm^2/人

地区	a	b	c	a/c（%）	b/c（%）	d	e	e/c（%）
东部	0.90	0.56	1.46	61	39	0.31	－1.15	79
中部	0.60	0.57	1.16	51	49	0.76	－0.4	35
西部	0.51	0.47	0.98	52	48	1.08	0.1	10
全国	0.68	0.53	1.22	56	44	0.50	－0.72	59

注：a 为人均生物资源生态足迹；b 为人均能源资源生态足迹；c 为人均生态足迹；a/c 为人均生物资源生态足迹对人均生态足迹的贡献率（%）；b/c 为人均能源资源生态足迹对人均生态足迹的贡献率；d 为人均生态承载力；e 为人均生态赤字；e/c 为人均生态赤字比率。

表 1－2　　2006 年中国各省生态足迹、生态承载力与生态赤字比较　　单位：hm^2/人

省份	生物资源生态足迹	能源资源生态足迹	生态足迹	生态承载力	生态赤字
北京	0.93	0.76	1.69	0.12	－1.57
天津	0.80	0.88	1.68	0.23	－1.45
河北	0.49	0.91	1.39	0.52	－0.87
山西	0.41	0.97	1.39	0.65	－0.74
内蒙古	0.54	0.99	1.53	1.64	0.11
辽宁	0.81	0.61	1.42	0.47	－0.95
吉林	0.59	0.73	1.32	1.01	－0.31
黑龙江	0.52	0.34	0.86	1.45	0.59
上海	1.30	0.72	2.02	0.09	－1.93
江苏	0.87	0.47	1.34	0.32	－1.02
浙江	1.00	0.46	1.46	0.21	－1.24
安徽	0.65	0.30	0.96	0.53	－0.43
福建	1.07	0.46	1.53	0.21	－1.32
江西	0.73	0.25	0.98	0.35	－0.63
山东	0.54	0.66	1.20	0.40	－0.80
河南	0.38	0.49	0.87	0.47	－0.41
湖北	0.82	0.54	1.36	0.42	－0.94

① 茆长宝、陈勇、程琳：《我国不同地区生态足迹差异与可持续发展的实证研究》，《农业现代化研究》，2009 年第 3 期。

续表

省份	生物资源生态足迹	能源资源生态足迹	生态足迹	生态承载力	生态赤字
湖南	0.71	0.48	1.19	0.31	-0.88
广东	1.13	0.31	1.44	0.17	-1.26
广西	0.68	0.30	0.99	0.46	-0.52
海南	1.17	0.22	1.39	0.49	-0.90
重庆	0.67	0.43	1.10	0.39	-0.71
四川	0.63	0.30	0.93	0.55	-0.38
贵州	0.51	0.58	1.09	0.62	-0.47
云南	0.59	0.44	1.03	0.72	-0.31
西藏	0.51	0.00	0.51	3.41	2.90
陕西	0.35	0.45	0.80	0.66	-0.14
甘肃	0.45	0.39	0.84	0.97	0.13
青海	0.49	0.60	1.09	1.27	0.18
宁夏	0.42	0.89	1.31	1.02	-0.29
新疆	0.45	0.64	1.09	1.16	0.06
中国	0.68	0.53	1.22	0.50	-0.72

拼资源换增长、牺牲生态环境来维持经济发展的思路和模式已走到尽头，生态恶化、资源面临枯竭已经成为中国可持续发展的雷区。由于中国资源的浪费、生态的退化和环境的污染，在很大程度上抵消了“名义国内储蓄率”的真实性，即中国国内储蓄率中的相当部分是通过自然资本损失和生态赤字所换来的，这种以资源超常消耗和生态环境的严重退化作为代价的经济收益，必须进行有效地修正。这事关中华民族的长远发展，事关子孙后代的福祉。如果不重构节约型和高效率的循环经济体系，实现全面建设小康社会所需的资源就只能过分依赖国际市场，风险很大，国家经济安全无法得到保障。循环经济是追求更大经济效益、更少资源消耗、更低环境污染和更多劳动就业的先进经济模式。循环经济是对传统线性经济的革命。传统经济运行方式遵循一种由“资源—产品—废物排放”所构成的物质单向流动的开放式线性经济。这种经济运行方式能够持续发展下去必须基于两个前提：一是自然资源必须取之不尽、用之不竭，而且廉价；二是经济社会发展所产生的环境污染和生态

破坏，永远不超过自然生态系统的自净能力，不影响人类自身的生存和发展。显然，当人类社会发展到20世纪中叶以后，这两个前提已逐渐不再成立。自然资本已经成为经济发展的稀缺资源和瓶颈制约因素，环境污染和生态破坏已给人类带来深重的灾难。这种线性经济发展模式正日渐难以为继。随着可持续发展战略成为全球共识，循环经济应运而生，它使人类实现可持续发展的梦想成为可能。相对于线性经济，循环经济倡导的是一种与环境和谐发展的经济理念和模式，以实现资源使用的减量化、产品的反复使用和废弃物的资源化为目的，用“资源—产品—再生资源”的环状反馈式循环理念重构经济运行过程，最终实现最优生产、最适消费、最少废弃。

2. 经济全球化和国际贸易壁垒迫切要求发展循环经济，进行生态创新。我们应该借助于经济全球化和发达国家环境贸易壁垒带来的机遇和挑战，在加强国际合作的同时，全面推进清洁生产，加快循环经济发展步伐，逐步使我国产品符合国际环保标准。在经济全球化的发展过程中，关税壁垒作用日趋削弱，包括“绿色壁垒”在内的非关税壁垒日益凸显。近几年，一些发达国家为了保护本国利益，在资源、环境等方面设置了不少本国容易达到、而发展中国家目前还难以达到的技术标准，不仅要求末端产品符合环保要求，而且规定从产品的研制、开发、生产到包装、运输、使用、循环利用等各环节都要符合环保要求。如欧盟明确要求包装物的95%必须是能够回收利用的物质。2004年2月，欧盟在《废弃电子电器设备指令》和《电子电器设备中限制使用某些有害物质指令》中规定：从2005年8月13日起，生产者负责回收处理废旧电子电器设备；2006年7月1日开始，在欧盟销售的十大类100多种电子电器设备中，限制使用铅、汞、镉等六种有害物质。这些非关税壁垒，对我国发展对外贸易特别是扩大出口产生了很大的影响。如欧盟上述两项指令不仅涉及我国电子电器设备产品，还涉及零部件、原材料行业。面对日益严峻的非关税壁垒，要高度重视，积极应对，尤其是要全面推进清洁生产，大力发展循环经济，加强生态创新，逐步使我国产品符合资源、环保等方面的国际标准。

3. 生态创新是贯彻和落实科学发展观的本质要求。要处理好环境保护和经济发展的关系问题，就必须改变经济增长方式，调整社会经济活动与生态系统之间不平衡的物质交换关系，走循环经济的发展道路。循环经济是一种以资源的高效利用和循环利用为核心，以“减量化、再利用、资源化”为原则，以低消耗、低排放、高效率为基本特征，符合可持续发展理念的经济增长模式，是对“大量生产、大量消费、大量废弃”的传统增长模式的根本变革。随着我国经济快速增长和人口不断增加，水、土地、能源、矿产等资源不足的矛盾日益突出，生态建设和环境保护的形势也日益严峻。在这种情况下，按照科学发展观的要求，大力发展循环经济，加强生态创新，对加快建立资源节约型社会，显得尤为重要和迫切。

当前，我国生态环境总体恶化的趋势尚未得到根本扭转：水环境每况愈下，大气环境不容乐观，固体废物污染日益突出，城市生活垃圾无害化处理率低，农村环境问题日益严重，生态安全受到严重影响。

目前，我国解决环境问题的重要方式是末端治理。这种治理方式投资大、费用高，建设周期长，经济效益低，企业缺乏积极性，难以从根本上缓解环境压力。大量事实表明，水、大气、固体废弃物污染的大量产生与资源利用水平密切相关，同粗放型经济增长方式存在内在联系。据测算，我国能源利用率若能达到世界先进水平，每年可减少二氧化硫排放400万吨；固体废弃物综合利用率若提高1个百分点，每年就可减少约1000万吨废弃物的排放；粉煤灰综合利用率若能提高20个百分点，就可以减少排放近4000万吨，这将使环境质量得到极大改善。大力发展循环经济，推行清洁生产，可将经济社会活动对自然资源的需求和生态环境的影响最小化，从根本上解决经济发展与环境保护之间的矛盾。

二、生态创新的内涵

（一）生态创新的概念及其本质特征

生态创新是一种全新的学术思想，它是人们认识到在生态环境遭遇到严重破坏而成为经济可持续发展的制约因素与短缺因子时，由生态经济学界的一些专家所提出的一个概念。那么，什么是生态创新？到目前为止，还没有一个比较完整和通用的定义来对它进行界定。

刘思华教授在《对可持续发展经济的理论思考》一文中认为：所谓生态创新，就是对生态系统内部各组成部分进行变革和重新组合，创造新的人工生态系统和经济社会系统生态化；并认为经济可持续发展的生态创新，实际上是一个生产、分配、流通、消费等社会再生产各个环节的生态化过程，是生态与经济一体化的过程。

根据刘思华教授对生态创新的描述，比较美国科学基金会（NSF）主要倡议人与参与者迈尔斯和马奎斯在其1969年的研究报告中对技术创新的解释，严立冬教授2002年在《经济可持续发展生态创新》一书中将生态创新定义为：所谓生态创新是指从新思想和新概念出发，通过生态技术的革新、绿色制度的形成、生态观念的改变，不断地解决各种生态问题，最终使一个由生态价值、经济价值和社会价值的新项目得到实际成功应用的活动过程。生态创新产生的根源是生态资源的有限性。生态创新本质特征是通过生态技术创新、绿色制度创新以及生态观念的改变，以可再生资源替代不可再生资源，以低级能源替代高级能源，提高资源的利用效率，增加除污设备的研制与开发，进而减少环境污染，提高生态系统的运转效率。其根本目的是通过生态创新的提出，使生态与技术、制度一样成为现代经济运行与发展过程的内生变量，从而改善人类生存的生态环境，实现生态、经济、社会共同的可持续发展。

在生态创新与技术创新、制度创新并列为现代经济运行与发展的重要促进力量的同时，生态创新本身又含生态技术创新和绿色制度创新的问题。所谓生态技术创新，是指在从事生态农业、生态工业等经济活动中依靠现代科学技术的力量，研究开发生态产品或进行清洁生产，以达到改善生态环境，实现最终产品绿色化的活动过程。其创新技术主要包括清洁生产技术、生态环境监测技术、生态环境治理技术、新的能源使用技术、水土保持技术等。绿色制度创新是指通过制度变革和制度形成来改善生态环境过程，如资源的有偿使用、排污收费、保护生态环境的法律和法规等。

生态创新还可以从层次上划分，主要包括宏观层次上的生态创新和微观层次上的生态创新。宏观层次上的生态创新是涉及人数众多、具有完全公共品性质的生态创新，如对大江大河的治理、空气净化、温室效应和酸雨的有效控制等。微观层次上的生态创新是指涉及人数少、不具有完全公共品性质的生态创新，如企业的清洁生产、绿色营销等。

生态创新是一种全新的理论，它总结当前人类普遍关注的生态环境问题，运用经济眼光和手段，开拓了崭新的领域。生态创新虽然借鉴于熊彼特创新理论，但又不同于熊彼特创新理论，其主要表现在：首先，熊彼特创新理论是建立在具有创新精神的企业家假定基础上的，其本质仍是理性经济人假定，而生态创新则必须建立在理性生态经济人假设的基础上，寻求生态建设与经济建设同步运动与协调发展，更确切地说，即在生态得到保护为约束条件的前提下追求经济的可持续发展。其次，熊彼特创新理论是生态环境外因论，而生态创新理论是生态环境内因论。最后，生态创新内容更加广泛，不仅包括了技术方面、制度方面、环境方面的创新，还包括了人们观念意识方面的创新。可以说，生态创新是创新理论在一个新领域的新发展。

（二）生态创新内涵和外延的界定

可持续发展经济是一种经济发展的生态代价和社会成本最低的经济。它必须以生态可持续发展为基础，以社会可持续发展为根本目标，实现经济、生态、社会三者的有机统一。加强经济可持续发展的生态环境基础建设，缓解日益尖锐化的生态经济矛盾，阻止非持续发展经济的产生与发展，实现生态、经济、社会三维复合系统健康运行与可持续发展，就必须进行生态创新。

根据生态创新的概念与本质内涵，我们可以将生态创新的内涵和外延界定为，在经济可持续发展框架下，在社会生产—流通—分配—消费等经济活动中，注重生态建设和资源环境保护，推动生态科技进步和绿色体制创新，促进创新驱动、内生增长、绿色增长，实现经济社会全面协调、可持续发展，从而不断提高和增强综合国力和生态环境的承载能力，满足当代人对日益增长的生态、物质、精神和文化的需要，又为后代人提供增加生态环境系统运转的生态资本，创造可持续发展基本条件的生态化过程。

三、生态创新的意义与作用

（一）生态创新改变了人与环境的关系

生态创新是人类有目的地改变人与环境的关系，建立起最优人工生态环境系统，使自然界的各种物质、能量能够达到最优的动态平衡，以及最优的再生和循环，并逐步社会化，显示经济社会的特点和功能。

回顾人类文明发展史，人与自然的关系经历了三个发展阶段：（1）愚昧阶段。这一阶段人类处于原始文明和农业文明中，人类崇拜自然，但只能单纯地依靠自然、从属自然，没有能力改变自然。（2）人与自然对立阶段。在工业文明中，人与自然的关系经历了一次重大转折。由于工业革命的影响，人类利用不断发展的工业技术，把对自然界的改造作用从农业文明的生态系统扩展到地球上的一切自然系统。这一阶段，人类能够发挥自身的主观能动作用来改造自然，肤浅地认为自然资源是取之不尽、用之不竭的，从而对其任意开发与掠夺，形成了人与自然的对立关系。这种人与自然对立关系充分地反映了人类中心主义思想，将必然导致经济非持续发展。（3）人与自然和谐共处阶段。在这一阶段，人们开始认识到，自然资源是有限的，片面地追求经济快速增长必将付出沉重的生态代价，最终使经济发展不可持续。人类只有在合理地利用自然资源的同时保护并优化自然利用结构，才能保持经济社会的可持续发展。这标志着生态文明与生态时代的到来。当然，我们应该看到，目前人与自然的关系还是刚刚开始从对立向和谐转化，还面临着许多人口、资源、环境与经济发展不协调的现象，这就要求我们必须彻底地放弃人类中心主义思想，本着与自然和谐发展的原则，努力地促进生态创新，建立起最优的生态系统，使生命系统与生态系统的结构和功能不断优化完善，以便更好地适应循环型社会经济发展的需要。

（二）生态创新不断变化着人类生存环境

生态创新要求人类在自然规律和经济规律的指导下，使人类的生存环境能够不断地从简单向复杂转变。

系统论认为，系统与周围环境共同构成一个特殊的综合体，任何一个系统都不仅是较高层次系统的组成要素，而且又是较低层次系统的综合体。要认识系统的行为、功能、发展和变化，其关键就在于认识系统组成要素的相互联系和作用。因为系统是客观事物普遍存在的本质反映，因而整个地球上一切便构成了一个大系统，并由经济、社会、生态等大量的子系统组成。按照耗散结构论的观点，生态的、经济的、社会的系统都是非平衡状态的开放系统，不断与外界环境交换物质、能量，如果外界环境的变化达到一定的阈值，量变就会引起质变，系统可能从原来的无序状态转变为一种在时间、空间和功能上都稳定的有序状态。我们称这种非平衡状态形成的稳定、有序的结构为“耗散结构”。我们通常运用非平衡态开放系统从无序转变为有序的关键性因素，即负熵流的绝对值大于熵产生，则熵产生量全部被负熵流冲抵完，从而导致总熵会小于零。这种由物质、能量、信息交换所获取的新物质、新能量而产生的时空有序结构和新的功能现象，就是耗散结构论中的所谓“自组织现象”。

由此可见，通过生态变迁，使无序的、非平衡的生态系统和社会经济系统通过非线性反馈，获得新的结构和功能，形成有序的大系统，实现生态系统与社会经济系统的有机结合与协调发展。

（三）生态创新推动生态化运动蓬勃发展

生态化是指在价值取向上确立人与自然协调发展的理念，并根据社会与自然的具体可能性，把生态因素渗透到人类的全部生产、生活行为中去，最优地处理人与自然的关系。生态创新推动着生态化运动蓬勃发展，并且从以下两种途径为循环经济可持续发展提供资源环境基础。

1. 生态化作为生态生产力为循环经济的可持续发展提供资源基础。与工业生产力是以能源推动的机械生产力、农业生产力是以动植物生长为基础的自然生产力不同，生态生产力是利用生态系统内生物与环境之间、生物与生物之间的相互作用与相互联系而获得生产力。绿色农业就是利用与发挥生态生产力的典型例子。在21世纪的生态时代，要解决传统模式下生态与经济的矛盾，缓解生态危机，其关键就在于保护自然生产力，解放和发展生态生产力，这样才能把经济的发展建立在生态良性循环的基础上。

2. 生态化通过对观念、技术等因素的渗透为循环经济的可持续发展提供良好的资源环境基础。人与自然和谐发展的生态价值观正在潜移默化地改变着人们对工业高消费模式的追求。社会对高工业附加值产品的要求日益减少，对高生态附加值产品的需求则方兴未艾。这一状况也必将使生态化生产技术的不断进步；清洁生产技术、生物技术对环境的恢复与优化产生良好的影响；而生态化生产技术也使资源投入与经济产出的正比例关系发生了根本的变化，脆弱的资源得到了保护。总之，虽然生态化不能解决生态与经济的全部矛盾，但是，它为实现循环经济的发展提供了不可缺少的资源环境基础。

（四）生态创新有利于增加循环经济运转的生态资本

生态创新的根本目的就是要增加生态环境系统的生态资本，增强生态系统的转化功能，提高自然物质和经济物质的转化效率，实现资源的循环利用，提高循环经济发展能力。

我们知道，人类的生产和生活所需要的物质和能量，归根到底还是通过来自生态环境系统的自然物质和自然能量相互转化的循环过程来实现的。经济系统不断向生态系统输入经济物质和经济能量，与生态系统中的自然物质和自然能量相互交换，维持生态系统的自然物流正常运转：生态系统物质、能量的转化功能越强，自然物流和经济物流的转化效率就越高，转化的能量就越多，物质积累也就越多，从而增加生态系统输出物质和能量的数量。这些物质和能量在经济系统内部通过包括生产、交换、分配和消费在内的总生产过程的各个环节后，又交换为经济物质和能量，再输入生态系统来补偿其一部分输出的物质和能量，从而维持其自然物质循环，为社会再生产不断进行提供物质基础。

应该指出的是，生态系统中的能量流动是单向的，且随着食物链和生产链的各个环节传递和转移，逐渐消耗、逐级减少。因此，只有通过生态创新，优化组合生产者、消费者、还原者和水、光、气等非生物环境系统，提高生态系统中的传递效率以及经济系统中能量的有效利用率，增强生态系统物质、能量的转化功能，这样自然物流和经济物流转化效率也就越高，转化的能量也就越多，也就促进了生态环境系统对经济发展的供给能力和经济可持续发展的持续能力。

（五）生态创新是实现循环经济发展的本质要求

大量事实表明，传统的高消耗增长方式过度向自然索取，导致生态退化和自然灾害增多。水污染使饮用水安全受到威胁，恶化了生存条件。固体废弃物的堆积不仅产生大量寄生生物，而且废弃物产生的渗漏液还会污染地表水和地下水。这些都成为一些地方疑难怪病和职业病产生的重要原因，给广大人民群众的身体健康带来了严重威胁。

要实现全面建设小康社会的目标，根本出发点和落脚点就是要坚持以人为本，不断提高人民群众的生活水平和生活质量。这就要求我们，在发展过程中不仅要追求经济效益，还要讲求生态效益；不仅要促进经济增长，更要不断改善人们的生活条件，让“人民喝上干净的水、呼吸清洁的空气、吃上放心的食物，在良好的环境中生产生活”。要真正做到这一点，必须大力发展循环经济，搞好资源节约和综合利用，加强生态建设和环境保护，走出一条科技含量高、经济效益好、资源消耗低、环境污染少、人力资源优势得到充分发挥的新型工业化道路，以最少的资源消耗、最小的环境代价实现经济社会的可持续增长。

要充分认识节约能源、资源的重要性和紧迫性，增强发展循环经济的责任感和使命感，按照中央经济工作会议的部署，全面落实科学发展观，坚持开发和节约并举、把节约放在首位的方针，突出重点，完善政策，搞好示范，加强管理，切实做到从节约资源中求发展、从保护环境中求发展、从发展循环经济中求发展，逐步构建节约型的产业结构和消费结构，走出一条具有中国特色的节约型发展道路。

第二节 循环经济生态创新的特征

一、循环经济的基本概念

所谓循环经济，是指仿效自然生态系统“生产者—消费者—分解者”能量物质循环规律建立起来的，可使能量资源反复循环利用，将人类生产消费活动融于生态系统循环过程，保证经济效益、社会效益与生态效益相统一，促进生态经济社会复合系统全面协调可持续发展的一种科学生产方式。其本质要求就是实现自然生态资源的循环再生和永续利用，确保人口、资源、环境相协调。具体地说，这一概念包含以下内容：

1. 循环经济的基本原理是自然生态系统的能量物质循环规律，即“仿生经济”或“生态经济”。所谓生态，即有机体与环境之间的关系，也就是生物群落在环境中的共生状态。生态学就是研究生物与环境之间相互关系及其作用机理的科学。按照生态学所揭示的自然生态规律，一定环境空间的生命体与非生命环境要素组合成一个生态系统。在这一系统中，生物群落的高低级种群之间、生物与非生物之间组成一个由低级到高级，由简单到复杂的生物食物链网，每一种生物和非生物都是这一食物链网中一个环节，它们在食物链网中分别交替扮演“生产者”（绿色植物、水生藻类）、“消费者”（食草动物、食肉动物）和“分解者”（微生物）的角色。首先，由绿色植物吸收水分、养分和空气中的二氧化碳，在太阳光合作用下生产出有机营养物质，供食草动物消费；食草动物供食肉动物消费，所有动物植物的尸体和排泄物都经细菌类微生物分解还原，回归环境，供绿色植物用于“生产”。能量和物质（食物）就这样在食物链网中由低级到高级、又由高级到低级的传递，经过这样循环往复的不断运动，形成一个相互依存、相互影响的生态食物链网，从而维持自然生态系统的动态平衡和持续发展。循环经济就是仿效自然生态系统能量物质循环规律，建立一个“资源、能源—产品（或服务）—再生资源、能源”的物质能量闭环流动链网，使上一生产环节的产品、副产品或废弃物成为下一生产环节的原材料，使资源能量综合开发、梯级利用、循环再生，以实现资源高利用、产品高质量、生产高效益以及资源低消耗、污染物低排放、环境低污染或无污染，使之和谐地纳入自然生态系统物质能量循环过程的一种可持续发展的生产方式。历史上长期存在的“桑—蚕—鱼”生产方式，可说是一种最原始的简单循环经济模式。在这一模式中，桑树吸收土壤中的水分和养分以及空气中的二氧化碳，在太阳的光合作用下制造有机营养物质，然后桑叶养蚕，桑梗和蚕粪投入鱼塘养鱼，桑梗残渣腐烂分解后的有机物及鱼的排泄物沉积于鱼塘的底泥中，被用作桑树的肥料，由此构成一个封闭的能量物质循环系统，各生产环节的产品或废弃物都被作为下一生产环节的原料被消化和分解，无任何废弃物污染损害环境。

2. 循环经济是将人类物质生产消费过程融入生态系统能量物质循环过程的可持续发展生产方式。循环经济不是要求摒弃发展、简单地回归自然、片面地返璞归真，而是要求经济系统克服传统工业生产方式不可持续的缺陷，实现能量在生产过程中的综合开发和循环利用，使人类生产消费过程与生态系统的能量物质循环过程相融合。传统工业经济系统中只有“生产者”、“消费者”两个环节，缺少“分解者”的环节，生产消费环节中产生的污染废弃物无法在生产过程中“分解”回到资源形态，供再开发、再利用并形成产品，而只能污染损害生态环境，是违背生态系统能量物质循环规律的，当然也是不可持续的。循环经济生产方式中，仿效生态系统“生产者”、“消费者”、“分解者”形成的生物食物链网关系建立生态产业链网，形成能量资源在生产过程中闭环流动、循环利用的体系，人类物质产品的生产消费过程与生态系统能量物质循环过程是交融吻合的，当然也是可持续的。

3. 循环经济是经济效益、生态效益、社会效益相统一，促进生态经济社会复合系统全面协调可持续发展的科学生产方式。这是循环经济的目的、作用与功能及其根本属性等方面的概括和表述。要维持经济系统的经济再生产，必须有生态系统的环境资源再生产为其提供环境资源保障，必须有社会系统的劳动力再生产和精神产品再生产为其提供劳动力与知识、科技、教育、管理、服务等保障。因此，经济系统不可能孤立地实现可持续发展，而必须与生态系统和社会系统相协调，即必须以生态系统可持续发展为前提，以社会系统的可持续发展为保障。离开经济系统的可持续发展，不仅社会系统的可持续发展不可能，生态系统的可持续发展也没有意义。所以，三者之间应是互相联系、互相支持、互为条件、互相制约的。传统工业经济之所以是不可持续的，正是因为经济生产破坏了整个生态系统的可持续发展能力，并误导社会系统人口再生产和物质产品再生产的持续增长，造成环境承载压力，从而不能为经济社会的可持续发展提供充裕的生态资源。循环经济生产方式整合协调生态系统的环境资源、经济系统的经济资源（劳动工具、基础设施等生产资料）、社会系统的社会资源（劳动力、知识、科技、科研、教育、艺术、管理、服务等），形成强大的现代科学生产力，实现集约化生产经营和能量资源的循环利用，消除能量资源供给与发展需求的尖锐矛盾，就可实现经济效益、社会效益和生态效益的统一，促进生态经济社会复合系统全面协调可持续发展。

二、创新理论内涵与发展

熊彼特认为，“创新”就是建立一种新的生产函数，把一种从来没有的关于生产要素和生产条件的新组合引入生产体系，这种新的组合既包括生产要素的重新配置和组合，也包括生产条件、生产环境的重新安排。因此，熊彼特的创新理论同时内涵了技术创新和制度创新。

马克思的经济学理论是把技术和制度引入经济分析最完美的理论。在马克思主义政治经济学理论中并没有一个完全的技术创新与制度创新的概念，但他却通过生产力和生产关系相互作用的原理分析，从哲学的高度解决了科技创新与制度创新之间的辩证关系。在熊彼特提出创新理论后，主流经济学首次将技术进步作为经济增长和经济结构变化的内生变量即经济增长的源泉，提供了各种有关经济发展过程中技术进步与技术创新的理论分析模式，并把经济增长率中不能解释的“余值”（或“剩余”）归因于技术创新。新增长理论用规模收益递增和内生技术进步来说明一国长期经济增长和各国增长率差异，它将技术进步视为经济系统的内生变量，突破了新古典增长理论研究中增长率外生化的缺陷。20世纪80年代中期以来，保罗·罗默、R. 卢卡斯、G. 格罗斯曼、E. 赫尔普曼、R. 巴罗、P. 克鲁格曼、阿尔文·扬、G. 贝克尔等人分别从知识的外部性、人力资本积累、产品品种增加、产品质量升级、技术模仿、专业化分工加深等角度，论证了内生的技术进步是实现经济持续增长的决定因素。

新制度经济学认为，人类社会的技术存量决定了人类活动的上限，人类社会的制度安排却决定了技术的发展速度，技术创新和经济增长不过是制度创新的函数；制度创新决定技术创新，好的制度选择会促进技术创新，不好的制度选择会将技术创新引离经济发展的轨道，或扼制技术创新。诺斯认为制度创新可以提高生产率和实现经济增长。刘易斯认为，制度促进或者限制经济增长主要取决于制度对努力的保护程度，为专业化所提供的机会以及制度允许的寻求并抓住经济机会的自由。我国学者吴敬琏通过对我国高技术产业的研究认为，一个国家、一个地区高新技术产业发展的快慢，不是决定于政府给了多少钱，调了多少人，研制出多少技术，而是决定于是否有一套有利于创新活动开展和人的潜能充分发挥的制度安排、社会环境和文化氛围。同时，他指出，在发展我国高新技术的过程中，制度重于技术。柳卸林通过对国家创新系统的研究，认为国家技术创新系统的建设要以制度、政策和环境建设为主线，以提高企业、科研机构和高校的创新动力和能力，促进它们之间的创新互动为目标，最终提高我国技术创新能力。鲁志强注意到高新技术产业面临的问题时提出，发展高新技术，必须明晰产权，加快融资机制、退出机制、人才机制等制度创新。他认为：“人才、技术优势是珍贵的资源。但是没有好的环境条件，人才、资金和技术难以发挥作用。正是从这个角度上讲，制度重于技术、人才重于资金。”黄少安指出，“技术决定制度”和“制度决定技术”是分别从不同的角度看问题。技术决定制度的基本视角是宏观的，历史发展的最终推动力来源于技术进步。制度决定技术是从微观的角度来认识问题的。技术进步是人们的一种理性选择行为，当相关制度安排拒绝对技术进步作出激励或激励不足时，技术进步就不会产生。因此，两者是一种互动关系。”

新增长理论主要是通过技术进步对经济增长的影响来论述科技创新的作用，强调科技决定论。而新制度经济学虽然看到了技术创新对制度创新的影响，但新制度经济学并不认为技术进步是经济增长的原因，而是把技术进步看作是经济增长本身，认为经济增长的原因只能从制度因素中去寻找，鼓吹制度决定论。只有马克思主义经济学站在哲学的高度解释了技术创新与制度创新的辩证关系，技术创新与制度创新相互影响，两者是促进经济发展的独立变量。但如果超出这个范围，马克思主义也不能绝对化。综合上述理论与观点，本书的创新主要界定在技术创新的范围内，在论述过程中，有些制度上的变革尤其是企业管理方面的变革也被划归到技术创新的范畴，主要是为了讨论的一致性。

三、循环经济发展是一个生态创新过程

循环经济把环境保护与经济发展联系起来，以资源的高效和循环利用，使人类经济社会发展与自然生态系统相和谐并构成良性循环，是促

进可持续发展的新经济。循环经济的发展过程本身就是一个不断创新的过程，其实质就是生态创新。

（一）循环经济生态创新产生的基础

生态创新是对经济社会发展的一种全新的阐述。刘思华在《对可持续发展经济的理论思考》中提出的“生态创新”这一概念中认为，生态创新是对生态系统内部各组成部分进行变革和重新组合，创造新的人工生态系统和经济社会系统生态化；并认为，经济可持续发展的生态创新实际上是一个生产、分配、流通、消费等社会再生产各个环节的生态化过程，是生态与经济一体化的过程。[①] 严立冬（2002）认为，生态创新是指从新思想和新概念出发，通过生态技术的革新、绿色制度的形成、生态观念的改变，不断地解决各种生态问题，最终使一个由生态价值、经济价值和社会价值的新项目得到实际成功应用的活动过程；还认为生态技术创新、绿色制度创新、生态观念创新是生态创新理论的基本内容，是促进可持续发展的三大重要支柱。[②] 王如松在《生态创新与生态普及的几个基础问题》一文中提出，经济可持续发展的关键是生态创新。[③] 诸大建在《中国发展需要绿色创新》中也表述了生态创新的概念，认为中国的发展需要生态为导向的创新，主要包含生态可持续经济创新、社会创新和体制创新三个方面。[④]

循环经济生态创新是对生态和经济社会系统进行生态化重构，通过以生态为导向的技术创新、生态观念创新、生态金融创新和生态制度创新来实现生态环境与经济社会和谐发展，实现经济效益、社会效益和生态效益相统一的一切方式的总称。循环经济生态创新产生的根源是生态资源的有限性。循环经济生态创新本质特征就是通过生态技术创新、生态制度创新，生态金融创新以及生态观念的改变，以可再生资源替代不

---

① 刘思华：《对可持续发展经济的理论思考》，《经济研究》，1998 年第 2 期。

② 严立冬：《经济可持续发展的生态创新》，中国环境科学出版社 2002 年版，第 35—46 页。

③ 王如松：《生态创新与生态普及的几个基础问题》，《生态科学　创新与发展》，中国环境经济出版社 2006 年版，第 54—56 页。

④ 诸大建：《中国发展需要绿色创新》，《沪港经济》，2008 年第 4 期。

可再生资源，以低级能源替代高级能源，提高资源循环利用效率，进而减少环境污染，提高循环经济系统运转的生态资本。其根本目的是通过循环经济生态创新的提出，使生态资本与技术、制度、金融一样成为现代经济运行与发展过程中的内生变量，从而改善人类生存的生态环境，实现生态、经济、社会共同的可持续发展。

（二）循环经济生态创新内涵与创新思路

循环经济生态创新意在加强生态建设和保护生态资源，推动生态科技进步和绿色体制创新，为经济持续增长提供可靠资源保证和生态基础，促进经济社会全面协调可持续发展，从而不断提高和增强综合国力和生态环境的承载能力，不仅要满足当代人对日益增长的生态、物质、精神和文化的需要，又要为后代人提供增加生态环境系统运转的生态资本，创造可持续发展基本条件的生态化过程。诺贝尔经济学奖得主斯蒂格利茨在 2009 年中国发展高层论坛上有针对性地指出，中国的投资需要再定位，包括对创新的投入，要着眼于资源节约方向，而不是和西方国家一样的劳动力节约方向，这正是一系列增长方式转变的一部分，也可以称之为新的增长模式。中国成为创新型国家的重要条件是：创新与创新发展要聚焦到生态可持续的经济生态创新、社会生态创新和政治生态创新上来。

随着我国经济的高速增长，经济发展与环境、资源的矛盾越来越突出，已经成为我国经济进一步发展的制约因素，而循环经济生态创新为缓和经济发展与环境之间的尖锐冲突提供了一条解决途径。循环经济生态创新实现了经济发展和生态环境与资源的有机结合，是我国经济发展到一定阶段的客观要求，是我国实现经济可持续发展的必由之路。在 2003—2009 年连续 6 年的中央人口资源环境工作座谈会上，胡锦涛总书记都提出发展循环经济问题。党的十七届四中、五中全会决议中明确提出要大力发展循环经济，把发展循环经济作为实现经济结构和布局调整的主线，逐渐将清洁生产、资源综合利用、生态设计和绿色消费等融为一体，形成一套系统的循环经济发展思路。

1. 要发展循环经济促进生态导向的经济创新，即经济生态创新。虽然仍然有许多人把循环经济看做是单纯的环保活动，但是实际上循环经济在中国是作为一种生态导向的经济创新提出来的。由于中国的经济社会发展受到严重的自然资本制约，因此，发展循环经济的目的：一是要替代以资源高消耗和污染高排放为特点的线型经济方式，实现良性的经济变革；二是要替代单纯地在经济过程的终端进行治理的资源环境管理模式，实现全过程的资源节约和环境预防。与传统的经济增长用单纯的价值指标如 GDP 衡量绩效，以及传统的环境保护用单纯的物理指标衡量绩效相比，循环经济的绩效判断需要考虑作为投入的自然消耗和作为产出的发展效果的比值（即 EI = Output/Input）。因此，生态导向的经济创新需要发展和传播资源生产率，例如单位土地、单位能源、单位水消耗以及单位污染排放和废弃物的经济产出等观念，来推动经济的绿色转型。

2. 要倡导绿色生活促进生态导向的社会创新，即社会生态创新。与循环经济的经济创新相对应，中国还需要在生活方式方面进行生态导向的社会创新。众所周知，现代化以来的西方生活方式是以追求舒适而牺牲生态为特点的。针对这种状况，20 世纪 80 年代以来西方国家出现了一种强调生活方式的生态化、但忽视提高人民生活舒适性的“简单生活运动”倾向。因此，如何建立一种既舒适又环保的生活方式，是一个具有挑战性的创新课题。创新的实质是如何在不增大环境负荷的条件下提高人民生活的福利，而不是简单地回到原初的生活状态中去。

3. 要建设低消耗的政府促进生态导向的体制创新，即政治生态创新。实现以上两个方面的生态创新，依赖于中国政治意识和管理制度方面的绿色转型，这是中国生态创新的能力型命题。这样的创新需要两个方面的努力：一是中国的政治创新和管理创新要建立起一套真正有效的政策和体制，以便推进可持续发展的生产和消费模式的创新；另一个是中国的政治系统和管理体制本身要纳入生态导向的管理范畴，从而为企业家的经济创新和老百姓的生活创新提供示范和榜样。例如，要把中国建设成为资源节约型社会和环境友好型社会，政府本身的工作就不应该是浪费资源和破坏环境的。然而，我们的某些地方政府喜欢兴建大规模的政府大楼，搞所谓大手笔、大尺度的标志性工程等，就可以感到政府的生态转型在自身工作和示范上还存在着很大反差。因此，需要研究出一些操作化的措施来影响、监督和评价政府方面的生态创新。例如，我们可以用每单位物质消耗下政府管理所获得的人民满意程度来衡量政府的管理绩效，从而促进政府的管理模式与自然消耗脱钩。

第三节 生态创新在循环经济中的作用

一、生态创新是生态文明形成和发展的持久动力

生态文明不是空中楼阁，如果没有与之相适应的可持续发展的社会生产方式而形成的持久动力，是不可能形成和发展的。循环经济是顺应自然生态规律和可持续发展的内在要求而建立的一种科学生产方式，其发展完善过程当然也是生态文明成果的创造积累过程，即生态文明形态的形成、发展过程。

（一）循环经济是生态文明建设的重要内容

循环经济是生态文明建设的重要内容，有利于促进经济社会可持续发展能力的提高。可持续发展能力的提高主要体现在社会物质财富和精神财富的丰富积累及政治制度的进步完善上，也就是物质文明成果、精神文明成果和政治文明成果的增长。其中，物质文明成果体现为可持续发展的生存支持能力、发展支持能力和环境支持能力，精神文明成果体现为可持续发展的智力支持能力，政治文明成果则体现为可持续发展的社会支持能力。因其都是符合生态规律和可持续发展要求的能力和成果，故其总和就构成社会的生态文明。

可持续发展世界首脑会议通过《21世纪议程》指出，一个国家的可

持续发展能力，在很大程度上取决于生态和地理条件下人民和体制的能力。具体地说，能力建设包括一个国家在人力、科学、技术、组织、机构和资源方面的能力培养和增强。能力建设的基本目标就是提高对政策的发展模式评价和选择的能力，这个能力提高的过程是建立在其国家的人民对环境限制与发展需求之间关系的正确认识基础上的。这主要包含以下三个层次的含义：（1）一个国家的可持续发展能力建设必须选择适当的发展模式即社会生产方式，以建立环境限制与发展需求之间的平衡协调关系；（2）可持续发展能力建设包括生态资源供给支持能力，人力、科学、技术等智力支持能力，和组织、机构等社会调控能力的培养和增强；（3）可持续发展能力建设的基本目标是提高社会的文明程度，以促进发展模式即社会生产方式的发展和完善。发展模式评价和选择的能力，实质上就是社会文明对生产方式的反作用力。生产方式决定文明形态，文明形态对生产方式又给予巨大影响和作用。国内外可持续发展实践证明，人们正是基于对环境限制与发展需求之间的关系的正确认识，才选择了可持续发展模式即循环经济生产方式，循环经济的发展又不断提高了可持续发展能力，丰富和积累了社会物质文明成果、精神文明成果和政治文明成果，形成了初具雏形的生态文明，进而增强了对发展模式评价和选择的能力，给循环经济的发展提供强大的物质支持、智力支持和制度保障，使之进一步加强可持续发展能力建设，促进生态文明的发展。

（二）循环经济极大地解放了社会生产力，为生态文明建设奠定了坚实的基础

循环经济是知识密集型和劳动密集型的信息化、智能化的生产方式，在提高资源利用效率和劳动生产效率的同时，还把劳动者从过去工业化生产中机器的附庸地位解放出来，由机械人变为智能人，可极大地发挥主动性、能动性和创新性；同时，克服现代生产力运用高科技开发利用自然资源方面的负面效应，优化生产力要素，提高生产力水平。

循环经济产业链网的系统性、联动性等内在特性，便于统筹城乡发

展、区域发展、经济社会发展、人与自然和谐发展、国内发展和对外开放，在生态经济社会复合大系统中构建起一种全新的生态秩序，推进生产力和生产关系、经济基础和上层建筑相协调，推进经济、政治、文化建设的各个环节、各个方面相协调，进而在经济发展的基础上，推动社会全面进步和人的全面发展，促进社会主义物质文明、政治文明、精神文明协调发展，最终形成生态文明型社会。

（三）循环经济具有可持续性，是生态文明建设的持久动力

循环经济生产方式的建立和完善，最终要求实现能量资源在各生态产业链中的小循环，在各生态产业网中的中循环，在循环型社会层面的大循环，从根本上克服能量资源供给与经济发展需求之间的矛盾，可保持生态经济社会复合大系统的持久繁荣昌盛与永续平衡协调，为生态文明建设提供永不衰竭的持久动力。马克思指出："各种经济时代的区别，不在于生产什么，而在于怎样生产，用什么劳动资料生产。"[①] 以能源资源综合开发、能量物质循环利用，主要运用高新技术和可再生资源生产的循环经济生产方式正是工业文明时代转型为生态文明时代的根本标志。

二、循环经济生态创新与经济可持续增长

循环经济生态创新可以增加生态环境系统运转的生态资本，增强生态环境系统的转化功能，提高自然物质和经济物质的转化效率，从而提高生态环境系统适应现代经济发展的供给能力及其对现代经济社会发展的支撑能力。研究循环经济生态创新与经济可持续增长以及他们之间的协调关系，对促进我国经济社会的可持续发展和现代化建设有着十分重要的意义。

（一）循环经济生态创新与经济增长

经济增长是各国经济宏观调控的基本目标，循环经济生态创新的核

① 《马克思恩格斯全集（第23卷）》，人民出版社1995年版，第205页。

心就是要实现经济发展的内生增长与绿色增长，维持经济可持续发展。从西方经济增长理论的发展过程可以看出，经济增长因素分析的范畴不断扩大。在哈罗德—多马模型的分析中，假定制度条件不变，将经济增长看成资本供给的函数。新剑桥学派经济增长模型强调经济增长与收入分配之间的关系，说明了经济增长的前提与结果都是收入分配不平等的加剧。以罗伯特·索洛为代表的新古典经济增长学派，其经济增长理论模型中只有资本和劳动力两种生产要素，技术是一个“外生”的因素，尽管强调技术进步对经济增长具有重要贡献，但技术进步的贡献仅作为一个“余值”对经济增长起作用，而且没有说明技术进步是如何产生的，更没有说明是否还有其他的因素影响经济增长。20 世纪 80 年代中期，美国经济学家罗默与卢卡斯等在技术进步产生原因方面做了一些研究工作，认为知识和技术作为内生变量，可以提高投资的收益，使边际生产率递增，强调劳动分工和专业化在促进经济增长中的重大作用。

在经济增长过程中，影响经济增长的要素有很多，本书从生态创新的角度来探讨与生态因素相关要素对经济增长的影响。在经济增长模型中引入资本、劳动、技术以及制度要素，共同探讨循环经济生态创新在经济增长中的作用。模型中的资本主要是以生态金融创新为主体，支持生态化发展与生态环境保护的资本投资要素；劳动要素包含生态观念创新所引发劳动质量和数量的提高；技术要素在本模型中主要是生态技术；制度要素在本模型中主要就是生态制度。

$$Y(t)=K(t)^{\alpha}A(t)^{\beta}I(t)^{\eta}L(t)^{\lambda} \qquad \text{（公式 1.1）}$$

$\alpha>0$，$\beta>0$，$\eta>0$，$\lambda>0$，$\alpha+\beta+\eta+\lambda=1$

其中 Y 表示为产出、K 表示为资本、A 表示为生态技术、I 表示为生态制度、L 表示为劳动。

对公式 1.1 两边取对数，得到

$$\ln Y(t)=\alpha\ln K(t)+\beta\ln A(t)+\eta\ln(t)+\lambda\ln L(t) \qquad \text{（公式 1.2）}$$

对公式 1.2 两边同时对时间 t 求导，得到

$$g_Y(t)=\alpha g_K(t)+\beta g_A(t)+\eta g_I(t)+\lambda g_L(t) \qquad \text{（公式 1.3）}$$

从公式 1.3 中可以看出，经济增长由生态技术创新率 g_A、资本增长率 g_K、生态制度创新率 g_I 以及劳动资本增长率 g_L 共同决定。因此，循环经济生态创新，通过生态技术创新、生态制度创新、生态观念创新以及生态金融创新可以提升生态技术创新率、资本增长率、生态制度创新率以及劳动资本增长率，进而促进经济的快速发展。经济增长主要依靠各投入资源持续增长来维持，通过循环经济生态创新，以生态技术创新、生态制度创新、生态观念创新以及生态金融创新来提升资本存量与质量，促进技术进步，改善制度结构，以及增加劳动力质量，最终促使经济的持续发展。

经济增长是循环经济生态创新的保障，同时也是循环经济生态创新的归属和根本目标。经济的快速增长，能够为循环经济生态创新提供必要的物质支持和创新动力与经验。经济增长主要困境就是资源的持续增长问题，因此，资源约束成为经济可持续增长的瓶颈。循环经济生态创新通过生态技术创新、生态制度创新、生态观念创新与生态金融创新，能够提高投入资源的利用水平和质量，从而改善投入资源的数量和质量问题，促进经济快速、健康、稳定地发展。

（二）循环经济生态创新与经济可持续增长的协调途径

循环经济生态创新与经济可持续增长的协调统一主要表现在两个方面：（1）经济要实现可持续增长必须以生态创新为基础。因为只有进行生态创新，增加生态环境系统运转的生态资本，并源源不断地为经济系统提供物质和能量，才能使经济持续增长成为可能。（2）生态创新也离不开经济发展。因为生态创新只有在适宜的经济结构和经济秩序条件下才能达到，反之亦然。因此，现代经济发展绝不只是单纯的经济持续增长，而应是进行生态创新，实现环境净化和优化的综合协调的可持续发展。要实现生态创新与经济可持续增长的协调统一，应重视和注意以下两个方面的问题：

1. 采取多种强有力的措施，切实加强环境保护工作。（1）要把生态环境保护与建设纳入宏观经济管理的轨道。要继续坚持“环境保护的基本国策，坚持经济建设、城乡建设和环境建设同步规划、同步实施、同步发展”的方针，实施“生态优先、保护优先”的发展战略。坚决抛弃“先发展、后治理”，实施“边发展、边防治”。切实改变“先污染后治理、边治理边破坏”的状况。因此，用科学发展观统领生态环境保护与建设工作，使环境保护、生态建设和国土整治规划与政策成为经济和社会发展规划与政策体系的重要组成部分。(2) 把企业环境保护纳入生产建设管理序列。我国工业污染很大程度上是由于工艺落后、资源利用不充分造成的，因此，传统工业企业污染治理必须结合产业结构调整及其技术改造进行。要通过工艺革新、设备更新等技术改造，把污染消灭或减弱在经济发展过程中。(3) 工业生产必须走清洁生产的发展道路。清洁生产是通过产品设计、原料选择、工艺改革、技术管理、生产过程内部循环利用等环节的科学化与合理化，使工业生产产生的污染物尽量减少。(4) 大力发展绿色农业，保护生态环境。要加快水流失地区的综合治理和防护林体系的建设，积极植树造林，增加植被面积，逐步消灭荒山荒坡，建设一大批重要生态工程；逐步扩大自然保护区的数量和面积，形成类型齐全、布局合理的自然保护区网络和物种迁地保护网络；兴办和发展环境保护用品以及“绿色产品”的产业。(5) 努力增大环境保护投资。要按照“谁开发谁保护，谁破坏谁治理，谁利用谁补偿，谁治理谁受益”的方针，多种形式、多种渠道筹集资金，以增加对环境保护的投入。

2. 必须把节约资源和保护资源放到重要的战略位置。在规划和实施经济发展方案时，要充分估量资源的承载能力，使经济发展与资源利用、资源保护相协调。(1) 在指导思想上，必须坚持走提高资源利用效率和资源节约型经济发展道路。资源保护与可持续利用必须体现经济效益、社会效益和环境效益相统一的原则，使资源开发、资源保护与经济建设同步发展。(2) 在宏观管理上，必须加快对自然资源开发利用管理。水、土地、矿产、生物、海洋各项资源的开发和利用要纳入国民经济和社会发展计划，对一些主要的资源管理要实行统一规划、严格管理。

(3) 在重点政策上，必须改革现行的自然资源价格体系，消除自然资源需求过度膨胀、低效利用的经济根源。(4) 在具体措施上，必须坚持资源开发和节约并举，把节约放在首位，努力提高资源利用效率。

三、循环经济生态创新与绿色营销理念的建立

循环经济可持续发展的生态创新，实际上是一个生产、分配、流通、消费等社会再生产各个环节的生态化过程，是绿色革命浪潮重要的组成部分。因此，从这个意义上讲生态创新对帮助人们改变传统营销理念，树立新的绿色营销理念有着重要的作用。

绿色营销是一种能够辨识、预期以及符合消费者与社会需求，并且可带来利润和可持续经营的管理过程。绿色营销的最终目标是维持人与自然的和谐，避免因人的消费而导致环境的破坏，从而达到资源的永续利用的目的。绿色营销理念的建立，应特别重视和注意这样几个问题：(1) 企业在选择生产产品和技术时，必须考虑尽量减少商品不利于保护环境的因素，特别是在选择原料和制作过程中减少不利因素。(2) 在产品使用和消费过程中，尽量减少或教育消费者降低对环境的负面影响，如使用回收的废容器等。(3) 产品设计和包装应该考虑降低商品包装或使用其残余物，如包装牛奶用纸盒代替塑料容器。(4) 应重视对商品的软件服务，如生产产品的观念、产品设计的观念和售后服务。

从生态产业经济的角度上看，建立绿色营销理念必须实行“五个绿化”：(1) 产业结构的绿化，即要求传统的工业文明的“黑化”产业应被正在兴起的生态产业或绿色产业所取代。(2) 技术结构的绿化，即要求必须进行生态技术创新，使生态技术、非生态技术的所有技术必须趋于绿化，尤其是以知识和信息技术为核心的高新技术必须绿化。(3) 产品结构的绿化，即要求绿色营销市场必须销售绿色产品，这些绿色产品包括绿色食品和生态饮料，绿色纺织品与生态服饰，绿色洗衣机与绿色电脑。(4) 消费观念的绿化，即要求人们以绿化消费意识作为一种新的

消费时尚。(5) 就业结构的绿化，即要求人们的绿化就业意识不断提高，并在就业队伍中，从事生态环境科学研究、生态技术开发，环保设备生产、制造、咨询、服务的人员有较大幅度的增加。

第四节　循环经济生态创新的支持系统

循环经济以物质、能量梯次和闭路循环使用为特征，使经济活动组成一个“资源—产品—再生资源”的反馈式非线性流程，所有的物质和能量在这个不断进行的经济循环中都能得到最大限度的、合理的和持久的利用，从而使经济活动对自然资源的破坏和环境的污染降低到尽可能低的程度。要推动经济可持续发展，促进循环经济生态创新，就必须要有循环经济生态创新的支持系统。循环经济生态创新支持系统的重要内容包括生态技术创新支持体系、经济政策支持体系、法律法规支持体系、金融支持体系、生态产业支持体系和公众参与支持体系等。

一、生态技术创新支持体系

循环经济生态创新的发展离不开科学技术的支撑，如果没有先进技术的投入，循环经济生态创新所追求的经济效益和环境目标将难以从根本上实现，所以必须促进循环经济生态创新发展的技术开发。美国经济学家菲舍尔指出：世界上没有垃圾，垃圾是闲置的资源。要想使目前生产生活中的这种“闲置的资源”转化为可利用的资源，实现资源的循环利用，并最终转化为有利用价值的产品，必须依靠循环经济生态技术创新，离开循环经济生态技术创新的支持，发展循环经济无从谈起。循环经济生态技术创新的支持体系由替代技术、减量技术、再利用技术、资源化技术、系统化技术等构成。

生态技术创新是指在从事绿色农业、生态工业等经济活动中，依靠现代科学技术的力量，研究开发生态产品或进行清洁生产，以达到改善生态环境，实现最终产品绿化的活动过程。其创新技术主要包括清洁生产技术、水土保持技术等。生态技术创新的实质是一个通过对生产者、消费者、还原者、非生物环境不断引入生态因素，并加以变革和优化组合的过程，以促进经济系统和社会系统的生态化。从可持续发展的角度上讲，生态技术创新应具有生态持续性，是整个生态创新战略的基础。

政府要加大对循环经济生态技术创新的投入。政府作为公共物品的提供者，促进可持续发展的生态技术创新方面应该加大投入。建议各级政府设立专项资金，用于支持循环经济生态技术创新研发，并注重循环经济生态技术创新项目的实施和资本市场的有机结合，吸引资本向科技研发和产业化项目倾斜，多渠道、多层次筹措资金。

二、生态产业创新支持体系

生态产业按照生态学原理和生态经济规律，因地制宜地设计、组装、调整和管理产业生产和经济的系统工程体系。利用传统产业精华和现代科技成果，通过人工设计生态工程、协调发展与环境之间、资源利用与保护之间的矛盾，形成生态上与经济上两个良性循环，经济、生态、社会三大效益的统一。生态产业是一个生态经济复合系统，将生态系统同经济系统综合统一起来，以取得最大的生态经济整体效益；也是一个以生态经济系统原理为指导建立起来的资源、环境、效率、效益兼顾的综合性生产体系；还是一种知识密集型的现代产业体系，是产业发展的新型模式。

循环经济生态创新要以生态产业为支撑，以改善传统产业结构为切入点，以技术创新为支撑，广泛采用工业清洁生产技术，建立循环经济体系；优先加强节能、低耗、无污染的高新技术产业的发展，加强对传统产业的技术改造；发挥智力资源、技术层次高的优势，大力发展技术密集型企业；加快乡镇工业的调整工作，提高乡镇工业的技术水平，以减少资源浪费和环境污染。要进一步研究绿色农业的发展模式和实现手段，从农业生产的生态化技术的开发和推广入手，改变农业经济的增长方式，建立新兴的生态农业的产业结构体系。

三、生态经济政策支持体系

国外循环经济发展较好的国家大多用一系列经济政策来刺激循环经济生态创新的发展，如明确产权制度，实行所有权和使用权分开；建立市场，实行可交易的资源配额；对资源进行全成本定价，充分利用价格、税收、财政、金融等手段。构建循环经济发展模式应借鉴西方国家推行循环经济生态创新发展的经济政策，可以根据需要选择一些经济政策来推进我国循环经济生态创新的发展，如低息无息贷款和减税政策、可归还的保证金法、资源回收鼓励制度、实行排污许可证或排污权交易以及垃圾收费、征收填埋和焚烧税等。通过这些经济手段的实施，对符合循环经济生态创新运行原则的行为进行鼓励，对不符合循环经济生态创新运行原则的行为进行限制。

激励机制是进行清洁生产的动力。清洁生产不是个别企业或某些行业的行为，而是全社会的生产方式转变的长期战略。在涉及某个具体企业时，其清洁生产技术的使用可能带来市场风险的不确定性，而且清洁生产的推行会引起企业内部的管理结构和组织结构的变化，这些都有可能成为企业进行清洁生产的阻力。严格环境管理，提高环境管理政策的有效性，往往是清洁生产最有效的激励机制。环境管理部门必须采取一定的激励机制，通过激励机制使企业愿意并自觉进行清洁生产。虽然政府的管理是环境管理的最主要手段，但仅靠政府管理进行环境管理远远不够，市场经济条件下还必须引入一定的经济手段，使之发挥社会管理的基础性作用。

四、生态金融创新支持体系

现代经济发展中，任何产业的成长发展都要倚仗金融业的支持。经济活动与金融活动密不可分，二者的融合过程一般称之为“经济的金融化”。功能健全的金融体系能促进经济增长，不健全的金融体系则会对经济增长造成负面影响。循环经济具有低消耗、低排放、高效率的基本特征，是以资源的高效利用和循环利用为核心的经济发展模式。循环经济的发展不仅有利于生态的有效保护和资源的可持续开发利用，而且有利于产业结构的调整和升级，实现经济的跨越式发展。金融作为现代经济的核心和血液，必须为发展循环经济作出应有的贡献，最终目的是要为循环经济相关的市场主体建立一个良性的、面向市场的投融资环境和金融支持体系。

1. 金融资源的总量和聚集能力能促进循环经济的产业化。循环经济的产业化需要大量资金投入，高投入是循环经济产业发展的基本特征和重要条件。循环经济技术比传统技术复杂得多，往往涉及多个科学领域，对设备、原材料的要求更高，技术更新，速度更快，使得企业设备更新和折旧的速度大大加快，因此需要的资金也大大高于传统产业。循环经济技术的创新需要大量的资金支持，而要将科研成果转化为现实生产力，发展成为一个个微观循环经济体系，由点带面形成更大范围的中观和宏观循环经济体系，没有强大的资金支持是不可能的。只有建立和完善有效的金融支持体系，才能全方位地满足循环经济产业化的金融需求。

2. 高水平的金融服务可为循环经济的发展提供高效率的金融支持。随着市场需求的多样化和科技进步的加快，金融体系提供金融服务的水平和能力也在不断提高。一方面，金融业务品种和手段不断创新，网上银行、手机银行、电子银行业务不断发展，信息化平台不断建立完善，金融服务的广度不断拓宽，为循环经济项目提供便利的融资、结算等服务；另一方面，金融基础设施建设不断完善，金融服务的科技含量不断提高，金融服务的深度不断拓展，为金融支持循环经济发展提供高效率的金融服务。

3. 金融资源的总量和聚集能力能满足循环经济融资多样性需求。一方面循环经济投资的多阶段特征导致对融资主体多元化的需求。循环经济技术的发展是分为多阶段的，由于各个阶段和各个环节的金融价值不同，对投融资需求的方式和数量也不同；另一方面，循环经济发展的多层次特征导致对融资方式多样性的需求，不同层次的循环经济体系有着不同的融资需求。金融资源的总量和资源配置效率一般取决于经济规模和经济效率。在市场经济条件下，资金要素的自由流动可使金融资源发生空间转移，通过吸引区域外金融资源的大量流入，引进先进金融服务手段，满足发展循环经济融资多样性需求，促进经济的快速增长。

五、法律与法规支持体系

循环经济生态创新法律支持体系框架应当是在宪法根本保障下，以循环经济促进法为核心，各专项性法律、法规和地方性法规层次分明、统一协调，并且其他法律部门相关的法律规范应对其积极回应和配套。要制定必要的法规，对循环经济加以规范，做到有法可依，有章可循。特别要使用经济激励和惩罚手段，推动循环经济的健康发展。我国现行的环境法规均偏重于末端治理，应在环境法规中明确给清洁生产定位，以立法的形式确定其地位和有效性，加强与清洁生产法相配套的环境法规建设，必将会进一步强化清洁生产的适用性和可操作性。

宪法是我国的根本大法，具有最高的法律效力，作为我国今后经济社会发展必然趋势和长久战略的循环经济应该成为我国的一项基本国策并在根本大法中明确。《中华人民共和国宪法》的法律条文中只以简单的条文对自然资源的保护作出了规定，而缺乏对循环经济的立法专门规定，如能在今后的宪法修正案中对循环经济的法律地位予以明确规定，对循环经济的国家发展战略作出政策性的宣言，并借此明确我们的可持续发展目标和原则，以及为实现该目标我们要建立循环型社会，实行循环经济发展战略，则会对循环经济的发展带来深远的影响。企业要从根本大法的角度，在实践中不断地思索与领悟循环经济的经济与法律内涵。

现行《中华人民共和国循环经济促进法》，明确了法律法规在循环经济生态创新法律支持体系中的地位和作用。作为循环经济法律支撑体系当中的核心法律、循环经济领域的基本法律，可发挥其对整个循环经济全面、总体的调整作用，并以其他相关过程管理法作为辅助，实现对循环经济建设全过程的全面法律规范，逐步完善我国的循环经济法律支撑体系。

构建循环经济的法律制度可以从基本法和专项法两个层面考虑，同时从中央和地方两个层面推进，本着成熟一个、制定一个的原则，使之逐步形成一个层次分明、统一协调的法律子系统。制定促进循环经济发展专项法，如根据行业不同特性规划和制定《家用电器再生利用法》、《建筑材料再生利用法》、《包装容器的分类收集和循环利用法》、《食品再生利用法》、《报废汽车再生利用法》等法律法规，促进家用电器（如电视机、冰箱、洗衣机和空调等）、建筑材料（如混凝土块、沥青块、废木料等）、包装容器（如玻璃瓶、PET 瓶、纸制品、塑料袋等），以及能转化为肥料、饲料的各种食品废弃物和各种报废汽车等行业资源的再生利用及处理处置。制定《绿色采购法》，鼓励企业和公众在购买产品时，选择对环境负担小的产品，规定政府等单位负有优先购买环保型产品的义务。目前，有关循环经济的专项法规，如《资源综合利用条例》、《废旧轮胎回收利用管理条例》、《包装物回收利用管理办法》等正在抓紧制定与完善之中。要在专项性法律、法规中体现较强的操作性，克服以往操作性不强、过于原则和抽象而仅仅依靠实施细则来强化操作性的弊病，要尽量细化专项性法律、法规，增加其操作性，使实施细则的补充更多地成为不必要的举措。各地方可根据本地需要，在不与中央立法和政策相抵触的前提下，制定地方性循环经济法规。在上述循环经济法体系中，前一层次立法是上位法，后一层次立法是下位法。下位法要与上位法的精神、原则和内容相一致，并在具体立法内容、制度设计中予以体现和贯彻。[①]

六、公众参与支持体系

循环经济生态创新可以通过引导绿色消费和开展绿色教育来鼓励广大公众积极参与支持循环经济生态创新。

（一）引导绿色消费

倡导绿色消费的政策是构筑循环经济生态创新的重要环节。绿色消费有三层含义：一是倡导消费未被污染或者有助于公众健康的绿色产品；二是在消费过程中注重对垃圾的处置，不造成环境污染；三是引导消费者转变消费观念，注重环保，节约资源和能源，改变公众对环境不宜的消费方式。

（二）开展绿色教育

近年来，我国居民的绿色意识也在逐步提高，绿色教育政策的内容包括：逐步建立和完善环境保护工作制度，带动公众广泛参与环保实践；经常举办资源浪费、环境污染案例听证会，扩大环境案件的社会影响；加强舆论宣传，强化环境意识。

① 顾海波：《中国循环经济法律体系的构建》，《学习与探索》，2005 年第 6 期。

第二章
循环经济生态创新的基本问题

循环经济的本质是生态经济，其核心就是生态创新，循环经济生态创新的提出是解决现有生态环境危机、建设两型社会的保障，是实现经济社会可持续发展的战略性举措。本章主要从循环经济与生态资源环境、生态内生化与循环经济的发展、循环经济生态创新目标与内容，以及循环经济生态创新的实现形式四个方面来阐述循环经济生态创新的基本问题。

第一节 循环经济与生态资源环境

一、循环经济发展的背景

用单一经济指标衡量的经济发展，虽然极大地激起全球性对经济增长的疯狂追求，产生了一定的经济效益，但强大的工业、农业生产造成的大气污染和大面积植被破坏，使生态平衡受到严重威胁，失去了生态效益和社会效益。

（一）环境污染状况堪忧

我国是一个人口密度高、人均资源贫乏的国家。我国人均土地占有量和水资源占有量分别只有世界人均占有量的1/3和1/4，人均矿产资源不足世界平均水平的1/2。由于大气粉尘沉积，超标污水灌溉，施用污泥与垃圾肥土，堆放工业废渣及不合理使用农药，农田污染十分严重。目前，被工业“三废”污染的农田约为0.1亿公顷，较20世纪80年代中期增长了2.5倍。同时，现有水资源浪费、污染严重，河流污染由局部到整体、由城市到乡村、由地表到地下，七大水系中有1/3以上河段水质达不到饮用水标准。上述情况表明，如果我国仍以传统粗放型高消耗、低产出、高污染的生产方式来维持经济的高速增长，将会使环境状况进一步恶化，也会使有限的资源加速耗竭。环境和资源所承受的压力反过来对社会经济的发展会产生严重的制约作用，使经济增长成为短期行为，难以维持。所以，必须转变传统的发展模式，以发展循环经济来保证水土资源和矿产资源对经济发展的持续支撑。

（二）森林草原遭到破坏，水土流失严重

随着我国人口的增加和经济的发展，对自然资源的索取日益扩大，有的地方出现了对森林的乱砍滥伐、重采轻造等现象，使得天然林大面积减少，森林破坏极其严重。目前我国是世界森林人均占有量最低的国家之一，森林覆盖率近年来虽从12.98%增长到20.36%，但仍低于世界29.6%的水平。森林面积缩小，森林资源总体质量仍呈下降趋势，人均面积不及世界平均水平的1/7，森林的生态功能严重退化；全国草地面积正在缩小，质量也在下降，草原退化面积达2/3；我国湿地已有40%受到威胁；其他生态系统也退化严重。森林面积的减少和植被破坏造成了大面积的水土流失，加剧了生态环境的失调，全国水土流失面积356万平方公里，占国土面积的37%。西部陕西、宁夏等局部地区水土流失几乎占国土面积的一半，沙化土地面积约100万平方公里，并以每年3436平方公里的速度在扩展。自然资源的防沙功能减弱，导致了沙尘暴危害。严重的水土流失，致使耕地肥力下降，江河湖泊中泥沙淤积，如我国五大淡水湖泊之一的巢湖，每年有200万吨泥沙入湖淤积，淮河流域水库积蓄量已占水库容量的10%，数千座小型水库淤废了20%，致使水库湖泊容量缩小，引水工程寿命缩短，储水能力下降，河道堵塞，泄洪不畅，加之水利设施老化失修，从而加剧了灾害的频繁发生。

（三）资源综合利用率水平低，浪费严重

我国自然资源虽然比较丰富，但由于经济和技术水平相对比较落后，对资源的开发利用比较粗放，资源的集约化利用程度和效益不高，浪费现象比较严重。以能源为例，我国能源效率为33%，比国际先进水平低10%，利用率低、浪费大、污染严重。如按单位产品能耗与国际先进水平比较，我国是美国的4.5倍、德国和英国的7.7倍、日本的11倍。我国工业万元增加使用水量为218立方米，是发达国家的5—10倍。我国水的重复利用率为50%，而发达国家为85%。根据世界银行估算：我国由环境污染和生态环境造成的成本代价约占GDP的7%—8%，表明我国30多年来GDP的平均增长率9.4%，如果减去这个7%—8%的成本，真正的绿色GDP即符合新发展观的GDP增长率只有1.4%—2.4%。根据中国科学院可持续发展战略研究组首席科学家牛文元计算，我国的发展成本比世界平均水平高出25%。

近年来随着经济快速发展，资源消耗和资源浪费问题日益突出，以工矿企业为例，全国矿区土地塌陷、露天采矿、尾矿等占地面积不断增加，矿区塌陷面积还将继续扩大，但这些塌陷地区目前没有能够得到很好的重新开发利用。此外，在矿产资源开发利用中普遍存在着“采富弃贫、采易弃难、优质劣用”等现象。上述种种情况，不仅造成资源严重浪费，也影响了经济效益的提高，更重要的是造成环境污染和影响资源的永续利用。

（四）人口、耕地、资源矛盾突出

我国是人口众多、人均资源相对贫乏的“资源小国”，目前我国耕地面积大约1.2亿公顷，人均耕地面积还不到世界人均的40%，但是过去几年全国耕地减少了666.7万公顷，占全部耕地面积的5%以上。近年来各级政府部门对土地管理工作力度加强，耕地资源锐减的势头虽得到遏制，但交通、工矿、城镇、农村小城镇以及国家大型企业或基本建设仍将占用部分耕地，全国耕地面积将会进一步缩小，再加上耕地后备资源有限，开荒潜力不大，导致人地关系更为紧张。此外，我国人均水资源拥有量仅为世界平均水平的1/4，600多个城市中有400多个城市缺水，其中100多个城市严重缺水，北部和西部地区已成为国际公认的极度缺水区域；石油、天然气、铜和铝等重要矿产资源人均储量只占世界人均水平的8.3%、4.1%、25.5%、9.3%。根据国家有关部门预测，目前我国45种主要矿产资源只有24种能够满足需要，而到2020年则只有6种了。原材料和能源的不足将成为我国总体经济规模扩张的瓶颈。

我国作为一个发展中的大国，又是一个生态环境大国，既面临着发展社会生产力、增强综合国力和提高人民生活水平的历史任务，又面临着人口基数大、资源短缺、环境污染、经济发展水平低等一些相当严峻的问题和困难。由此我们需要一种新的经济发展模式，在维持生态平衡中寻求发展，降低资源浪费、注意节约使用非再生资源，用生态的观点观察和处理问题，按照生态发展的客观规律规范人类的各种活动观念，爱护环境、保护资源，合理开发利用环境、生态资源，实现社会、经济、自然的协调发展。显然，要符合这些要求，就只能从循环经济的生态创新中寻找出路。

二、循环经济发展的内涵

循环经济是基于可持续发展理念提出来的一种新型生态经济模式，是对传统的粗放式、直线式经济发展模式的超越。美国经济学家鲍尔丁提出的“宇宙飞船理论”可作为循环经济思想的早期代表。鲍尔丁将地球比作宇宙飞船，认为宇宙飞船（地球）作为空间中一个独立的个体，必将因为不断耗费自身的资源而毁灭，而解决这一问题的唯一办法就是使资源在其内部循环使用。巴里·康芒纳对循环经济进行过系统论述，他认为每种新的、有着更多污染的技术，在能源上的浪费也要比它们所代替了的那些技术多；环境危机是社会对世界资源错误管理的结果，当人类的社会组织与生态圈取得和谐一致时，环境危机才可以得到解决。

1992 年里约热内卢环境与发展大会提出环境问题必须在发展中加以解决，可持续发展的理念逐步被各国广为接受；20 世纪 90 年代后期，对循环经济的认识不断深入，陆续出现了“零排放”、“物质减量化”、“生命周期评价”、“延伸生产者的责任”、“为环境而设计”、“生态效益”、“生态工业园区”等循环经济理念。

循环经济作为传统工业经济后期的一种经济模式，尤其与工业经济相比具有不同内涵与特征。循环经济是以在自然生态系统的承载能力之内科学发展为宗旨的经济，以科学技术为第一生产力的思想指导重新进行技术选择，优化配置自然资源；以产业结构调整、技术创新、清洁生产、资源定价、绿色消费等经济、法律、行政、科技和教育的综合手段转变经济增长方式；也是把环境保护与经济发展联系起来的经济，把清洁生产和废弃物的综合利用融为一体，以资源的高效率和循环利用，使人类经济社会发展与自然生态系统相和谐并构成良性循环、促进可持续发展的新经济。

循环经济在解决生态环境问题的实际中具有三种意义上的循环：

第一种循环是企业层的循环。根据传统西方经济学，企业工程把自然生态系统既当成取料场又当做垃圾场，建立在线性经济模式基础上，如许多产业和工程把河流既当做“自来水管”，又当做“下水道”。而循环经济提倡企业生产应形成合理的封闭循环，符合生态学食物链原则。两者区别如图 2－1 所示。

第二种循环是社会经济层的循环。即生产者通过资本和技术把资源和劳动变成产品，由消费者进行消费，再由生产者进行分解后又成为原

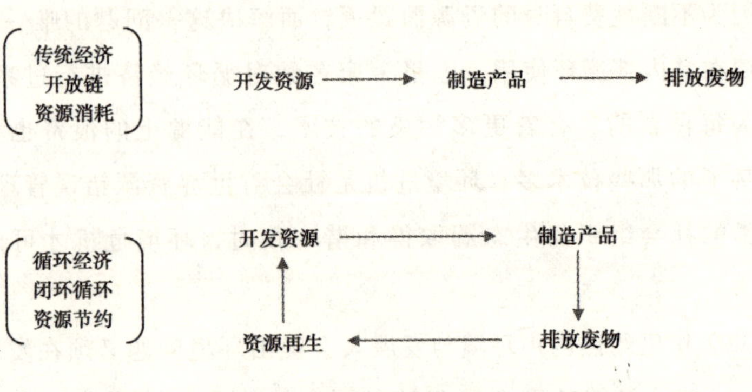

图 2－1　企业层的循环

材料的产业生态系统，如图 2－2 所示。

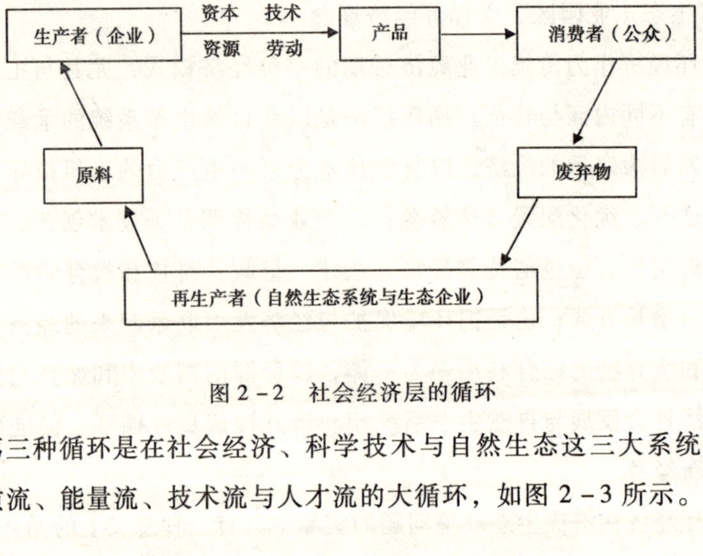

图 2－2　社会经济层的循环

第三种循环是在社会经济、科学技术与自然生态这三大系统中构成的物质流、能量流、技术流与人才流的大循环，如图 2－3 所示。

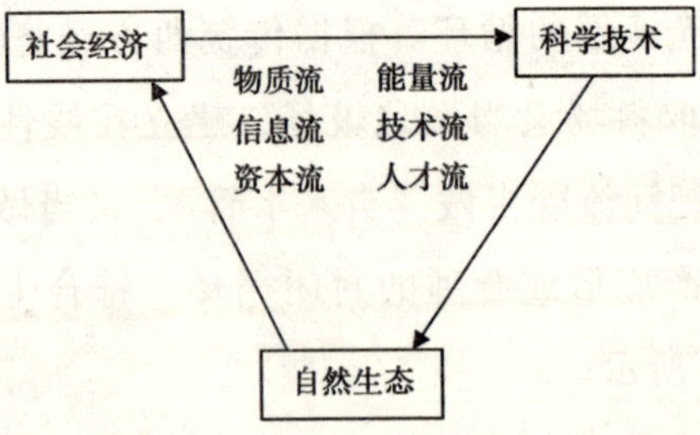

图 2－3　社会经济、科学技术与自然生态三大系统间的循环

三、循环经济与生态环境协调发展

生态环境就是“由生态关系组成的环境”的简称，是指与人类密切相关的、影响人类生活和生产活动的各种自然（包括人工干预下形成的第二自然）力量（物质和能量）或作用的总和。它不仅包括各种自然要素的组合，还包括人类与自然要素间相互形成的各种生态关系的组合。这一解释对构成生态环境的基本要素有具体的交代，即光、热、水、土、气、动植物，以及这些自然要素与人类长期共处所产生的各种依存关系。经济发展对生态环境的影响主要表现在经济发展对生态环境造成负面影响，影响人们生活质量的提高，降低了人们对生活的满意度，所以经济发展对生态环境的负面影响就是影响经济发展与生态环境协调发展的因素。如在发展经济的过程当中，不重视经济发展与生态环境的协调关系，使经济发展速度过快或生态环境恶化速度过快，造成空气、水等自然环境的污染，土地的大量流失及灾害的频繁发生等，影响经济发展的质量和效益。要解决经济发展与生态环境的两难问题，发展循环经济是现行最可行的方法。

循环经济是以“减量、再用、循环”为社会经济活动的行为准则，运用生态学规律把经济活动组成一个“资源—产品—消费—再生资源”的反馈式流程，所有物质和能源在这个不断进行的经济循环中得到合理和持久的利用，以使经济活动对自然生态环境的影响降低到尽可能小的程度的一种生态经济和与环境和谐的经济发展模式。循环经济需遵循“3R”原则。所谓“3R”原则，是通过减量化原则（Reduce）、再利用原则（Reuse）以及再循环原则（Recycle）达到与生态资源环境协调发展的目的。

减量化原则属于输入端控制原则，旨在用较少原料和能源（要严格控制对环境有害物质的使用，尽量增加可回收、易回收等绿色材料和能源的使用）来达到既定的生产目的和消费目的，在经济活动的源头就注重节约资源和减少污染。换句话说，人们必须学会预防污染物产生，而不是先污染、后治理。在生产环节中，减量化原则要求制造商通过优化设计、改进制造工艺等方法来减少产品的物质使用量，最终节约资源和减少污染物的排放。在消费环节中，减量化原则提倡人们选择包装物较少的物品，购买耐用的可循环使用的高质量物品，以减少垃圾的产生和对物品的过度需求，反对消费至上主义。

再利用原则属于过程性控制原则，目的是尽可能多次以及尽可能多种方式地使用人们所购买的东西，以延长产品的服务寿命，来减少资源的使用量和污染物的排放量。在生产环节中，再利用原则要求制造商提供的商品便于更换零部件，提倡拆解、修理和组装旧的或破损的物品。制造商可以使用标准尺寸进行设计实现部分优化替代的技术，以防止因产品某元件的损坏而导致整个产品的报废。人们还需要鼓励重新制造工业的发展，以便拆解、修理和组装用过的和破碎的东西。在消费环节中，再利用原则要求人们对消费品进行修理而不是频繁更换；或者将合用的或可维修的物品返回市场体系供别人使用或捐献自己不再需要的物品。

再循环原则是输出端控制原则，是指废弃物的资源化，要求产品在完成其使用功能后在不能再使用的情况下，进行资源再生。资源化可分为两种：一种是原级资源化，这是最合意的资源化方式，即将消费者遗弃的废弃物资源化以后形成与原来相同的新产品；另一种是次级资源化，即废弃物被变成不同类型的新产品，这是一种略为逊色的资源化方式。原级资源化在形成产品中可以减少20%—90%的原生材料使用量，而次级资源化减少的原生物质使用量最多只有25%。与资源化过程相适应，消费者和生产者应该通过购买用最大比例消费后再生资源制成的产品，以拉动循环经济的发展。

减量化、再利用、再循环是节约资源、减少污染物的重要方法，是循环经济与生态资源环境达到协调的主要原则。延长产品、包装物的使用寿命以及再生利用是以有足够的潜在需求和投资为前提的，如果资源、能源的消耗很大，远高于需求，则循环的量就越大，相应的成本就较高，在经济上变得不可行。所以高效的利用资源、能源首先要做的是尽可能降低消耗；而另一方面，即使技术创新可以改变生产过程中各要素的投入比例、降低其使用量，在短期内，可以支撑一国宏观经济总体规模的扩大。但对于这种源源不断的资源投入，减量化总是有限度的。此时，再利用、再循环原则却能给资源、能源投入减量化提供更广阔的空间，成为减量化极其有益且十分必要的补充。所以，在经济活动中首先应从源头上改进产品功效，尽量避免废弃物的产生，然后对源头上不能削减的废弃物、包装等加以回收利用，只有既不能避免产生、也不能循环利用的废弃物才能作为产品的原材料重新进行还原、加工等处理。对仍不能进行资源化的废弃物，则要进行分门别类进行环境无害化处理。通过循环经济的发展，不断增加生态环境中的生态资本存量，促进生态资源环境良性循环，从而更好地为循环经济发展提供资源环境保障，真正促进循环经济与生态资源环境的协调发展。

第二节　生态内生化与循环经济发展

一、生态资源环境的几个突出问题

我国经济社会有序健康的发展就必须实现生态资源环境的有效配置与合理利用，其关键就是处理好市场失灵与生态资源环境的定价问题。市场机制是生态资源环境有效利用最有效的途径，市场机制的核心问题就是价格机制。因此，循环经济的发展，解决生态资源环境的合理有效利用，就必须处理好市场失灵与资源定价。

（一）市场失灵

市场失灵是指市场无法有效率地分配商品和劳务的情况，主要是市场机制的自发性、盲目性及其功能的局限性、信息的不对称性与不完全性、市场不完全竞争性等导致市场失灵。生态资源环境在市场中非合理性行为主要由于其“公共产品”的特性所致。

1. 生态资源环境的公共性。生态资源环境一向被人们视为公共财产，具有公共产品的属性。这种公共性表现为非排他性、无偿性及非竞争性等特征。生态资源环境的非竞争性，就是一部分人对某一生态资源产品的消费不会影响另一些人对该生态资源产品的消费，一些人从这一生态资源产品中受益不会影响其他人从这一生态资源产品中受益，受益对象之间不存在利益冲突。而生态资源环境非排他性，是指产品在消费过程中所产生的利益不能为某个人或某些人所专有，将一些人排斥在消费过程之外，不让他们享受这一产品的利益是不可能的。例如，消除空气中的污染是一项能为人们带来好处的服务，它使所有人能够生活在新鲜的空气中，要让某些人不能享受到新鲜空气的好处是不可能的。每个人对生态资源环境的消费取决于它向社会提供的总量。虽然它的生产包含着失去生产其他产品的机会成本，但是对其进行消费却没有机会成本。

2. 生态资源环境的外部性问题。外部性指由于市场活动而给无辜的第三方造成的成本，即是指社会成员（包括组织和个人）从事经济活动时，其成本与后果不完全由该行为人承担。外部性可以分为外部经济与外部不经济两种：所谓外部经济就是某人或某企业的经济活动会给社会上其他成员带来好处，但该人或者该企业却不能由此得到补偿；所谓外部不经济就是某人或者某企业的经济活动会给社会上其他人带来损害，但该人或该企业却不必为这种损害进行补偿。在社会中存在的大都为外部不经济性。比如，工厂排放脏水而污染河流，将有害气体直接排放到空气中，农药与化肥污染了农作物与土地等，却很少为此付出相应的代价。上述的各种外部性可以说是无处不在。尽管就单个生产者或消费者来说，其造就的外部性经济或外部不经济对整个社会微不足道，但是整个消费者和生产者加总所造成的外部经济或不经济的总效果将是巨大的，使得资源配置严重偏离帕累托最优状态。

（二）生态资源环境的定价问题

实现生态资源与环境的有效配置和合理使用，关键要解决环境资源的合理定价和有偿使用问题。生态资源环境的过度开发与严重污染的根源在于环境资源的价格没有能够正确反映环境资源的稀缺程度，所以不能通过有效的市场机制实现环境资源的优化配置。

生态资源环境合理定价的基础是由其稀缺性决定的相对价格，只有当资源与环境的市场价格等于其相对价格时，价格机制才能发挥作用。这其中，有效的生态资源环境产权制度是价格机制正常发挥作用的前提和保障。生态环境资源的市场价格应该是环境资源的产权价格，产权明确是资源环境市场价格等于其相对价格的必要前提，产权交易是纠正环境资源市场价格与其相对价格偏离的重要途径。①

在市场经济条件下，价格由消费者与生产者之间供求关系决定，反映商品的稀缺程度。物品的供给相对于需求越稀缺，物品的价格就越高。资源与环境也是一样的，当消费者或生产者对某种资源存在需求时，如果这种资源的数量相对于需求可以得到充分满足，不存在限制就可以随意索取，则即使我们非常需要这种资源，但它也不具有价格，因为它不具有稀缺性，如阳光、空气等。自然资源与环境问题产生的根源，就在于资源与环境的价格不是相对价格，没能反映其稀缺程度的改变，没有随着需求的增加和供给的减少而变化，呈现一种低位价格刚性。当资源与环境已经日益稀缺时，其市场价格与相对价格严重偏离，导致资源浪费严重。资源与环境合理的市场价格应该是资源与环境的相对价格，即由它的边际成本与边际效益决定。资源合理定价最有效的途径就是要产权进入市场交易。

二、生态内生化是循环经济发展的需要

生态环境资源所面临的困境就是解决生态资源环境的公共产品性、外部性以及定价等问题，其中关键的问题就是如何把外生的成本内生化，

① 闫敏：《循环经济国际比较研究》，新华出版社2006年版，第27—31页。

这里面涉及上述三个方面的主要问题。解决公共产品性与外部性的最佳方式就是把环境成本内生化，防止“搭便车”的情况出现，生态环境资源定价时必须要考虑内生化的成本如何计量问题，这些都是循环经济发展的需要。

生态内生化，是决定社会经济增长的主要变量，如生态资本存量的非减性或增长率、生态科技转化率、生态产品生产率等进入了经济系统成为经济主体的目标函数，它们指导经济主体的行动，影响经济系统的运行，同时又随经济系统的运行而不断改变它们的值，使它们朝着有利于经济可持续发展的方向发展。从整体上来说，生态内生化对循环经济的发展作用主要体现在以下两个方面。

（一）生态资本存量是循环经济发展的基础

生态资本是所有能创造效益的自然资源、人造资源以及生态服务系统，具有生态服务价值或者生产支持功能的生态环境质量要素的存量、结构和趋势。生态资本的含义包括以下几点：（1）必须具有使用价值的自然资源才能有可能成为生态资本，从这一点可以看出，并非所有的自然资源都能转化为生态资本，只有真正创造收益才能成为生态资本的一部分；（2）所有符合生态资本条件的人造资源都能成为生态资本，这将扩展了生态资本的界限；（3）具有价值的生态服务都能成为生态资本，如美丽的风景向人们提供美感，以至满足人类精神文明需求等生态服务功能。[①]现代经济社会的发展越来越离不开良好的生态环境，要维持经济社会发展就必须保持生态资本存量的非减性。经济不断发展的过程，人类对生态环境质量的要求也就不断提高，生态系统的整体有用性也就越来越重要了。因此，生态资本存量的增加作为经济发展中的内生变量，在现代经济社会发展中的作用也就显得日益重要，成为循环经济发展的重要基础。

---

① 严立冬、谭波、刘加林：《生态资本化：生态资源的价值实现》，《中南财经政法大学学报》，2009 年第 2 期。

（二）生态技术发展是循环经济发展的保障

技术创新的动力主要来自于经济主体的利益驱动和市场竞争的压力，对此进行研究和技术开发活动的一个目的是追求市场效率，以获得超额利润。经济主体自身利益的最大化是技术创新的目标。循环经济旨在使经济活动对自然生态环境的影响降低到尽可能小的程度，是一种使社会经济与生态环境相和谐的经济发展模式。循环经济和技术创新目标函数的差异使得技术创新与循环经济并不必然融合。技术创新并不必定带来生态环境的优化，只有建立在生态化基础上的技术创新才能真正解决生态环境问题，即需要在技术创新过程中增加生态要素。生态化技术创新是指在技术创新过程中全面引入生态学思想，考虑技术对环境、生态的影响和作用，建立起一种新的使技术创新与生态目标相结合的协调型技术创新机制，既保证技术创新对经济增长的推动作用，又合理开发和利用生态系统的自然资源及物质能量，保持生态系统的平衡稳定。从其本质上看，生态化技术创新是纠正技术创新负外部性、增加外部约束条件的技术创新。与传统技术创新不同，生态化技术创新强调经济效益与生态效益的统一，技术创新的各个环节都要服从于这个综合目标。循环经济为技术创新指明了创新的方向，对技术创新提出了生态化导向的要求。具体来看，循环经济的生态化技术创新导向主要表现在以下几个方面：(1) 设计物质和能量分级、多层次利用的产业技术形式和技术系统，延长和拓宽生产技术链。输入生产系统的物质在生产第一种产品之后，其剩余物成为生产第二种产品的原料。如果仍有剩余物则可作为生产第三种产品的原料，直到全部用完或循环使用。(2) 依靠技术创新提高资源利用效率，在达到既定经济目标的条件下，尽可能减少生产过程的资源和能源消耗。(3) 通过生产设备的技术改造，改变传统的生产末端废弃物净化处理模式，边生产边净化，使产品的生产过程与环境的保护过程达到统一。(4) 新产品的设计者必须从一开始就考虑该产品的生态系统循环性，避免不可分解的废弃物产生。因此，生态化技术的发展是循环经济发展的保障。

第三节 循环经济生态创新目标与内容

一、循环经济生态创新的目标

循环经济生态创新可以促进生态与经济社会的渗透和交融，其目标一方面是要提高自然物质和经济物质的转化效率，进而提高经济效率和社会效率。另一方面要充分取得代际公平和代内公平，即不同阶层之间的公平、不同国家和地区之间的公平、当代人和后代人之间的公平。这也充分地说明了生态创新的公平和效率目标同可持续发展的公平与效率目标之间，既具有内在联系，又有着外在的区别。①

（一）循环经济生态创新的公平目标

公平是一个涵盖内容非常广泛的概念，反映了人与人之间包括人身、地位、财产、权力、机会等方面的相互关系。现代公平观主要包括两层含义：一是经济公平，即经济学意义上的公平，也就是市场经济公平、公平原则的体现；二是社会公平，即社会学意义上的公平，也就是社会财富分配与占有的公平、公正原则的体现。循环经济生态创新理论中的公平目标也存在上述的两层含义，并强调人类的创新需求和合理欲望的满足是适应经济社会可持续发展要求的主要目标；同时，在对待进行循环经济生态创新过程中的许多不公平因素时，其目标归根到底就是人类在分配资源和占有财富上的相互公平，它主要包括代内公平和代际公平两个方面。

1. 代内公平。代内公平主要包括两层意思：（1）国家范围内不同阶层之间的公平，也就是不同利益集团之间的公平。在一个国家内，特别

① 严立冬：《经济可持续发展的生态创新》，中国环境科学出版社2002年版，第30—35页。

是在少数发达国家内，财富的占有和分配是极不公平的。这种财富的占有和分配的不公平与不平等必然会带来不同利益集团之间的矛盾和冲突，增加许多不稳定因素，加剧政治的动荡，这已成为当今世界一个重大的公平性问题。(2) 国家之间的公平。我们知道，不同国家在资源禀赋上是无法比较的，它们各有各的优势与劣势。然而目前的现实是，占有全球人口26%的发达国家消耗的能源、钢铁和纸张等约占全球的80%。富国利用自然资源开发的技术优势获取发展中国家合理利用自己的一部分资源的权力，以此来促进它们自身经济的增长，这一公平原则已上升到了国家主权的高度。为此，联合国环境与发展大会通过《关于环境与发展的里约热内卢宣言》，要求各国有按照其本国的环境与发展政策开发本国自然资源的主权，并负有确保在其管辖范围内或在其控制下的活动不致损害其他国家或在本国管辖范围以外地区的环境的责任。

2. 代际公平。代际公平涉及稀缺资源在不同代人之间的合理配置问题，这也是一个伦理学上的问题。代际公平要求当代人考虑本代人与子孙后代之间在发展方面机会均等与平均分享资源方面的公平，而不应该为了自己的发展与需求而损害后代人的自然资源和生态环境。代际公平在数量上要求至少保持稳定，在质量上要求不至于发生代际退化。

如果把环境与自然资源的不公平问题上升到更高的层次，我们就可以看到：(1) 在不同阶层之间，生活在贫困状态以下的人们会更多关心生存问题，对环境保护资源不感兴趣，这也就是说，这种社会中存在很高的社会贴现率，从而导致广泛的掠夺性开发和普遍的短期行为。此外，贫困状态下的人口缺乏人力资本，也就失去了能正确开发和利用自然的能力。(2) 在不同国家之间，这种不公平主要表现为发达国家对环境资源的过度使用，其本质是对其他国家环境权益的剥夺，而发展中国家则陷入了保护环境与发展经济的两难困境之中。(3) 在代际之间，环境与自然资源的质量与数量究竟应该怎样界定才算公平，我们这一代人究竟应该消耗多少自然资源，给后代人又应该留下多少，这些都是值得我们认真思考的重要问题。

代内公平与代际公平作为生态创新的公平目标，实际上是经济可持续发展理论的核心，是可持续发展所要解决的重要问题之一。公平问题的解决需要从多方面进行努力，其中进行生态创新是解决公平问题的重要途径之一。进行循环经济生态创新，加快生态系统与经济系统之间的物质能量循环和能量转化，创造更多的物质和能量，以此来实现价值增值；进行循环经济生态创新，尽量地减少掠夺性开发的短期经济行为，增加物质财富积累，对任何一个国家，特别是对发展中国家实施可持续发展战略显得格外重要。

（二）循环经济创新的效率目标

效率实际上是人类行为的投入—产出比，它可以分为经济效率、生态效率、社会效率三种类型。经济效率是指经济上投入—产出比，即在单位时间内创造的使用价值与完成某项工作所耗费的生产成本的比例。一般地说经济效率讲求用最少的成本获取最大的利润。生态效率是指生态系统内个体、群体及各子系统之间的物质和能量的转化和利用效率，以增强和改善生态系统的结构和功能。社会效率主要是指体现在社会制度和社会体制方面的运作效率，社会效率的提高是人类进步的重要表现。

把效率作为循环经济生态创新的目标，主要是因为：首先，由于环境污染、生态破坏、水土流失等问题已经上升到了一个高度，如果单纯地依靠投入，任何一个国家或地区都无力承担。因此，要把提高经济的运行效率和环境资源的使用效率放在重要的位置，力求用最少的环境资源消耗取得最优的人类福利。其次，循环经济创新的最终目标是要实现可持续发展，即包括生态、经济、社会三个方面的可持续发展。从可持续发展所要求的效率角度看，可持续发展的效率可用以下的公式表示：

$$\sum_{t=1}^{T}\beta_t\alpha_t - \sum_{t=1}^{T}C_t\alpha_t - \sum_{t=1}^{T}E_t\alpha_t > 0$$

其中，β_t 表示经济活动的收益；C_t 表示非环境成本；E_t 表示环境成本；α_t 表示贴现因子。

从上式可以看出，要实现经济社会的可持续发展，在 T 时期内经济运行的收益在扣除非环境成本和环境成本之后至少应是正值的。这也就是说，在出现正值的情况下，保证了可持续发展的效率。同理，将效率运用到生态系统内部或经济系统内部的各个子系统，个体和群体之间的物质、能量的转化和利用效率便可得到保证；同时，生态系统和经济系统的自然物流和经济物流的转化效率也能得到保证，转化能量也能相应增加，彼此相互受益，相互提高。由此可见，提高自然物流和经济物流的转化效率，不仅可提高生态效率、经济效率，还可提高生态系统与经济系统之间相互传递效率，这也正是循环经济生态创新要求和希望达到的目标之一。

提高循环经济生态创新的效率，首先，要通过优化组合和科技进步提高生态资源和经济物质的转化效率。在经济活动中，经济系统通过自身运动变化和使用技术手段向生态系统投入物质和能量，以促进生态系统内部各部分的优化组合而形成新的结构。同时，也在生态规律的作用下加速了生态系统的演变发展，使之朝向生态、经济和社会的多效益、多产品、多功能目标发展。这在本质上就是提高人类利用自然资源的效率。近年来我国各地创造的一些互补互促、协调发展的生态经济结构的典型无不显示了这一途径的有效性。其次，要尽可能地减少环境资源使用的浪费。减少环境资源的浪费，一方面，对不可避免的自然性损耗，要通过依靠科技进步来提高利用效率，尽量减少转化中的资源损耗；另一方面，对于人为的非自然性损耗，要通过规范约束和宣传教育等手段来达到节约资源、杜绝浪费。

（三）循环经济生态创新效率目标与公平目标的关系

1. 生态创新效率目标与公平目标的内在统一。在现实生活中，循环经济可持续发展的生态创新效率目标与公平目标相统一的价值取向在时空上都是很难达到至善至美的。例如，在发达国家实行的是一种具有有效配置资源功能的市场经济体制，因而它的市场经济行为往往偏重于经济发展的效率，结果就会出现社会不公平，如收入分配差距过大，造成贫富悬殊，两极分化。这主要是少数既得利益集团掌握着技术使用权和舆论导向权，在通过技术投入提高效率获得高产出的消费时，使环境政策、立法和预算向符合他们利益的方向倾斜，从而使大众的福利受到忽视，加剧了社会的不公平。但从根本上说，公平和效率是相互促进、相辅相成的关系。在一个良性循环的生态系统中，高效率必然带来高效益，必定使大众受益、体现公平；而公平能提高劳动者的积极性，提高效率。当然，这种公平是相对公平。绝对的公平（即平均主义）和“大锅饭”则不利于资源利用经济效益的提高，对于经济和生态系统的可持续发展都是不利的。因此，效率是推进公平发展的动力。也可以说，公平是效率的唯一源泉，公平就是效率。公平的程度决定了效率的提高。

2. 循环生态创新目标的公平和效率并重。从理论上讲，现代市场经济既能实现经济效率，又能实现经济公平。然而可持续发展所要求的公平，既包括经济公平，又包括社会公平。但在资本主义国家里，贫富悬殊问题十分严重。我国近年来贫富差距也有明显拉大的趋势，这与可持续发展所要求的社会公平是有差距的。前面我们已经论述了效率和公平的内在统一性，但经济公平并不能解决社会公平。而只能通过社会公平机制来解决。西方国家已经越来越重视这个问题。我国目前也在坚持公有制和按劳分配的这种主体地位的同时加强政府的宏观调控，力图把差距控制在合理的范围之内，以求得社会公平。但是，也不能因为盲目的社会公平而损害效率的提高。可见，公平和效率二者并重，既不能过分强求效率而忽视公平，也不能因追求绝对公平而忽视效率。

二、循环经济生态创新的基本内容

循环经济生态创新作为一种全新的思想与理论，其本质特征是通过生态技术创新、绿色制度创新、生态金融创新以及生态观念创新，以可再生资源替代不可再生资源、以低碳能源替代高碳能源、提高资源的利用效率、增加除污设备的研制与开发，进而减少环境污染，提高生态资本的运转效率。循环经济生态创新的本质就是增加经济社会的生态资本存量，保持和维护经济社会又快又好的发展，消除两极分化，缩小城乡差距，真正实现经济社会的和谐发展。循环经济生态创新主要包括：循环经济生态技术创新、循环经济生态制度创新、循环经济生态观念创新和循环经济生态金融创新等内容（见图2-4）。

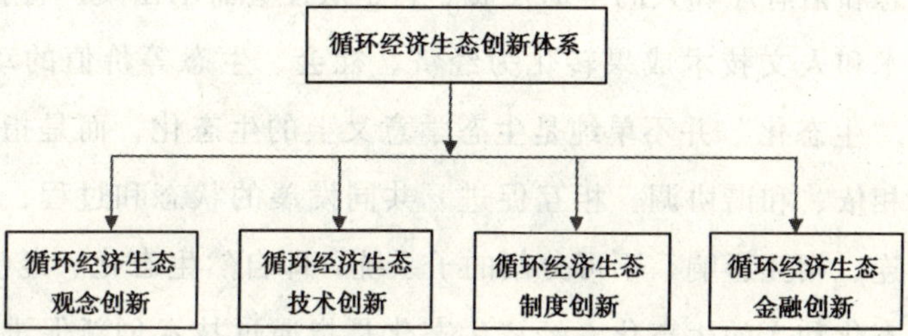

图2-4　循环经济生态创新体系构建图

（一）循环经济生态技术创新

循环经济生态化技术创新是指从市场需求出发，通过生产要素的新组合或科技成果的商品化途径，将技术转化为经济、社会、生态等价值的动态过程，它以经济增长为中心，同时追求自然生态平衡、社会生态和谐，最终实现人的全面发展。

循环经济生态化技术创新是指通过市场机制和社会管理机制的结合，在技术创新的各个阶段中引入生态观念，以经济增长、人与自然和谐共处、社会和谐有序和人的全面发展为追求目标，从市场需求出发，通过发明创造或生产要素的新组合或科技成果商品化等途径，实现经济和社会价值的过程。在技术创新过程中全面引入生态学思想，考虑技术对环境、生态的影响和作用，建立起一种新的使技术创新与生态目标相结合的协调型技术创新机制，既保证技术创新对经济增长的推动作用，又合理开发和利用生态系统的自然资源及物质能量，保持生态系统的平衡稳定。循环经济生态化技术创新可以从狭义和广义两个方面理解。狭义的循环经济生态技术创新专指环保产业的产品创新、工艺创新和管理创新等一系列技术创新过程。广义的循环经济生态技术创新则指经济活动可能对生态环境产生影响的所有经济主体在技术创新过程中的生态化导向，即所有经济主体在技术创新过程中必须考虑生态要素。与传统技术创新不同，循环经济生态技术创新强调经济效益与生态效益相统一，技术创新的各个环节都要服从于其综合指标。

循环经济生态技术创新是以经济增长为中心，追求自然生态平衡、社会生态和谐有序和人的全面发展。它是从社会需求出发，将自然技术、社会技术和人文技术成果转化为经济、社会、生态等价值的动态过程。这里的“生态化”并不单纯是生态学意义上的生态化，而是指事物之间的平衡相依、和谐协调、相互促进、共同发展的状态和过程，包括四个紧密相连、相互影响、不可分割的子系统，即自然生态化、经济生态化、社会生态化和人的生态化。经济生态化是指通过技术创新促进经济增长的速度与质量同步，规模与效益相适应，城乡、区域经济协调发展；自然生态化是指通过技术创新协调资源保护与开发，消除人与自然的对立，维护自然生态的平衡，使人与自然共存共荣；社会生态化是指通过技术创新使人口数量的增加与人的素质的提高、经济增长与社会进步相适应，人与人和睦相处，避免无序竞争，维护社会成员间的平等，实现社会公平正义、民主进步、和谐有序；人的生态化是指通过技术创新实现人类个体的精神与物质的互促、科学精神与人文精神的同尊、人的自由、充分、全面发展与环境的优化同步。自然生态化是前提，经济生态化是基础，社会生态化是保障，人的生态化是目标，通过实现经济、社会、自然生态化而最终促进和实现人的生态化。

（二）循环经济生态制度创新

循环经济生态制度创新，是指对生态制度因素进行新的组合使之较原有组合能创造更多的产出（价值）。这一概念强调两点：一是有效组织；二是经济效益，即能够使创新者或组织获得较大利益的现存制度的变革。循环经济生态制度创新的目的在于建立现代循环经济生态制度。实践表明，以“末端控制”为指导思想所实施的一系列循环经济生态制度是失效的，必须转变思路，以可持续发展理论为指导，实行全程控制。循环经济生态制度创新强调建立一个高效的制度，即有效组织，以保证创新者预期纯收益大于预期成本。这将使组织在经济活动中交易成本降低，个人收益与社会收益之间的差异减少，以此激励组织和个人充分利用和合理配置各种资源，并使其充分发挥功能，从而提高全要素生产效率，促进企业发展，因此循环经济生态制度创新对推动企业经济发展具有重要意义和作用。

（三）循环经济生态观念创新

在现代社会经济条件下，生态环境的变化使人类历史发展处于大转变的时期。随着科学技术和经济社会的不断发展，社会生产力得到了迅速发展，机器的广泛使用，为人类社会创造出了大量物质财富。然而，工业生产也带来了大量的废弃物并造成了环境污染。进入20世纪，特别是两次世界大战以后，世界经济快速增长，世界工业化水平达到了一个相当高的程度，人口数量激增，科学技术突飞猛进，人类征服自然界的能力大大增强，与此同时，生态环境问题也日益明显地表现出来。从生态环境问题产生的历史中可以看出，环境问题本质上是人类社会自身问题和人与自然关系问题的综合。这需要树立新的观念，必须注意维护生态系统平衡，以可持续经济发展的理念指导现行经济的发展，遵循循环经济发展原则，保持经济社会稳步、健康地发展，以生态观念为指导思想，这是摆脱现行经济发展的唯一途径。

维持经济社会稳步健康发展的关键因素，是要有良好的生态环境，即为保持生态资本存量的非减性。循环经济的发展为我们保持生态资本存量非减性提供了一种良好的模式。促进循环经济发展的首要任务是转变现行的观念，以生态观念为指导。因此，循环经济生态观念创新就成为当前最为紧迫的问题。

循环经济生态观念创新是指在以人为主体的生命系统和社会经济系统中，因生态因素的介入而引起人的观念发生变革和更新。循环经济生态观念创新主要体现在人与自然的关系的变更，环境权益观念的形成，消费观、价值观、财富观、发展观和政绩观的更新等多个方面。循环经济生态观念创新应特别重视生态消费观念的创新。

消费是人类为了满足自己的需要而耗费各种生活资料的过程，消费的过程既是人们不断向自然界索取的过程，也是人们使用和消耗一定劳动产品并丢弃一定废弃物的过程，这使得消费问题直接影响着人与自然、人与环境之间的关系。消费观作为一种观念形态，是人们消费行为的先导，对消费什么、怎样消费等消费行为起着重要的指导作用。科学、合理的消费观有利于人和社会的发展，不合理的消费观则对人和社会的发展起阻碍作用，甚至给人类社会的生存和发展带来危机。生态消费观念创新把人的全面发展当做终极目标，把实现人的身心健康和全面发展作为评价消费活动是否合理的最高标准，并把这一标准贯彻到吃、穿、住、用、行等与人的生活有关的各种消费形式中去，使各种消费形式从不同的方面为人的身心健康和全面发展服务。这种消费观既强调要更好地满足人们合理而适当的物质需要，也强调要满足人们合理的精神需要，保证人们的全面、健康发展。换言之，生态消费观强调的是物质生活与精神生活、当下需要与未来需要、眼前利益与长远利益的和谐统一，注重的是消费行为对人们身心健康和人的全面发展的促进作用，倡导的是科学合理、健康向上、积极进取的消费方式。

（四）循环经济生态金融创新

循环经济金融生态创新就是在循环经济生态创新体系中，把循环经济与金融创新放在一个有机系统里，着眼于两者之间的有机联系，探讨所有能够提高环境质量、转移环境风险、发展循环经济，以市场为基础的金融生态创新，使循环经济与金融创新两者之间形成良好互补、彼此互动、协调发展，更好地建立人与自然和谐关系，推动社会可持续发展。新兴金融学、生态经济学与循环经济学等交叉研究领域，主要研究如何评估环境资源风险，从而开发出成功的环境金融产品，并形成合适的产品结构，获得发展循环经济、保护生态环境资源的资金，也涉及一些深层次的制度安排，并与绿色企业会计关系密切。

总之，在循环经济生态创新体系中，循环经济生态观念创新是基础，循环经济绿色制度创新是支撑，循环经济生态技术创新是关键，循环经济生态金融创新是保证，四个子体系需要在发展中进一步整合，密切关系，互相反馈，互相促进，才能形成完善的生态创新体系，保持开放和动态发展，不断推进生态纵深化。

三、循环经济生态创新的实现形式

循环经济生态创新是实现现代经济与生态环境有机统一与协调发展的根本途径，是推动现代经济社会可持续发展的重要力量。保护生物多样性，加强生态环境建设，创建生态与经济相协调的可持续发展的现代工业与农业发展模式，既是一场新的产业革命，又是一场生态革命。因此，发展与建设绿色农业，实现工业集约化与生态化，保护生物多样性与加强生态环境建设，是生态创新在现代经济发展过程中的重要内容，也是循环经济生态创新在实现经济可持续发展过程中的主要表现形式。只有走循环经济生态创新的道路，才能实现经济可持续发展，缩小城乡差距，消除两极分化，以保证生态、经济、社会健康运行与可持续发展。循环经济生态创新的实现形式主要有以下三点：

1. 循环农业生态园区建设。循环农业生态园区是循环农业经济发展的先导区域，也是现代农业和循环经济新技术、新模式的推广和应用展示基地。所以，建设与完善示范性的农业生态园区，是引导我国循环农业发展的一个重要途径。

2. 循环工业生态园区建设。它是根据循环经济理论和工业生态学原理建立的一种与生态环境和谐共存的新型工业园区，是实现循环经济学和工业生态学的应用形态和重要途径，是在多个企业之间实施循环经济法则的实践模式。

3. 循环经济生态产业建设。生态产业是体现循环经济生态创新在经济社会成为现实的主要实现形式，充分维护生态资本的非减性，实现经济效益、社会效益与生态效益的统一。生态产业是按生态经济原理和知识经济规律组织起来的，基于生态系统承载能力，具有高效的经济过程及和谐的生态功能的网络型、进化型产业。生态产业的本质特征，是利用生态技术体系，通过物质和能量多层次分级利用或循环利用，把投入生态系统的资源尽可能地转化为生态产品，实现废弃物最小化，并保证生态产品能够创造更多的物质和能量，即不断地产出更多的生活资源和生产资料，促进生态与经济良性循环，实现生态环境与经济社会相互协调和可持续发展。

第三章
生态化技术创新

生态化技术创新即为绿色技术创新，是循环经济生态创新实现的技术保障，同时也是21世纪新的技术形式。生态化技术创新是指在技术创新过程中全面引入生态学思想，考虑技术对环境、生态的影响和作用，建立起一种新的使技术创新与生态目标相结合的协调型技术创新机制，既保证技术创新对经济增长的推动作用，又合理开发和利用生态系统的自然资源及物质能量，保持生态系统的平衡稳定。生态化技术创新的本质是一种生态环境安全的技术，与其他科学技术一样是知识形态的生产力，即潜在的生产力。只有通过生态化技术创新及其扩散而进入生态生产过程，使其和生态生产紧密结合，才会转化为现实的直接生产力，促进社会经济的可持续发展。本章主要从循环经济与生态化技术创新之间的关系，循环经济生态化技术创新的含义、特征、基本内容，以及实施生态化技术创新战略应该注意的问题等内容进行有益的探讨。

第一节　循环经济与生态化技术创新

一、循环经济发展对生态化技术创新发展的作用

循环经济的发展是技术创新社会环境系统中最为重要的保障，它在很大程度上制约着技术创新的成效。要使循环经济的观念和生态化思想成为企业文化和战略不可分割的一部分，成为企业行为方式的一个根本方面，企业首先必须转变自身的技术创新观念。工业文明时代的发展观是“增长优先”的发展观，把发展简单地理解为单纯的经济增长，把经济增长又片面地归结为物质财富的增长过程。在这种发展观指导下的企业技术创新只追求经济利润最大化，在技术创新过程中完全忽略了社会与生态效益，对资源的掠夺性开采，严重破坏了生态平衡，在弱化了社会发展基础的同时也使技术创新失去了持续发展的生态基础，导致传统的技术创新无法满足可持续发展及向循环经济模式转变的需要。

技术创新要想继续成为经济社会发展的推动力，必须将社会生态效益与经济效益一起纳入到企业技术创新的目标体系中去，树立生态化的技术创新观念。企业生态化技术创新是指企业按生态学原理和方法开发和使用技术，使技术应用对环境的破坏降至最低点，以可持续的方式使用资源，使资源的使用程度不超过其替代资源的开发速度，减少污染并使污染排放不超过自然系统的自我净化限度，以科学、合理的方式将废弃物资源化和无害化。在生态化观念指导下的企业技术创新顺应了科学发展观的要求，在微观层面上具体化了循环经济思想，强调以较少资源投入和较低成本创造较高质量的产品和服务，因此它将集企业经济效益和社会效益、生态效益于一身。

（一）循环经济的发展促进企业生态化技术创新联盟

循环经济是国民经济宏观层面的概念，其基本内涵是整个社会再生产领域的资源循环利用。因此，企业必须认识到，单个企业甚至产业层面的有利于循环经济发展的企业行为的技术创新活动不等于循环经济。循环经济的核心内涵是资源的循环利用。资源的循环利用是指：自然资源的合理开发；能源原材料在生产加工过程中通过先进技术尽量将其加工为对环境有利的产品并实现现场回用（不断回用）；在流通和消费过程中最终产品的理性消费；最后又回到生产加工过程中的资源回用，实现以上环节的反复循环。

这种资源的反复循环利用过程不是单个企业、产业能够完成的，它需要建立一条完整的生态工业链。对于想集四效于一身的企业技术创新而言，单兵作战不能适应循环经济发展的要求。每个企业应根据自身的资本、人才、科技、产品等特点构建自己的生态化技术创新平台，并与其他企业的生态化技术创新平台建立联盟，共同面向循环经济进行生态化技术创新活动。例如，一个企业在废气、废物、废水等废弃物的处理上有了生态化技术创新成果，则可以让别的企业享用这些成果，使废弃物成为别的企业的原料或能源；而别的企业提高材料、能源使用率的技术创新成果又会为其他企业提供更低廉的原料。如此环环相扣，循环利用，不仅企业会通过生态化技术创新联盟创造经济、社会、生态效益，同时也能促进当地循环经济的发展。

循环经济的发展对企业提出了生态化技术创新联盟的要求，同时它也为企业成为产业生态链乃至社会生态链上的一个环点提供了更多机会。在循环经济时代，一个企业如果脱离了这条生态链，就会失去与其他企业资源共享、风险共担、优势互补、共同发展的机会，最后势必会削弱企业自身的可持续发展能力，所以企业组建生态化技术创新联盟必然是明智的选择。

（二）循环经济的发展拓展生态化技术产品创新领域

产品创新的重要目标在于为不断发展变化的社会需要和市场需求提

供新的使用价值、新的效用和功能，从而扩大和开辟新市场，增大产品销售额和赢利的新来源。而循环经济的发展正是将人类文明推向一个新的转型阶段，同时这种转型也将会改造原有的产业结构，塑造新的消费观念和消费市场，这就为企业的产品创新提供了新的发展领域。企业应该把握发展循环经济带来的机遇，在生物、材料、信息以及关于人类全面发展的休闲、保健、医疗等领域开发新产品；开发各种能节约原材料和能源、少用昂贵和稀缺资源，并且在使用过程中以及在使用后不危害或少危害人体健康和生态环境的产品，以及易于回收、复用和再生的产品。产品设计要按循环经济发展的要求，以获得经济、社会、生态效益与服务于人为目标；要小型化、轻型化设计产品；尽量采用非毒性材料、可循环使用材料；减少产品使用的材料种类及材料的使用量。在产品投放市场后，企业要通过建立企业与消费者之间的良好关系，了解广大消费者对于绿色产品、绿色消费的认知度，从中获得大量的反馈信息，按照循环经济发展的要求改进产品，在相同或者更少的物质基础上实现产品和服务最大化，或者在获取相同的产品和服务功能时，实现物质和能量投入最小化。

（三）循环经济的发展提升了生态化技术工艺创新水平

顺应循环经济发展要求的生态化工艺创新，不仅可以有效减少废弃物和污染物的产生和排放，降低工业活动对环境的威胁，而且可以降低资源的利用成本，降低物耗，使产品在质量和成本上都具有较强的市场竞争力。生态化工艺创新的主要特点：一是科学、合理、综合、高效地利用现有资源，延缓资源危机。凡是无益于社会效益、生态效益的高新工艺技术都不能认作是新工艺，也不准进入生产领域。二是要采用新工艺，开发尚未利用的富有自然资源来取代已经耗竭和将要耗竭的稀缺资源。要切实加强有益于社会效益、生态效益的新工艺技术的研究、开发与应用。如我国机械工业研究开发和推广应用的各种高效、节能、无污染的冷、热加工新工艺，钢铁工业研究开发的内热串接法石墨化等节能、少污染工艺。三是要采用新工艺，变污染末端治理为全程治理，以减少企业成本，在提高经济效益的同时取得社会效益与生态效益。

二、生态化技术创新是实现循环经济发展的现实选择

在充分市场竞争的环境中，企业为取得竞争优势、实现利益的最大化，如何把资源“吃干榨净”，这是需要关注和解决的核心问题，企业天然具有提高资源利用率的内在冲动。但现实生活中对资源的破坏性利用，对生态环境的破坏和污染，大部分都是由企业的生产经营活动所造成的。企业在实践中对资源的大量粗放利用和对环境的肆意污染，直接原因是资源消耗和污染防治在生产成本中所占比例太低，而根本制约性因素则是企业科技创新的水平和能力不足。拉长企业的产业链，构建区域性的循环经济体系，就应该把科技创新作为突破口。只有通过高效的科技创新，才能从根本上解决资源利用率不高、环境污染严重等一系列问题，才能使循环经济真正建立起来并能高效运转。从科技的角度看，循环经济的技术思路，是通过对经济系统进行物流和能量流分析，运用生命周期理论进行评估，大幅度降低生产和消费过程的资源、能源消耗及污染物的产生和排放。循环经济的技术经济特征体现在以下四个方面：(1) 提高资源利用效率，减少生产过程的资源和能源消耗；(2) 延长生产技术链，将污染尽可能地在生产企业内进行处理，减少生产过程的污染排放；(3) 对生产和生活中用过的废旧产品进行全面回收，其中对可以重复利用的废弃物，可通过技术处理进行无限次的循环利用；(4) 对生产企业无法处理的废弃物集中回收、处理，扩大环保产业和资源再生产业的规模，扩大就业。上述特征要求我们着力发展废旧物资的回收与处理适用技术，大力发展高附加价值、少污染排放的高新技术产业，大力推动高新技术向污染处理和资源再生产业快速扩散。

推动资源、产品、废弃物和环境之间的良性互动，要尽可能减少输入端的资源需求和输出端的废弃物排出，发展循环经济必然要求减物质化的技术体系给予支撑，应在以下两个方面进行创新工作：(1) 大力发

展循环经济的一般技术工具，包括研究物流分析方法、生命周期评估、建立生态产业园区、可持续生产和消费等；（2）从全过程的角度分项研究日常技术，如对住房、出行、饮食、穿衣等日常过程，从资源采掘、材料加工、产品运输、消费、废弃后处理等环节进行技术创新。虽然循环经济的理论已经取得很大的进展，但其关键技术的研究和应用明显滞后，特别是由于行业循环经济建设的方式和实施途径不同，因而需要多种用于具体操作的技术措施。

循环经济创新的本质是以生态化科技创新为主导的经济形态，但生态化科技创新自身目标与发展循环经济的要求并不具有同步性，二者之间也有一定的距离。传统的科技创新目标仅仅在于对经济利益的追逐，要发展循环经济还必须完善科技创新的目标。要通过完善财政税收和法律制度来强化企业生态化科技创新的社会效益和生态环境效益。倡导生态化科技创新，就是要把生态环境效益和社会效益纳入科技创新的目标体系之中，使经济效益最佳、社会效益和人的生存发展效益最优、生态环境效益最好，能够有机地统一起来。

运用生态学思想、可持续发展思想，引导企业的技术创新活动，加快科技创新的生态化步伐，依靠生态化的科技创新，是推动我国循环经济健康发展的重要路径选择。要组织开发有重大推广意义的资源节约与替代技术、对能量的梯级利用技术，探索延长产业链和相关产业链技术，着力进行“零排放”技术、有毒有害原材料替代技术、回收处理技术、绿色再制造技术创新，努力突破制约循环经济发展的科技“瓶颈”。要加快发展低耗能、低排放的第三产业和高技术产业，用高新技术和先进适用技术改造传统产业，淘汰落后工艺、技术和设备。在重点行业、重点领域、工业园区和城市开展循环经济试点工作，不断提高管理水平，促进循环经济的快速发展。

市场需求和大众消费能力是拉动企业进行科技创新的重要动力，生态化的科技创新要求在政府引导和市场推动等方面持续进行制度创新。要进一步完善政府的监管和服务职能，强化法律惩戒与道德舆论监督，为循环经济的发展和运转营造一个良好的社会环境。生态化的科技创新是我们有效应对资源环境问题的重要依靠，是发展循环经济的最佳路径选择。

三、生态化技术创新与循环经济的发展具有内在统一性

技术的发明、应用、扩散及其价值的实现都是人的实践性活动，是人与自然的关系在人与社会关系中的展开和衍生，也是人与自我关系的调整和升华，因此，任何一项生态技术创新的成果都应该是自然生态技术创新、社会生态技术创新和人文生态技术创新三者共同作用和协调运作的整合效应。自然生态技术创新为社会生态技术创新和人文生态技术创新提供物质前提和经济基础，同时又对它们提出新的更高的要求；社会生态技术创新通过组织、协调等手段，对人、财、物等资源的组合和优化配置，规范、调整自然生态技术创新，实现自然生态技术创新效益最佳、效率最大，并引导、鼓励、激发人文生态技术创新，从而使自然生态技术创新和人文生态技术创新得到更快的发展；人文生态技术创新通过提高生态技术创新主体的综合素质，为自然生态技术创新和社会生态技术创新提供精神动力和智力支持。没有自然生态技术创新，就不能发展生产力，无法实现经济持续增长；没有社会生态技术创新，就不能处理好人与人、人与社会的关系，无法对社会进行有效调控与组织，实现社会和谐发展；没有人文生态技术创新，作为创新主体的人就不能得到全面发展。因此，生态化技术创新应是自然生态技术创新、人文生态技术创新与社会生态技术创新的有机统一。

传统技术创新关注的是经济增长，而生态化技术创新在注重经济增长的同时，还关注节约资源和保护环境，关注社会进步和人的发展，符合社会发展需要和人不断增长的物质、精神和生态需求，有利于和谐社会的建构，因而是科学的技术创新观。

循环经济和生态化技术创新对主流经济既有继承又有发展。前者主

要引入了生态学物质循环和能量守恒的基本观点，扩充了经济学的研究范畴，追求规模限制下的资源优化配置；而后者从动态的角度考虑新产品的创造、新工艺的发明、把发明转化为商业应用的创新以及创新的普及，研究不同阶段的相互依赖和反馈以及技术的变化，不断促进经济学界打开科学技术这只“黑箱”。循环经济和生态化技术创新对问题的分析都不约而同地采用了演进方法，解释经济中的常态失衡，以求达到更高层次的稳态，加强了经济运行机理的过程分析。对于促进循环经济的发展，生态化技术创新由于有着与其相同的分析角度，具备成为解开问题的出发点和关键点的优势。同时，生态化技术创新主体与创新对象和环境是一个相互依赖、不断发展的统一体，它们对彼此的影响和改造都是在生态环境的承载能力内展开，搜寻和选择经济—生态系统的规律性，以促进人类的可持续发展。

循环经济的发展是一项复杂的系统工程，其本质就是要提高资源的使用效率和加强环境的保护。从经济学角度看，通常有两种办法：一是提高生产要素的质量，包括机器设备的更新、劳动力素质的提升和原材料材质的改善；二是改进生产要素的组合方式，减少不可再生资源的使用和替代环境污染大的生产工艺。它们的核心都是生态化技术创新。资源（尤其不可再生资源）和环境的稀缺是一个普遍现象，而生态化技术创新的实质就是缓解资源的稀缺，在提高稀缺资源质量和使用效率的基础上，寻找替代资源。在生产中，机器设备、劳动力、货币资本、自然资源和环境的消耗方式因技术的变化而不断变化，每一种要素组合方式都代表着更先进的生产方式，产业生产率和产业综合实力也随之提高。减量化原则强调资源的投入量，旨在用较少的原料和能源投入来达到既定的生产目的和消费目的，在经济活动的源头就注意节约资源和减少污染。再利用原则侧重过程控制，力图通过延长产品的使用寿命达到减少资源使用量和污染物排放的目的，形成生产—消费—生产的循环系统。而再循环原则注重闭环流程的末端，把废弃物当做原材料进行加工，重新生产出新产品，再次进入市场。这里每一道环节的实现都需要强有力的技术支撑。原料和能源投入的减量化依赖节约能耗和物耗的创新技术，而减轻污染或无污染的实现要求新材料的加紧研发以替代有毒或污染的材料；尽可能地使用原有产品，强调可提高材料使用寿命的创新技术和标准化的生产设计；废弃物的资源化利用在于资源再生技术，特别是废家电、废电池、废电脑及废灯管等特种废物的再生技术。毫无疑问，生态化技术创新是发展循环经济的基本手段。不过，有利于循环经济发展的技术不是单一的技术，它是一种涉及广泛的相关领域的技术集成。循环经济的目标是物质的循环流动，这种资源的循环利用过程不是单个企业、单个产业能完成的。例如，以煤为原料的焦化、电力、钢铁企业，在煤矸石、粉煤灰、废钢渣综合利用和废气、废水、余热回收等方面都有很强的关联性，要充分利用这些生产过程中产生的次生物质，研究不同产业和不同企业间生态链的合理性及稳定性等问题，只有依靠不断的技术创新才能解决。此外，在市场经济下，物质的循环使用与非循环使用相比，只有具有更好的经济效益、满足市场需求、增加消费者使用效用的产品才能被接受。因此，有利于循环经济发展的技术创新不仅需要生产上的可行性，更要求经济上的效益性。资源利用方式创新和生产要素新组合在融会贯通于循环经济模式的同时，要求进一步的技术创新来增强循环经济模式的竞争力。而改善组织管理水平、提高资本运营效率则会加速这种技术创新。

第二节 循环经济生态化技术创新的含义与特点

一、生态化技术创新的背景和研究现状

（一）生态化技术创新提出的背景

生态化技术创新思想萌芽可追溯到20世纪60年代或者更早些时候，

1963年美国卡逊的《寂静的春天》、1971年美国麻省理工学院教授J.W.福雷斯特和D.J.麦多斯的《世界动力学》和1972年罗马俱乐部的研究报告《增长的极限》等著作的发表，引起世界对当代人口、粮食、能源、资源和环境的密切关注和激烈讨论，特别是以下三种现象更使生态技术及其创新日益成为人类关注的焦点①。

1. 生态化技术创新在资源的开发利用和重组中产生了负面影响。如水源污染、能源危机、全球变暖、洪涝灾害、土壤沙化等现象固然是人们盲目开发、无节制利用、认识偏颇造成的，但其中技术的影响也是一个重要因素。例如，能源技术的广泛运用造成温室效应不断加强；化工技术的蓬勃发展使“工业三废”日趋严重；克隆技术虽有益于挽救濒临灭绝的珍稀野生动物、提高动物育种纯度，但动物遗传的一致性和抗体的单一性不利于生态系统的稳定等。

2. 生态化技术创新在成为经济增长的发动机时出现了增长极限。以经济价值实现为中心的生态化技术创新，成了推动经济社会发展的最强大力量，人们取得了前所未有的经济和社会成就。如果生态化技术创新仅仅凭单一的经济价值取向，在某种程度上将会恶化经济的发展环境，使经济增长的空间越来越有限，最终弱化了生态化技术创新的动力。

3. 生态化技术创新在服务于社会发展时显示了“双刃效应”。一方面，技术创新揭示自然规律，为人类开发自然提供了工具，在人与自然的斗争中改善了人在自然界中的地位，创造了高度发展的物质文明；另一方面，这种高度的物质文明是以大量、快速耗费自然资源而获取的，因此破坏了自然，也就破坏了自己生存的基础，反过来延缓和阻碍了社会发展。

传统的技术创新理论与实践强调市场的实现程度和经济利益，生态效益和社会效益没有得到应有的重视，使得技术创新在促进经济增长的

---

① 荣诚：《生态技术创新研究初探》，《中国软科学》，2004年第5期。

同时，也引起了物种破坏、生态环境恶化等负面效应。这种依赖资源、资本和劳动力大规模投入来运行的经济发展模式，造成技术创新过程的短期行为，已经不再适应人类社会持续发展和知识经济时代全球化竞争的要求。但是，为了提升资源的利用效率，提升资源对经济发展的贡献率，又必须依赖于持续的生态化技术创新。因此，必须寻求有效的手段和途径，实现技术进步与可持续发展的融合。

（二）生态化技术创新的研究现状

1912 年，在《经济发展理论》中，熊彼特首次提出“创新”这一概念。按照熊彼特的观点，所谓“创新”就是“建立一种新的生产函数”，也就是说，把一种从来没有过的关于生产要素和生产条件的“新组合”引入生产体系。[①] 随着环境污染与资源耗竭愈来愈成为严重的社会问题，工业化首先被视作污染的罪魁祸首，技术被认为是环境破坏与负效应的原因，人们从原来的“技术万能主义”的极端走向了“技术罪恶主义”的另一个极端。一直到目前为止，人们才认识到技术实际上是一把双刃剑，即技术既是环境破坏的“嫌疑犯”，又是解决环境问题的一个重要工具，是实现可持续发展的核心手段。

生态化技术创新在国内有两种不同的表述：一种称为“生态技术创新”。荣诚认为，生态技术创新是在技术创新过程中全面引入生态学思想，考虑技术对环境、生态的影响和作用，既保证技术的创新性和实用性，又确保环境清洁和生态平衡，在实现商业价值的同时，又创造生态价值，人类发展和自然环境相协调，最终实现人类的可持续发展。[②] 另一种表述为“绿色技术创新”。所谓“绿色技术创新”包括产品创新、工艺创新、服务创新和组织创新等，是一个复杂的系统工程和一种与市场息息相关的经济活动。我们认为，生态化技术创新实质上就是绿色技术创新。

---

① 约瑟夫·熊彼特：《经济发展理论》，商务印书馆 2000 年版，第 22 页。

② 荣诚：《生态技术创新研究初探》，《中国软科学》，2004 年第 5 期。

二、循环经济生态化技术创新的含义

技术创新是从新思想的产生到研究开发、中试、设备制造和产品市场化的一系列动态过程，其实质是新产品、新过程、新系统和新服务的商业性转变。技术创新对提高生产率和创造新兴产业起到了主要作用，是影响产业结构升级的核心因素，是推动经济持续、稳定、协调发展的关键。构建多层次技术创新体系，推动技术创新，提高企业竞争力乃至国家综合竞争力已成为共识。国内学者对此进行了大量且卓有成效的研究，虽然相关研究成果汗牛充栋，但常常忽视了技术的两面性：一方面，技术创新提高了人类征服自然的效率，新产品丰富了人类的需求；另一方面，效率的提高带来了自然资源的过度开发和生态环境的急剧恶化。

技术创新的动力来源于经济主体的利益驱动和市场竞争的压力，对此进行研究和技术开发活动的目的是追求市场效率，以获得超额利润。经济主体自身利益的最大化是技术创新的目标。循环经济旨在使经济活动对自然生态环境的影响降低到尽可能小的程度，是一种使社会经济与生态环境相和谐的经济发展模式。循环经济和技术创新目标函数的差异使得技术创新与循环经济并不必然融合。技术创新可以解决生态环境问题的假定，在某种程度上，并非建立和完善技术创新体系的应有之义。技术创新并不必定带来生态环境的优化，只有建立在生态化基础上的技术创新才能真正解决生态环境问题，即需要在技术创新过程中增加生态要素。

生态化技术创新是指从市场需求出发，通过生产要素的重新组合或科技成果的商品化途径，将技术转化为经济、社会、生态等价值的动态过程，它以经济增长为中心，同时追求自然生态平衡、社会生态和谐，最终实现人的全面发展。显然，这里的“生态化”并不是单纯生态学意义上的生态化，而是指事物之间的平衡相依、相互促进、协调发展的状态和过程。生态化是技术创新追求的目标。

“生态化”是技术创新活动的目标追求，也是技术创新的价值向度，规定了技术创新的发展方向，即告诉人们应朝什么方向开展技术创新，用什么样的技术创新才有利于经济、社会和人的全面发展。具体地说，生态化技术创新把追求经济效益最大化和自然生态平衡、社会生态和谐及人的全面发展作为系统目标，创新主体必须将规律性和目的性统一起来，通过自己的行动和实践过程来实现世界对人所具有的意义。由此可见，生态化技术创新活动既涉及真、善、美的维度，又把认识世界、说明世界和改造世界联系起来，引导创新主体在知和行的统一中不断走向真、善、美的境界，在技术创新的实践领域解决“应当如何使客观世界合乎人的需要、合乎人的全面发展”的问题，因而具有伦理学性质。可见，生态化技术创新不仅是一个技术—经济学概念，而且也是一个伦理学概念。

循环经济生态化技术创新是指通过市场机制和社会管理机制的结合，在技术创新的各个阶段中引入生态观念，以经济增长、人与自然和谐共处、社会和谐有序和人的全面发展为追求目标，从市场需求出发，通过发明创造或生产要素的重新组合或科技成果商品化等途径，实现经济和社会价值的过程。循环经济为技术创新指明了创新的方向，对技术创新提出了生态化导向的要求。具体来看，循环经济的生态化创新导向主要表现在以下几个方面：(1) 设计物质和能量分级、多层次利用的产业技术体系，延长和拓宽生产技术链。输入生产系统的物质在生产第一种产品之后，其剩余物成为生产第二种产品的原料。如果仍有剩余物，则可作为生产第三种产品的原料，直到全部用完或循环使用。(2) 依靠生态化技术创新提高资源利用效率，在达到既定目标的条件下，尽可能减少生产过程的资源和能源消耗。(3) 通过生产设备的技术改造，改变传统的生产末端废弃物净化处理模式，边生产、边净化，使产品的生产过程与环境的保护过程达到统一。(4) 新产品的设计者必须从一开始就考虑该产品的生态系统循环性，避免不可分解的废弃物产生。

三、循环经济生态化技术创新的特点

循环经济生态化技术创新主要有以下几个方面的特征：

1. 循环经济生态化技术创新以生态保护为中心，在企业生产系统中引入生态观念，追求的是生态经济综合效益，即经济效益最佳、生态效益最好、社会效益最优的三大效益的有机统一和动态平衡。

2. 循环经济生态化技术创新的过程是一个经济协调发展的过程。微观层面上，生态化技术创新可以改造和提升传统产业，促进新产业的发展，使产业结构更趋合理。宏观层面上，如果国家的创新体系和区域的创新体系朝着“生态化”的方向发展，国家在制定科技发展战略和技术创新战略时，把对“生态化”的追求纳入创新战略体系，就能调整产业结构，统筹城乡之间、地区之间经济的协调发展，使经济增长的速度与质量、效益、规模相适应。

3. 循环经济生态化技术创新包括技术层面的生态化技术创新和管理层面的生态化技术创新。技术层面的生态化技术创新包括清洁生产及生态化技术创新产品的开发和工艺的创新等，它的核心理念就是使技术在生产过程中对自然生态系统的负面影响降到最小，使产品在开发过程中及其产品报废后的自然消解过程中对自然生态系统的不利影响降到最低点，以恢复生态平衡。管理层面的生态化技术创新就是建立一种生态、经济与社会相协调的管理模式，体现在产品结构、企业结构、行业结构、产业结构以及产业战略选择等微观、中观和宏观各管理层面。

4. 循环经济生态化技术创新是具有适用性的技术创新。技术创新的目的在于实现新技术的应用并获取相应的效益，推动经济和社会的发展。而技术的发展和应用是具有地域性的，生态化技术创新必须与当地的经济、社会和环境条件相适应，才能达到技术发展与当地社会经济发展的相互促进，共同提高，实现可持续发展。

第三节　循环经济生态化技术创新的基本内容

循环经济生态化技术创新是推动生态产业升级与产业经济可持续发展的主要驱动力。先进的科学技术是循环经济的核心竞争力。如果没有先进技术的输入，循环经济所追求的经济和环境多目标将难以实现。因此，大力开展生态化技术创新是发展循环经济的重要技术战略。从循环经济理论和生态技术的本质特征看，循环经济的生态技术观是强调把生态技术应用于循环经济过程的一种技术观。它要求用生态技术代替传统技术，提高资源利用效率，减少生产过程的资源和能源消耗，延长和拓宽生产技术链，将污染尽可能地在生产企业内进行处理，减少生产过程的污染排放，对生产和生活用过的废旧产品进行全面回收，通过技术处理对可以重复利用的废弃物进行无限次的循环利用。生态化技术创新包含内容丰富，从整体上来说主要有生态产品导向型技术创新、生态工艺创新以及生态管理技术创新三个方面。

一、生态产品导向型技术创新

（一）生态产品导向型技术创新含义

生态产品导向型技术创新，即开发各种节约能源和原材料并且对环境友好的产品。具体来说，产品在设计过程中就注意可拆卸性，以求其便于维修从而延长使用寿命；产品在消费过程对环境友好，消费后的残余物对自然和人没有危害或影响最小；产品寿命到期后，其构成材料可通过逆向物流被再利用。

（二）生态产品导向型技术创新发展方向

1. 用生态技术代替传统技术。生态学物种共生和物质环境再生原理表明：生物圈的物质生产是一种无废料的生产或废物还原和废物利用的生产，只要正常运转，所有输入系统的物质都在循环中运动、转化和再生。循环经济生态技术应用系统工程的优化方法以及其他现代科学技术成果，设计物质和能量分级、多层次利用的产业技术形式和技术系统。在这样的生产过程中，输入生产系统的物质在第一次使用生产第一种产品之后，其剩余物成为第二次使用生产第二种产品的原料。如果仍有剩余物则可作为生产第三种产品的原料，直到全部用完或循环使用。如最后不可避免地造成剩余物，则以对生命和环境无害的形式排放。

2. 依靠生态技术提高资源利用效率，减少生产过程的资源和能源消耗。这是提高经济效益的重要基础，也是污染排放减量化的前提。

3. 延长和拓宽生产技术链，将污染尽可能地在生产企业内进行处理，减少生产过程中的污染的排放。传统控制污染的主要技术措施是在生产过程的末端建设废弃物净化装置，采用机械的、物理的、化学的和生物学的方法，对废水、废气、废渣进行净化处理。鉴于这种方法会使污染控制走入困境，循环经济的生态技术使我们将污染控制的主要精力不是放在生产过程的尾部进行净化处理，而是放在整个生产过程中，使产品的生产过程和环境的保护过程达到统一。

4. 利用生态技术对生产和生活用过的废旧产品进行全面回收，可以重复利用的废弃物通过技术处理进行无限次的循环利用。这将最大限度地减少资源的开采，最大限度地利用不可再生资源，最大限度地减少造成污染的废弃物的排放。由此可以看出，生态技术观视域下的循环经济要求大力发展废旧物资的回收与处理适用技术；要求大力发展高附加价值、少污染排放的高新技术产业；要求高新技术向污染处理和资源再生产业扩散。它的最终要求是使利用废旧资源的经济效益高于利用有限的初次资源的经济效益。

二、生态工艺创新

生态工艺创新，包括“浅绿色”的清洁生产技术和“深绿色”的末端治理技术两个方面，主要指能减少污染物的产生和排放、降低工业活动对环境的污染以及降低成本和物耗等工艺技术。生态工艺创新可以将生态化的理念融入创新过程，通过制度创新、组织创新、管理创新等获得社会、经济、环境等价值的过程，使社会朝着稳定、公平、和谐、有序的方向发展，规范、整合、协调、监管自然技术创新，激励、引导人文技术创新，以促进经济持续增长、环境优美和人的全面发展。

清洁生产自其诞生以来，迅速发展成为国际环保的主流思想，有力推动了世界各国的环境保护。联合国环境规划署认为清洁生产是一种新的创造性思想，该思想将整体预防的环境战略应用于生产过程、产品和服务中，以增加生产效率和减少人类及环境的风险。各国在清洁生产实践中不断创新，新的清洁思想、新的清洁生产工具不断涌现，丰富了清洁生产内容；在实施范围上，不仅要求第一产业实施清洁生产，而且在第二产业、第三产业也要实行清洁生产。通过技术创新，节约能源、资源，尽量减少废弃物的产生，从生产的全过程控制污染，实现环境经济协调持续发展。

清洁生产不仅是一种新的环境战略，也是一种新的思维方式，在具体实施上，要依靠先进的清洁生产工具和清洁技术。因此，要增加科技投入，加强环境保护科学技术的研究，为企业实施清洁生产提供技术手段，投资建立各种清洁生产创新性科研基地，以更深、更广地拓展清洁生产领域，总结、提高、创造新型、实用的清洁生产工具，开发出在实际工作层面上落实清洁生产思想的有效手段；另一方面，还要从ISO14000、环境标志、环境影响评价等多角度、多层次探讨实施清洁生产的方法和途径。

三、生态管理技术创新

生态管理技术创新，包括制定环境政策、法规和针对环境的经济与技术措施及其实施。行政的、经济的手段在被用于保护资源环境时，其内容的制定和措施的实施都含有技术成分，即至少在量化某些环境指标时会涉及，这些技术必须动态地进行调解，这就存在技术的变动和创新。生态管理技术创新可以通过理论创新、知识创新、教育创新和文化创新等，提高人的素质，获得人文价值并最终转化为经济、社会和环境等价值的过程。它突出创新主体在创新过程中的人文关怀和理性思考，深刻把握自然、社会和人自身三者的生态关联，深化对人、人生、人性的理解，以充分发挥人自身的潜力，提升综合素质和整体能力，从根本上保证生态产品导向型技术创新和生态工艺创新的发展。

生态经济管制政策是体制创新转向中的约束性导向，它决定生态化技术创新行为转向的路径选择。对于已经存在的生态危机而言，化解的方案有三条路径：(1) 沿着区域尺度，使污染从一个地区转移到另一个地区。污染在国际间与城乡间转移属于此路径，该路径不涉及技术创新，只是原来污染性技术在不同地区的复制。(2) 沿着先污染后治理的方向，使技术创新走向重在治理。(3) 沿着全过程无害化的方向，使技术创新走向生态复兴。在这三条路径中，发达资本主义国家选择第一条，不成熟的发展中社会主义国家选择第二条，成熟的社会主义国家应该选择第三条。不进行扎扎实实的生态化技术创新，就想化解生态危机，是狭隘利益观与本位主义思想指导下的强势主体——发达资本主义国家与城市对弱势主体——发展中国家与乡村进行的环境产权侵害。国际间与城乡间污染转移就是这种不道德的环境产权侵害的表现形式，而一个国家无视这种不道德的环境产权侵害的任意发生，则正是经济管制缺乏的结果。即使一个国家已具有旨在促进区域间生态承载力平衡的经济管制政策，如果受浅层生态学理论的影响，那么，出台的经济管制政策会加剧末端治理型工业化与生态环境之间的矛盾。因此，这需要政府制定促进生态化技术创新行为转向的强管制政策，强管制政策是生态管理技术创新转向的另一种表现方式。

第四节　实施生态化技术创新战略应注意的问题

为了扩大资源的存量以及广义经济系统对废弃物的容量，技术范式必须向有利于环境的方向发展。生态化技术以其对环境友善的角色，不仅成为理论界时髦的话题，也成为企业界与政府重视的对象。在环境压力之下，生态化技术创新正逐渐替代传统的技术创新成为创新管理研究的新焦点。但企业界与政府部门对生态化技术创新管理仍然处于摸索阶段，这在一定程度上阻碍了创新的步伐。为促进生态化技术创新在循环经济中的深入发展，必须重视和注意以下几个方面的问题。

一、培育生态技术创新主体

创新虽然包含着个体活动的成分，但是，在更普遍的意义上，它是一种群体性的创造性行为。在传统的技术创新过程中，通常认为企业是创新的主体，即以追求利润最大化为目标的企业是市场经济活动中的“理性人”。而生态技术创新不论是技术层的资源生态创新、产品生态创新、工艺的生态创新，还是管理层促使企业生产经营活动与生态环境相协调的管理模式创新，都需要通过经济社会的基本单元——企业为主来实施，企业不仅是生态技术创新活动的主要参与者，同时又是主要投入者、实施者，更是创新收益的直接受益者。在当前，生态技术创新意味着更高的成本、更大的风险，这些都是中小企业难以承受的。政府可以通过减免税及退税、颁布奖惩条例、产业引导政策等，鼓励和引导企业开展生态技术创新，同时引导企业形成新的管理模式，协调好管理、市场、技术、人力资源，促使技术层生态技术创新和管理层生态技术创新相互支持、相互依赖、协调发展，以保障生态技术创新的顺利进行。传统技术创新向生态化技术创新的转变是创新范式的根本转变，形成以企业为核心，政府、高校及科研机构、公众参与并制约企业创新行为的多元主体结构。

二、营造生态技术创新环境

生态技术创新的开展在很大程度上取决于企业创新的环境。企业生态技术创新环境分外部环境与内部环境。外部环境主要涉及政策、科技、社会公德、经济核算和生态环境等因素。内部环境主要是指企业目标、科技力量、管理方式、组织结构等。从宏观上国家应在政策导向上向生态化倾斜，运用财政、金融和税收等手段，引导和激励企业开展生态技术创新，为其创造良好的创新氛围。从微观上讲，企业应把握对生态创新影响较大的环境因素，注意外部环境因素在企业生态创新过程的变化趋势，将生态创新思想纳入企业目标，加强组织管理，强化科技实力，为其进行生态技术创新营造良好的内部环境。

三、完善生态技术创新制度

良好的制度是保障生态技术创新的关键，因而应根据生态技术创新本身发展的要求，制定保证和支持生态技术创新的经济政策、法律法规和奖惩制度。对开展生态技术创新的企业在银行贷款方面可以给予一定的优惠，生态技术产品可以享受相应的减免税或退税优惠，在申报国家资金上要给予优先考虑，完善各项法律法规，提高环境排污的收费标准，降低污染排放率，加大对环境污染的惩罚，对生态技术创新成效显著的要给予奖励。同时，对各项环卫指标、资源使用情况、生态产品进行公示，增强全社会对生态技术创新的关注和监督。

四、生态化技术创新要有新的实现机制

“需要”转化为“需求”要有一定的条件，对企业的技术创新来说，仅有进行技术创新的愿望，而没有相应的支持系统，同样不能实现技术创新。因此，要想使企业的生态技术创新顺利进行，除了企业自身在管理、资金、技术、人才等方面的条件外，还必须从政府、科研机构、社会公众等方面对企业的生态技术创新进行支持，以促进企业生态技术创新机制的建立。

（一）政府的作用机制

环境物品是一种公共物品。由于公共物品的非排他性和不可分割性，其社会总需求是个人需求的总和，其重要需求的非市场显示使得价格机制在环境资源的配置上“失效”，导致了很多“免费搭车”的现象，这种环境资源配置上的“市场失效”需要政府干预。政府通过产业政策和经济激励等措施来改变私人对环境资源需求的反应，使企业在生态技术创新方面有利可图，从而促进企业生态技术创新的顺利进行。

1. 建立健全的环境法律、法规，强化法律法规手段。政府必须强化各项法律法规，提高环境排污的收费标准，从而提高企业使用传统技术的成本，促使企业去开展生态技术创新。同时，国家必须出台一些有利于企业生态技术创新的政策来引导和激励企业生态技术创新。法律是市场经济条件下促使企业进行生态化技术创新最重要、最有效的外部强制力量。通过制定一系列的法律、法规，并严格加以贯彻执行，可使企业的外部费用内部化，导致企业的生产成本升高。企业要想在市场竞争中取胜，就必须降低自己的生产成本，在一定程度上激发企业进行生态化技术创新的动力，使之节约生产过程中的资源耗费，减少污染排放以及提高末端处理过程的效率，这不但有利于工艺创新，也有利于设备创新。目前，我国法律法规还不够健全，对生态化技术创新本身健康发展的保护力度不够，政府可采取以下几方面措施，使法律这一工具在生态化技

术创新机制中发挥更大作用：在立法上强化现有各项与保护环境有关的法律；对现行环保法律法规进行改革；建立科学的执法监督制度与工作程序，依法强化环境的监督管理；建立相应的环境行政司法制度，加强环境执法的可操作性，使环境执法更科学化、规范化。

2. 强化政府环境管理的经济刺激手段。我国目前主要以大量消耗资源、能源作为获得经济增长的手段，对环境造成了极大的损害。造成这种状况的主要原因之一就是资源无价或低价，这种观点导致我国在传统经济的发展中对资源的无偿占有、掠夺性的资源开发以及资源使用中的巨大浪费。所以要强化政府环境管理的经济刺激手段。推动企业生态化技术创新的经济手段主要包括排污收费、排污权交易及税收等。按照资源有偿使用的原则，让企业在利用环境资源时承担相应的经济代价，促使企业从自身经济利益出发实现生态化技术创新。征收环境资源税和环境补偿税，对于污染环境严重的企业还要征收排污税、燃料税和污染产品税。提高排污收费的标准，使排污费接近处理费或对环境造成的损失费，增加环境成本的约束力，扩大排污收费在不同产业的范围，使其得不到高额利润，逼迫其调整产品结构，进行生态化技术创新。

3. 将环保指标纳入政府官员的政绩考核中。现行的 GDP 中只能看到经济指标，却看不到背后生态环境破坏。许多政府官员为追求地方经济增长而透支环境成本，对环境造成极大的破坏，使生态化技术创新难以有效推行。因此，我国需要建立一套新的国家绩效考核体系。今后官员的政绩应该体现为创造每单位的 GDP 所耗费资源与所释放的污染物越低越好；本地区每个劳动者的全负荷劳动生产率与单位国土面积所承载的经济总量越高越好。官员环保考核还应包括公众环境质量评价、空气环境质量变化、饮用水质量变化、环保投资增长率、群众性环境诉求事件发生数量等指标。新的政绩考核机制将有效推动生态化技术创新在我国全面、健康地开展。①

① 林英：《环保指标应尽快进入社会价值体系》，《光明日报》，2004 年 10 月 29 日。

4. 必须加大资金的投入力度。目前我国企业在生态技术创新方面的投入还很低，一方面是由于大部分企业对生态技术创新不够重视，另一方面是由于生态技术创新要有更多的资金投入，对一般中小企业来说，还是无法承受的。因此，政府应该加大对企业的资金支持力度，同时还必须建立畅通的融资体系，使企业能够获得信贷优惠，降低企业进行生态技术创新的成本。此外，政府可以通过直接购买企业开发的生态技术产品，以促进企业生态技术创新的顺利实现。

(二) 企业的作用机制

企业是技术创新的主体，是技术创新收益的直接受益者。生态技术创新是一个动态的两层次创新系统，涉及技术层生态技术创新和管理层生态技术创新。技术层生态技术创新是指所有节约资源、避免或减少环境污染物的技术创新；管理层的生态技术创新是建立一种生态与经济相协调的管理模式，促使企业生产经营活动与生态环境相协调。因此，要想使技术层生态技术创新和管理层生态技术创新能够相互支持、相互依赖、协调发展，企业就必须协调好管理、市场、技术、人力资源等各方面、各层次的关系，以保障生态技术创新的顺利进行。

(三) 科研机构的作用机制

目前，我国科学技术和技术开发的主要力量都集中在高等学校和科研院所，而我国大部分企业的技术开发能力都比较弱。生态技术创新是把生态观念引入到企业的技术创新过程中，其创新的难度较大，要求的技术能力也会更高，如果仅仅依靠企业自身的力量来完成生态技术创新是很难的。因此，科研机构可以发挥其技术上的优势，克服其资金上的瓶颈，与企业进行联合，这样既可解决经费问题，又可以解决企业技术创新能力较弱的不足，两者的结合不仅能够促进生态技术创新，提高企业生态技术创新能力，也可为生态产品的问世和减少产品对环境的污染作出贡献。

(四) 教育的促进作用

生态技术创新系统的构建是一个长期的过程，需要全社会的共同参与。社会公众是环境终端的受影响者，对社会公众进行环境保护和生态道德方面的教育，可以提高公众的环境保护意识。随着人们环境保护意识和生活水平的提高，人们的消费方式也会向着有利于保护环境的方向变化，体现在具体的行为上就是对生态产品和生态工艺的需求增加，这就会促进整个社会生态市场的形成。有了市场，企业就会进行生态技术创新，开发出既有利于环境保护又满足消费者需求的生态产品和生态工艺。因此对公众进行环境保护的宣传和教育，不断提高公众的环保意识，对企业的生态技术创新将起到重要的支撑作用。

五、生态化技术创新机制

生态化技术创新是一个涉及经济、社会、人口、生态、环境等多领域发展的综合系统，要全面开展这项工作，必须进行机制创新。生态化技术创新的组织方式可以采用产、学、研联合的形式，降低生产的成本和风险；在资金投入上，以政府扶持、企业投入、社会参与的形式展开，拓宽资金融通的渠道；在人才、资源、信息方面，可以采用共建共享方式，提高资源的使用效率；同时还可利用经济、法律、市场等杠杆来引导生态技术的创新。现有的技术创新机制模型并不能够有效地克服技术创新的主要障碍，其中的关键性因素就在于这些模型没有能够实现企业的长远发展与企业短期生存压力以及人类社会的可持续发展之间的平衡。只有在可持续发展这一核心理念的指导下，以企业核心能力的培养为目标的技术创新模型才能够有效地满足社会和企业的实际需要。因此，生态化技术创新的创新机制必须包含三个层面：第一个层面为企业层次的技术创新机制，第二个层面是项目层面的生态化技术创新机制，第三个层面是国家层面的生态化技术创新机制。这三个层面的生态化技术创新机制相辅相成、密不可分，共同构成了以企业为主体的生态化技术创新机制。

（一）企业层面的生态化技术创新机制

1. 生态化技术创新的目标导向。目标导向问题是企业生态化技术创新得以持续进行并为企业获取竞争优势的基础。生态化的技术创新要求技术创新活动不再单纯追求经济效益，而是在追求经济效益的同时要追求生态效益、社会效益和人的生存与发展效益。其中，生态效益注重的是技术创新活动既不污染环境又有利于保持自然生态平衡。经济效益追求资源消耗的极小化和产出价值的最大化，前者是保证生态效益的要求，后者是实现经济效益的需要，而技术创新就是为实现“极小化”和“最大化”提供可能的选择手段。社会效益则要求技术创新要有利于社会的和谐稳定和进步，有利于建立和维护人与人之间的合理关系。人的生存与发展效益致力于提高人的生活质量、拓展发展空间和促进人的全面发展。生态化技术创新活动致力于建立一个完整稳定的社会生态系统，其特征是环境优美，社会稳定，经济持续增长，人民生活质量、健康水平不断提高。

2. 生态化技术创新的基础。从企业的角度而言，技术创新必须要能够推动企业核心能力的不断发展。根据核心能力理论，企业如同一棵大树，其养分来自于企业的核心能力，如果没有核心能力的滋养，那么其树干和枝叶都将枯萎。技术创新是连接企业的核心能力、核心产品和终端产品的桥梁，所以生态化技术创新自然就成为企业的动脉，企业需要通过生态化技术创新将其核心能力转化为核心产品和终端产品，从而满足市场的需要。相应地，企业的生态技术创新必然要以企业的核心能力为基础。

3. 生态化技术创新的发起者。企业家是技术创新的发起者，生态化技术创新的内外部影响因素只有通过企业家才能够真正对技术创新产生影响。企业家是商业活动的发起者，同时也是相应风险的承担者，他们具有强烈的创新意识，能够也有意愿运用所控制的资源来开展创新活动，可以在企业内部建立和完善适合于创新需要的文化和管理机制。同时，企业家也是项目层面的生态化技术创新的发动者。创新项目并不会自动启动，它需要企业家的发起，需要企业家组建相应的团队，并指导生态创新过程得以顺利进行。

（二）项目层面的生态化技术创新机制

企业的技术创新行为必然反映在企业的技术创新项目上，所以项目层次的技术创新机制是确保企业技术创新得以顺利展开和得到有效结果的重要环节，而前人的研究往往忽略了这一机制的重要性。

1. 完善的项目管理体系。技术创新项目比一般项目更加复杂，不确定性也更强，为了提高技术创新项目管理的效率和效果，有效利用有限的资源，必须从根本上提升企业的项目管理能力，建立起完备的项目管理体系，使整个企业的人力、组织和激励等措施向项目领域倾斜。

2. 注重知识积累的作用。资源是可持续发展的基础，也是可持续发展的限制条件，企业的技术创新是推动可持续发展的基础性力量，而知识积累是推动企业技术创新得以持续进行，联系资源与可持续发展的必要桥梁。知识积累不仅为企业的生态技术创新提供必要的智力基础，同时也是社会可持续发展的最核心资源，是当前知识经济时代社会进步和快速健康发展的最主要资源。

（三）国家层面的生态化技术创新机制

各级政府能够运用经济手段、法律手段和必要的行政手段，协调经济发展与自然资源和环境保护之间的关系，应该成为生态化技术创新的倡导者和推动者。

1. 需要制定国家的技术创新生态化政策和实施战略，促进产业生态化的产业政策、生态化技术成果的利益分配制度以及知识产权制度的建设。生态化技术创新的投资见效期长、风险高、投资大，要从财政、税收方面对技术创新生态化给予优惠政策，包括设立研究基金，实行效率较高的折旧制度、优惠的税费制度及低息信贷制度。要加强技术创新生态化的研究与开发的能力建设，并建立生态化技术鉴定和评估制度。

2. 要建立和保障一个公平的生态化技术市场运行机制。生产要素价格是企业技术创新取向的一个重要决定因素，自然资源与环境的稀缺性决定了企业有可能产生对技术创新生态化的偏好。这需要一个能够充分反映生态环境和自然资源成本的市场价格机制，使生态环境和自然资源成本内部化。

3. 要完善公众参与制度。绿色消费是一种重要的公众参与。在市场经济买方市场条件下，运用消费者的市场需求来调整企业对生态技术创新的投入是更为内在的、市场化的手段。应当建立、健全生态消费制度，注重引导绿色消费，对于顺应生态保护的商品和服务，采取各种奖励和支持措施；反之，应采取相应的惩罚性税费措施。此外，还应当建立相应的公众监督制度，保障公众获取生态技术信息和监督、评价生态技术信息，完善现行法律关于环境影响评价、公开听证、群众举报等制度以及新闻媒体的舆论监督制度。

六、生态化技术创新战略要注意同产业结构转型结合

（一）生态化技术创新是实现产业结构转型的有效途径

产业结构转型要求以可持续发展为价值取向，实现可持续发展的根本途径是技术的进步，尤其是有利于环境的生态化技术创新与发展。生态化技术的产生与兴起，是建立在对传统文明评判和反思的基础上的，体现了可持续发展的理论。生态化技术能节约资源，避免或减少环境污染，保护人体健康和人类赖以生存的环境，促进环境与经济、社会的协调发展。因此，生态化技术创新是实现产业结构转型的有效途径。它对促进产业结构转型的作用主要表现在以下两方面：

1. 生态化技术创新能促进工业产业升级。在市场机制的作用下，生态化技术能促进衰退产业的退出和新兴产业的兴起，促进工业产业的调整和升级。企业通过引进生态化技术、进行生态化技术创新，能提高技术水平，在市场竞争中取得竞争优势，抬高同类产品进入市场的门槛，刺激其他企业采用生态化技术、进行生态化技术创新，形成激烈的市场竞争。在市场竞争中，只有满足绿色需求的工业产品才会受到欢迎而生存下来，而不能满足环境要求又没有能力进行改进和创新的工业产品将会退出市场，直至消失，这样形成更大的竞争压力，促进传统工业不断

改进和创新，工业技术水平不断得到提高，形成新兴的产业以满足发展的需要，促进工业产业的升级。汽车产业就是一个典型的例子。随着生活水平的提高，在汽车消费明显增长的同时，对产品的性能要求也越来越高，即人们在选择经济型家用轿车的同时，越来越注重汽车的环保和节能性。这就促使我国汽车生产企业不断改进生产流程，生产环保节能新产品，以满足消费者的需求，而一些不能满足环保节能要求的汽车，如夏利轿车已经逐渐退出了市场。

2. 生态化技术创新能促进农业产业化进程，提高农村城镇化程度。我国农村人口比重大，农产品在国内生产总值中占有很高的比重。有些地区如山东等省的经济很大一部分来源于农产品出口所创造的利润，由于农药残留量达不到一些国家的要求，受到“绿色壁垒”限制的大量农产品被退回，严重影响到当地农民的生产效益和积极性。生态化技术创新能生产低污染的农作物所需的农药、化肥，促进农产品在生产和使用的过程中，减轻对水土的污染及对人类健康的危害，达到绿色产品的要求，降低农产品的生产成本，在国际国内的竞争中取得优势。我国海南省三维置业有限公司与中科院合作生产的“生物三维复合肥”将低度化肥与微生物固氮菌肥成功结合，大幅度降低了化肥的施用量，降低了对环境的污染。因绿色农产品在国际国内有很大的需求市场，能产生巨额的经济效益，形成资金积累的同时还能吸引大量的社会投资，使绿色农产品的生产形成规模，最终形成规模性产业，促进农业规模化发展的进程。农业生产形成规模，加大了农业机械化程度，促使农业从业人口减少，使过剩的农业人员向工业及服务业转移，带动农产品加工业和服务业的发展，提高农村城镇化的程度与水平。

（二）产业结构转型能促进生态化技术的创新与扩散

产业结构转型强调节约能源、提高资源利用率、减少污染、扩大清洁生产和加强生态保护，所有这些都有利于生态化技术的创新与扩散。产业结构转型是在政府宏观调控和市场机制双重作用下发生的，在转型的过程中，传统工业对生态化技术的需求能形成很大的绿色需求市场，为生态化技术创新提供巨大的发展空间，吸引企业进行生态化技术创新。与此同时，传统工业对生态化技术的需求也带来巨大的环保压力，促使企业经营者从产品设计开始就重视绿色创新，采用绿色生产设备、绿色原材料、绿色工艺和绿色包装等，进行生态化技术创新，生产满足人们绿色需求的产品，推动生态化技术的不断创新与扩散。目前市场上的绿色瓜果蔬菜、环保彩电、环保涂料及环保地板就受到了消费者的青睐，极大地推动了生态产业的发展，促进了生态化技术的创新与扩散。

第四章
生态企业制度创新

生态制度创新就是生态创新的重要社会形态，从这个意义上说，生态企业制度创新是生态创新的微观基础。生态企业制度创新是循环经济生态创新的重要内容与基本保证。生态企业是现代经济社会发展的基础，推动生态企业制度创新，就是要构建能体现可持续经济发展原则与要求的制度框架，形成有效的生态效益、社会效益、经济效益相统一的运行机制，并通过体制创新与生态创新相互作用与相互推动，确保经济社会的稳健发展。本章主要是从生态企业制度创新的内涵与特点、主要内容，以及实施生态企业制度创新战略问题等方面进行有益的探讨。

第一节 生态企业制度创新的内涵与特点

一、制度创新、生态制度创新与生态企业制度创新

（一）制度及制度创新

制度是管束人们行为的一系列规则，即以法令为主要表现形式的规

则和以财产让渡为内容的规定。制度学派最早将制度纳入经济发展理论分析框架。这一学派的代表人物主要是T. 凡勃伦、J. R. 康芒斯、W. C. 米切尔及其追随者。他们对制度的研究是从其定义开始的。在制度经济学和新制度经济学中，对制度的理解主要有三种观点：第一种观点认为，制度就是“组织”；第二种观点认为，制度就是“规则”；第三种观点认为，制度既是“组织”，又是“规则”。新制度经济学中较多学者比较赞成第二种观点。如美国新制度经济学学派代表道格拉斯·C. 诺斯认为，制度是一个社会游戏规则，更规范地说，它们是为决定人们的相互关系而人为设定的一些制约。又如，丹尼尔·W. 布罗姆利对制度的理解是，确定个人、企业、家庭和其他决策单位作出行动路线选择的规则和行为准则。[①] 环境制度经济学所指的“制度”也主要是从“规则”的层面上理解的（沈满洪，2000）。

最早把“创新”作为一个经济学概念加以定义并用于经济分析的美国著名经济学家约瑟夫·熊彼特，在其1912年出版的《经济发展理论》一书中指出，创新是生产函数或供应函数的变化，或者说把生产函数和生产条件的“新组合”引入生产体系中。具体来说，给定一个生产体系，创新意味着发生以下变化：（1）引进新产品；（2）引进新技术或新的生产方式；（3）开辟新的市场；（4）获得原材料或半成品的新来源；（5）采用新的组织机制和管理方式。从这些定义可以看到，熊彼特突出强调了两点：一是创新对于原有生产体系的冲击和突破；二是创新中既包含了技术创新，例如新产品、新技术等，也包含了制度创新，例如工业组织的变化。

制度创新是新制度经济学中的一个重要概念。新制度学家们对于这一概念的含义给出了不同的解释，但这些概念都包含了一个共同的内涵，即制度创新是社会规范体系的选择、创造、新建和优化的通称，包括制度的调整、完善、改革和更替等。它的原动力在于：作为国家和社会主

① 严立冬：《经济可持续发展的生态创新》，中国环境科学出版社2002年版，第138—139页。

体的个人、社团和政府都企图在这一过程中减少实施成本和摩擦成本，从宏观上谋取经济、政治和社会的最大收益，从微观上对不同主体的行动空间及其权利、义务和具体的责任进行界定，有效地约束主体行为，缓解社会冲突。戴维斯和诺斯认为，制度创新的主体可以分为个人、个人之间自由组成的合作团体和政府机构。但是，这三类主体在制度创新过程中的作用并不是处于同等地位的，在所有社会制度安排中，政府是最重要的一个，这是因为：（1）制度属于公共产品的范畴，尽管理论上来讲政府和私人都可以供给，但是，在实践和理论上，前者比后者更为有效；（2）许多制度创新和供给是一项巨大的工程，不是个人和团体力所能及的；（3）有些制度创新存在着巨额成本，并且会危及众多群体的利益，甚至使整个社会的短期利益也可能受到损害，所以，个人和团体不愿意进行创新。因此，在市场经济环境条件下，要推动循环经济的发展，还必须实施强制性制度创新，通过政府命令和法律引入，构建以约束机制为核心的风险共担机制，抑制企业过度滥用资源的欲望，加大对资源使用行为的制度制约范围与程度，明确企业对环境和资源保护的法律责任，把生态环境保护的外部效益内部化，对环境治理和资源再造的行为给予各种可能的政策支持，以形成良性的激励机制。

（二）生态制度与生态制度创新

生态制度，是指围绕绿色与经济可持续发展所作出的各种制度安排。可持续发展在一般意义上是指既满足当代人的需要，又不危害后代人满足其自身需要能力的发展。这种发展与传统的经济发展理论存在着本质的区别，即可持续发展强调的是两个观点：一是“只有一个地球”，经济发展要“天人合一”，否则难以持续；二是“明天与今天一样重要”，实质上是代际公平。因此，研究生态制度实质上是研究可持续发展。所谓制度安排是指制度因素的组合，主要涉及制度的内涵和生态制度因素。制度的含义在上面我们已经进行详细阐释，在此不再重复阐述，仅对生态制度因素做进一步探讨。

现代制度学派的主要代表人物、美国著名的经济学家加尔布雷思提出的生活质量论、权力转移论，为经济发展理论分析提供了新的思路。科斯和诺斯是新制度学派的著名代表人物，他们的最重要贡献在于将制度内涵从经济学角度予以解释，顺理成章地延伸到产权。从可持续发展的角度看，生态制度因素包括两大类型：一是强制性的制度安排，如通过法规、条例来约束组织和个人的环境行为；二是非强制性的制度安排，如通过宣传或教育提高组织和个人的环境意识。

在制度因素的组合中，强制性的制度安排是人们采用较早且普遍的一种手段，并且对此进行了较深入的研究，如“庇古税”。一般地说，人们对非强制性的制度安排重视不够，因为这种安排在某种意义上形同虚设。为了解决这个问题，人们进行了多方面探索，目前对非强制性制度安排至少可从以下三个方面考虑：（1）加强宣传和教育，强化人们的环境意识，这种宣传和教育对企业是必要的，对消费者亦不可忽视，消费者的生态消费意识的增强将迫使企业实施生态制度创新；（2）在理论上，科斯的交易费用理论是从经济利益的角度促使企业自觉保护环境；（3）目前 ISO14000 是一种通过自我负责、自我约束来取得相当理想效果的非强制性制度安排。

美国经济学家兰斯·戴维斯和道格拉斯·C. 诺斯，以熊彼特的创新概念为基础，提出了制度创新理论。这种理论的一个重要特点是把时序引进到经济过程。从事物的发展变化上分析经济现象，即重视过程分析、动态分析。因此，我们这里说的生态制度创新是个动态的概念，将随时间的推移，有个产生、发展和完善的过程。在这个过程中，也有个状态问题，即指这种制度对客观资源和环境的适应，可以分为两种类型：一种是建立；另一种是创新。所谓生态制度的建立，是指针对环境污染、资源耗竭、生态失衡，人类所作出的一种反应。这种观点符合制度学派理论。其反应有一个从低级向高级渐进的过程，亦符合人类的认识规律。

生态制度的创新，是指对生态制度因素进行新的组合使之较原有组合能创造更多的产出（价值）。这一概念强调两点：一是有效组织；二是经济效益，即能够使创新者或组织获得追加利益的现存制度的变革。

有效组织应能保证创新者预期纯收益大于预期成本，减少个人收益与社会收益之间的差异，激励组织或个人充分利用和合理配置各种资源，提高企业全要素生产效率，促进企业发展。因此，生态制度创新对推动企业经济发展具有重要意义和作用。生态制度创新的目的在于建立现代生态制度。实践表明，以“末端控制”为指导思想所实施的一系列生态制度是失效的，必须转变思路，以可持续发展理论为指导实行全程控制。这一概念有两层含义：一是从组织形态去理解，即把这种生态制度创新看作经济组织形式或经济管理方式革新和变化的一个过程。制度变迁理论的创始人道格拉斯·C. 诺斯在《西方世界的兴起》中指出，有效率的经济组织是增长的关键要素，西方世界兴起的原因就在于发展了一种有效率的经济组织。因此，有效组织是制度创新的关键，而有效组织是随着社会进步、经济的发展、各种矛盾斗争的产生和发展而变化的。因此，创造一个有效的生态制度因素组合是十分重要的。二是从经济效益去理解，可以将这种创新理解成能够使创新者（组织）获得追加利益的现存制度的变革。即一旦外界存在能给创新者带来“潜在利润”，创新就会出现，这是生态制度创新之所以在许多发达国家得以迅速发展的根本原因。生态制度创新强调建立一个高效的制度，即有效组织，以保证创新者预期纯收益大于预期成本，以此激励组织和个人充分利用和合理配置各种资源，并使其充分发挥功能，从而提高全要素生产效率，推动企业生态制度创新，促进循环经济的发展。

（三）生态企业与生态企业制度创新

从可持续发展经济学的角度来说，生态企业被称为“可持续企业”或“绿色企业”。它是指按照生态学和生态经济学原理，建立生态型生产经营管理体制，实行清洁生产，发展无毒无害生产工艺和综合利用技术，组织生态化的物质生产过程或服务过程，使整个企业技术工艺过程和经营管理过程生态化，变现代企业物质生产过程或服务过程为自然生态过程或纳入自然生态过程，形成生态生产和生态生活的企业化生态格局，使投入生产过程的各种自然资源和原料能源得到最优利用，极大提高资源能源利用率，减少乃至消除废弃物，成为一个投入少、消耗低、质量高、无污染而又生产出符合生产环境标准的产品的生态经济有机整体，实现企业生态经济良性循环与可持续发展。可见，生态企业是合理地、充分地利用资源，企业产品或服务在生产和消费过程中对生态环境和人体健康的负效应最小化乃至无害化，及其废弃物多层次综合再生利用的企业生产方式。它是一种可持续企业发展模式，是实现现代企业可持续发展的理想形态。因此，生态企业体现了企业生产技术体系和企业经济现代化的实质与方向。创建生态与经济一体化的生态企业发展模式，不仅是转变我国经济增长方式的微观基础，而且是转变我国经济体制的微观基础。它必将成为现代市场经济的微观主体和可持续发展经济的微观主体的有机统一体。生态企业反映了现代企业发展的正确方向和必然趋势。

21世纪，现代企业对生态环境的保护与建设以及可持续发展的观念，已成为测度一个企业、一个经营者、一个地区、一个国家现代化程度的准绳。21世纪的现代经济，应当是以生态经济为基础、知识经济为主导的可持续发展经济，可以把它形象概括为生态经济。加入WTO后，中国生态经济发展将进入一个新阶段，生态观念泛化就意味着可持续发展经济的思想，不仅改变了现代经济社会和现代企业的发展道路，而且已经升华为一种新的人类经济活动和企业生存的价值取向，一种新的企业经营准则。从21世纪现代企业发展的方向与道路的高度看，现代企业应该成为生态企业的必要性和迫切性，主要体现在以下四个方面：（1）现代企业是一种谋取生态、经济、社会三大利益的组织；（2）现代企业是优化物质、人力、生态三类资本的配置主体；（3）现代企业从可持续发展经济学的角度来说，则叫可持续企业，是创造物质、精神、生态三种财富的实践主体；（4）现代企业是实现生态环境保护、建设、管理的实施主体。因此，把现代企业建设成为生态企业，是传统的企业非持续经济发展模式向现代的企业可持续经济发展模式转变的唯一选择，是现代经济可持续发展在微观经济领域里的最佳实现形式，必将成为21

世纪现代企业发展的主导潮流。建设现代的生态企业重点就是进行制度创新，为企业发展解放生产力，创造发展动力。

二、生态企业制度创新内生化的必由之路

从我国的基本国情出发，根据资本主义市场经济发展的经验教训和国内外计划经济体制的历史教训，我国创建社会主义市场经济体制及其相适应的现代企业制度，既要有效地解决计划经济体制下，生态环境资源配置的“政府失灵”；又要成功地解决市场经济条件下生态环境资源配置的“市场失灵”，从而最大限度地提高市场配置和政府配置生态环境资源的有效程度，建立起高效的生态环境资源配置的现代市场经济体制及其相适应的现代企业制度。这在客观上要求我们创建具有中国特色的可持续发展经济新体制。在宏观上，它必须是生态与经济一体化的市场经济体制；在微观上，它必须是符合生态与经济一体化的现代企业制度，为可持续发展经济体制奠定微观基础。两者的有机统一，就是构建具有中国特色的生态市场经济体制。只有发展生态市场经济，才能使生态企业制度创新内生化，这是21世纪我国现代企业生存与发展的必然选择，是中国生态企业制度创新内生化的必由之路。这就为加强生态环境保护与建设、实现企业经济建设与生态环境协调发展提供了十分有利的机遇，主要表现在：

1. 发展生态市场经济，有利于提高资源配置与利用效率。众所周知，现代市场经济是一种有效率的经济体制，它具有有效配置资源的功能与有效利用资源的作用。从宏观方面看，它可以使各种资源在全社会范围内自由流动，寻求效益最高的用途或用项，将有限资源分配并投入到最能适应社会急需的产品生产上，实现社会资源总量的最佳配置及达到最合理的使用方向，发挥其更大的作用，减少和避免资源浪费，获得较好的资源配置效率。从微观方面看，它迫使企业面向市场，根据市场的需要和各自的条件进行组合，寻求生产要素的最优组合，实现生产过

程中对资源开发利用与生产要素之间的配置优化，并尽量减少资源利用成本，降低生产消耗，提高资源转化率，达到资源合理的、充分的、节约的利用，减少和避免资源浪费，获得较高资源利用效率。那种高消耗、高污染、低效益的企业在市场竞争中就难以生存与发展下去，这就为激发企业节约资源和防治污染的内在动力提供了可能和条件。

2. 发展生态市场经济，有利于企业技术进步，增强企业技术创新能力。在市场经济条件下，企业受到竞争的压力，按照少投入、低消耗、多产出、高效益的原则组织生产经营，这就迫使企业开展科技创新活动，大力采用先进技术，开发和应用节能省耗、污染少、效益高的生产设备和工艺，开发和应用有利于合理开发、综合利用资源的新技术，提高经济发展的质量，降低成本，以使企业在市场竞争中站稳脚跟。尤其是大力开发生态产品与生态技术，占领新的市场。

3. 发展生态市场经济，有利于深入贯彻环保法规，促进企业生态环境保护建设与经济协调发展。社会主义市场经济不仅要求企业的微观活动必须按照相关的法律、规则来规范自身的生产经营行为和生态环境行为，而且要求政府以有效的法制对市场进行规范，既要规范其经济社会行为，又要规范生态环境行为，促使企业自觉执行国家生态环境法规，加强企业生态环境管理，将可持续发展战略和保护改善生态环境的基本国策认真贯彻落实。

4. 发展生态市场经济，有利于企业参与国际市场竞争，与国际市场接轨。随着经济全球化的不断深入，国家的经济安全和生态安全（包括资源安全与环境安全），已成为国家安全的重要内容。在经济全球化的大背景下，国际市场对生态环境要求愈来愈高，生态环境保护不但功在社会，而且与企业命运直接相连。企业发展要面向世界，参与国际竞争，就必须密切关注国际消费市场上的生态浪潮，大力发展生态经济，全面开发生态产品，从各方面加强生态环境保护与建设，维持国家的经济安全和生态安全，企业才能在国际市场上具有较强的生命力和竞争力，立于不败之地。

5. 生态与经济一体化的现代市场经济体制的形成，市场化与生态化内在统一的现代企业制度的建立，有利于企业和政府在微观和宏观上为企业生态环境保护与建设提供保证与条件。在现代市场经济体制中，政企分开，企业成为自主经营、自负盈亏的法人实体和市场经营主体，并成为生态环境保护与建设的实施主体，从而确立可持续发展经济的主体地位；政府不直接干预企业的生产经营活动，采取间接的宏观调控手段，强化对企业生态环境保护工作的监督职能，引导企业走可持续发展道路。因此，随着各级政府转变职能，把主要职能集中在搞好基础设施建设、控制人口增长、保护自然资源和生态环境上，用政策指导协调经济发展与资源、环境、生态之间的发展关系，这就为企业实现生态经济协调持续发展创造了宏观条件。

当然，无论是传统市场经济还是现代市场经济，就其基本属性而言，都是市场机制在经济运行中占据统治地位，是资源配置的基本方式和经济调节的主要手段。市场经济的主体企业作为自主经营、自负盈亏和自我发展的法人，为谁生产、生产什么、如何生产、何时生产，均由企业根据市场供求状况和价格涨落自主决定、自主经营，以实现收益最大化。因而，在传统市场经济条件下，企业具有追求内部经济性的内在动力，将其费用转嫁给社会来承担和补偿，从而构成了社会成本；而企业缺乏追求外部经济性的内在动力，而很少关心或不关心由其造成的社会成本。若企业不从经济人转向社会生态经济人的轨道上来，而政府又缺乏抑制企业的外部不经济性的约束机制，在微观配置生态环境资源中的“市场失灵”和“政府失灵”就不可避免。

1. 企业追求内部经济性，尽力减少资源开发利用成本，采取外部不经济的经营方式，将生态成本外推，环境污染代价外移，向社会转嫁成本或攫取社会利益，以达到企业自身利益最大化，其结果就是更为严重地损害生态环境。

2. 环境保护与生态建设的生产物是生态产品，不同程度地具有整体有用性、全民共享性，不是以盈利为目标，而是以生态效益与社会利益为重，即使环境保护和生态建设有经济效益，但也是低于企业主产品的利润率。在这种情况下，从比较利益的角度看，会使得企业在生产经营中将有限资源投入到经济产品的生产，减少生态产品生产的投入，减少对环境保护和生态建设的投资，甚至把环境保护和生态建设暂时放在一边。

3. 由于市场配置具有局部性、短期性，比较注重眼前利益，尤其是短期的货币利益，忽视长远利益，而生态环境的变化对经济发展的影响则一般要经过较长时期才会有所反映，所以，在这方面存在着生态利益的滞后性、不可预见性与企业行为短期化之间的矛盾。

综上所述，只有发展生态市场经济，才能克服我国从传统计划经济体制向现代市场经济体制转变过程中的上述缺陷，消除企业生态成本外推的外部不经济现象，以达到企业内部经济性和外部经济性的紧密结合和协调统一，实现经济有效性和生态安全性的有机统一与协调发展。而创建生态成本与社会代价内在化的生态企业制度创新体系，则是发展生态市场经济，形成循环经济新体制的根本条件和基本保障，也是创建生态与经济一体化的现代市场经济体制和与之相适应的市场化与生态化内在统一的现代企业制度的内在要求。

三、生态企业制度创新的主要特征

生态企业制度创新实际上就是为了解决企业生态环境问题的社会规则，其主要特征表现在以下几个方面。

（一）生态企业制度创新能降低生态交易成本

新古典经济学认为，有效的市场只有在交易成本为零（或无交易成本）的情况下才存在。只有在无交易成本的情况下，交易者才能忽视制度安排，达到总收入的极大化。当交易成本存在时，制度就会起作用。换句话说，制度也可以降低成本，这是制度基本功能特征之一，也是生态制度创新最基本的功能特征之一。这主要是因为，生态制度作为制度的重要内容，也存在着交易成本问题。随着生态革命的兴起，生态经济已成为21世纪全球经济发展的主导潮流，生态市场制度被制定出来，引导生态交易人获得有用的信息，降低生态营销中的不确定因素，抑制人的投机行为，从而降低生态交易成本。

（二）生态企业制度创新具有生态经济效益

著名经济学家舒尔茨认为，制度的功能就是为经济提供服务。每一种制度都有其特定的功能和经济价值。生态制度与其他制度一样，其所执行的功能的经济价值实际上就是生态经济效益或生态经济价值。一般地说，生态制度所执行的经济价值功能，主要是由生态制度的供求关系所决定。因此，我们应该在生态经济理论的范围内，用生态产品供求分析来探讨生态服务的经济价值，以保证经济社会的可持续发展。

（三）生态企业制度创新能提供激励机制

所谓激励，就是组织通过设计适当的权益配置制度安排和制度环境，以一定的行为规范和惩罚性措施，借助信息沟通，来激发、引导、保持和规范组织成员的行为，使经济达到一种状态。在这种状态下，使它具有从事经济活动的内在推动力，从而有效地实现组织及其成员个人目标的系统活动。激励机制是指组织者为了使组织成员的行为与其目标相容，充分发挥每个成员的潜能而执行的一种制度框架。生态制度创新的激励机制主要包括生态产权制度激励、生态企业制度激励、市场生态化制度激励、政府生态引导制度激励等四个方面。

（四）生态企业制度创新有利于外部利益内部化

外部性是新制度经济学经常提到的一个概念，主要是从成本—收益的角度来探讨这个问题的。如果一个工厂“有权”污染，污染所引起的成本是由于补偿被污染者而造成的，则这种污染就是它的“个人成本”。但是“有权”或“无权”尚未确定时，成本或收益就无从谈起，从这里可以看出，成本和收益的界定就成为产权制度的结果。一些制度经济学家根据上述观点，将产权制度的主要功能定位在引导人们实现外部性较大地内在化的激励。建立排他性产权制度是人类社会经济发展史上的一个伟大的转变。实际上，建立排他性产权制度的过程也就是将外部性内在化的过程。

卢现祥教授在其《西方新制度经济学》一书中指出，产权制度及其相应的制度创新有利于将外部收益内在化，这是新制度经济学关于制度功能的一个重要观点。根据这一观点，生态产权制度及其相应的生态制度创新也将有利于外部收益内在化，这是生态制度创新的一个重要的功能特征。

第二节 生态企业制度创新的基本内容

狭义的企业制度仅指规范企业主体之间关系的权利与责任安排，及与之相适应的企业产权制度、治理结构、企业家及其人事制度、分配制度和财务制度等内容。企业制度是经济体制的微观基础，在不同的经济体制下，具有代表性的企业制度有所不同。根据生态环境与企业制度创新相互适应与相互协调的发展关系，我们把现代生态环境制度纳入现代企业制度之中，建立生态与经济一体化的现代企业制度。其目标模式，就是市场化与生态化内在统一的现代企业制度。它在本质上是我国可持续发展经济体制的微观基础。只有建立符合生态与经济一体化的现代企业制度，才能既适应现代市场经济发展的客观要求，又适应知识经济与可持续经济发展的客观需要。

长期以来，西方经济学认为，微观经济主体都是“经济人”（或新经济人），对企业经济活动行为的分析是建立在“经济人”理论假定之上的。这样，通过经济人的假定，使企业成为法人实体和市场主体。可持续发展经济学认为，微观经济主体都是社会生态经济人，对企业经济活动与发展行为的分析是建立在社会生态经济理论的假定之上的。这样，通过社会生态经济人的设定，就必然形成企业既是现代市场经济的微观主体，又是可持续发展经济的微观主体，即两者的有机统一体。这才准确地体现了现代企业是个生态经济实体，如实地反映了现代企业“生态—经济—社会”三维复合系统健康运行与可持续发展的全过程。因此，它需要构建现代企业“生态—经济—社会”三维复合系统健康运行与可持续发展的制度保障和机制保证。所以，应根据社会生态经济人的假定和与之相应的制度创新和体制建设，构建一套体现企业可持续经济发展原则与要求的制度框架，形成有效的企业经济与生态环境协调发展的运行机制，对企业各种非持续经济行为防微杜渐，矫枉扶正。能够满足这种要求的现代企业创新体系，应当是一项以知识为核心、生态为基础的制度创新体系；生态企业制度创新应当构筑以知识为主导、生态为基础的现代新型企业制度。这种现代新型企业制度的最佳形态，就是市场化与生态化有机统一的现代企业制度。

从实践上看，历史上西方发达国家的市场经济大都是以资源的大量消耗为代价的，是以牺牲生态环境为代价的，因而发达国家企业工业化与现代化走的是先污染、后治理的发展道路，这是在特定历史条件下形成的。如前所述，在当今西方企业界已进入生态转变的时期，一些先进企业发展生态经济，走生态企业建设之路，这已成为现代企业发展的最高目标与必由之路。这种现代企业发展的经验与教训，是值得我们高度重视的。从20世纪50年代以来，我国企业也是以资源的浪费与牺牲生态环境为代价来换取经济发展的。现在，我国企业生存与发展必须适应世界企业发展生态化的大趋势，再也不能陷入企业经济与生态环境恶化循环的“死胡同”。目前，我国企业生存与发展追求经济目标和生态目标的矛盾十分尖锐，企业经济运行过程中外部性经济导致的短期行为与内部不经济所产生的短期行为相互交织，必然会使资源浪费、环境污染、生态破坏。其深刻根源就在于目前我国普遍存在短期行为的制度安排，缺乏鼓励长期行为的激励性制度安排，尤其缺乏一整套实现企业可持续经济发展的制度框架和形成可持续发展经济行为的激励机制。这在客观上要求通过企业制度创新，提供形成企业可持续发展经济行为的机制保证，使企业成为名副其实的现代市场经济微观主体和可持续发展微观主体的有机统一体。按照以知识为主导，以生态为基础的现代新型企业制度的本质要求，构建的生态经济一体化的现代企业制度，应当是企业生态产权制度、生态经营制度、生态管理制度三者相互渗透、相互制约、依次递进、相互作用的现代新型企业制度，这就是市场化与生态化内在统一的现代企业制度。

一、生态产权制度创新

为企业从生态环境保护与建设角度规范企业经济活动与发展行为提供制度保障，形成强有力的产权约束，造就严格的与自觉的，进而充分的生态经济责任，能够有效刺激与规范企业可持续发展经济行为，为实现企业经济与生态环境协调发展不断注入新的活力，就必须进行企业产权制度创新。

生态企业产权制度创新的目的是产权关系明晰化和产权结构多元化。产权明晰是与产权模糊相对立的，一般来说产权模糊有两种情况：一是产权归属关系不清；二是指财产在营运过程中各主体的权利与义务不清，即各主体之间在占有权、使用权、收益权和处置权方面的权利与义务分解不清。对于我国的国有企业产权来说，其归属关系即企业的所有权在《中华人民共和国宪法》中被界定得十分明确，属于全民财产，因而说我国企业产权模糊应当是指上面第二种情况，即各主体之间在占有权、使用权、收益权、处置权方面的权利与义务分解不清晰，从而导致国家作为财产所有者不能有效地保护其财产的权利。那么什么样的国有产权制度安排才算是清晰的国有产权呢？一般说来，国有企业至少应当满足以下条件其产权关系才是清晰的：（1）通过明确企业的债权债务关系、注册资本及其相应的权益，界定企业产权的归属主体；（2）产权主体吻合“经济人”假说，即产权主体追求资产的保值和增值；（3）明确界定产权归属主体享有的权益及承担的责任；（4）企业产权具有排他性；

(5) 具备有效的激励约束机制，既能使产权经营主体在利益动机的刺激下自主地支配和转让企业产权，又能使出资人对产权经营主体的行为实施有效地监督，从而在企业内形成各参与者之间的互利制衡机制；(6) 法律制度能对产权实施有效的保护。只要国有企业的产权安排符合以上特征，就可以被认为其产权是清晰的。

要素和产品相对价格的长期变动是历史上多次产权制度安排变迁的主要原因之一。某种要素价格的上升，会使这种要素的所有者相比其他要素而言能获得相对多的利益。一种产品价格的上升，将会导致用来生产这种要素的独占性，包括建立更明确的排他性产权，使用更具有吸引力。在人类的历史上，相对价格变动在提高资源配置的效率方面，往往伴随着产权及制度变迁，不仅不能提高资源配置效率，反而可能导致资源的更低效使用。从可持续发展的视野看，无限制地使用资源，将会导致资源利用的不可持续性，并导致资源的枯竭。目前世界上最大的“公共资源”要算公海的水产资源，现在只有少数发达国家有技术、有能力到公海捕鱼，一些国际组织与这些国家就捕鱼的数量、时间等达成一致协议。但目前到公海去捕鱼的国家数量增加，这样，达成协议的交易费用就会大大增加，过高的交易费用可能使任何协议都难以达成，这将是国际社会未来面临的主要难题之一。

二、生态经营制度创新

生态与经济一体化的现代新型企业制度，必须具有三大运行机制：一是有效的激励约束机制，二是合理保持经济持续增长的资源配置机制，三是有力保障企业经济与生态环境有机统一与协调发展的协调机制。生态经营制度、生态营销制度、生态生产制度、生态技术制度、生态投资制度、生态分配制度等制度的建立与实施，为生态环境系统在企业生产、交换、分配、消费的再生产全过程提供一种有效的机制保证，并使企业生存与发展对生态环境产生一种内在的需求，从根本上克服企业经济与生态环境相脱离的“两张皮”问题，形成有效的企业经济与生态环境相统一的运行机制和动力机制，即形成有力保障企业可持续发展的协调运行机制。

（一）生态企业治理结构创新

从现有的理论和实践看，企业治理结构的创新更多地表现为对企业所有权有效率的安排，因为治理结构本质上就是在既定的财产所有权格局下，如何有效地配置企业所有权。现代企业理论证明，一个有效率的企业治理结构必然表现为剩余索取权与控制权的对称性安排，这种对称安排或者是集中式的，由某个产权主体如企业主或工人掌握；或者是分布式的，由多个产权主体共同掌握。张维迎认为，企业所有权安排形式的多样化从动态的角度看具有状态依存性，也就是说，相对于不同的企业经营状态，对应着不同的企业所有权安排。这也意味着，当企业的现存既得利益被打破时，其中某产权主体的利益受损，就必须启动某种机制，自动地赋予受损方保护自己权益的机会与权利。因此，拥有企业所有权分配的支配权就显得特别重要。因为受损方只有掌握了这种支配权，才有机会重新配置企业财产，以弥补其损失。如果不存在事前的法律规定，企业所有权分配的支配权的让渡就必须依靠产权主体之间的谈判来完成。然而，信息不对称、“强权界定产权”现象、集体行动的失败等都可能造成其中一方剥夺另一方或多方的支配权，或者其中一方或多方面临交易成本的约束被迫放弃对支配权的要求。要防止这些不良后果的出现，必须有一套制度来确保支配权的顺利让渡，并保证让渡的有序性。其基本原理为：一个企业在营运过程中，由于主客观原因显露出企业经营陷入危机的信号，如销售收入持续下降，股利持续低水平，过高的负债率，经理人员或董事有玩忽职守、贪污行为等。为实现资本保全，利益相关者要求重新分配控制权，如改组董事会、更换经理人员等。当这一请求得不到满足或效果仍然不合意时，治理程序转为破产程序或诉讼程序。这套制度就是“相机治理机制”。一个完整的相机治理机制包含相机治理的主体、信号和相机治理程序三个要素。

(二) 生态企业人事制度创新

企业家及其人事制度的创新主要集中在两个方面：一是探讨转型后形成的国有企业的“经理”的激励与约束机制；二是从市场经济的角度探讨企业家的供给和需求机制。前者将我国的国有企业作为研究的切入点。在我国，全民所有制是一种生产资源归属于全体劳动者的公有产权制度。由于资源的稀缺性，当其为全体成员所拥有且不能明确个体成员产权的边界时，追求自身效用最大化将导致公有财产的过度使用，并且“搭便车”行为最终会使公有财产的租金价值为零。全民作为财产的终极所有者和唯一拥有者，无法通过行使“放弃权”来克服以上缺陷，而且制定约束每个成员的规则的成本过高，因此，由国家来代理全民行使公有产权就成为必然选择。为了更好地管理企业，建立自上而下的授权链成为一种理性选择，即国家把国有产权的控制权依次授予各级行政机构，企业只是政府的附属机构。上级政府成为国有产权的委托人，下级政府成为代理人，并且政府官员成为行使国有产权的自然人选。又由于国有企业的产权不能分解到任何具体的个人，所以就不能向成员个人进一步地追溯产权。由此造成，一方面，初始委托人不是剩余的直接索取者，缺乏对国有产权监督的积极性，国有企业成为“没有最终委托人的代理人”；另一方面，国有企业对于最终代理人来说，处于“财产所有者缺位”状态，使拥有剩余索取权的国家成为非风险中性者。所以，如何激励企业经营者的经营积极性和如何约束企业经营者的“道德风险”成为国有企业的企业家制度创新的双重任务。

现实的企业家数量是由供求两方面力量所共同决定的。所谓企业家的供给力量，是指一定社会背景下社会成员愿意并且有能力从事创立企业活动的力量。一方面，企业家的供给取决于社会成员想成为企业家的志趣、家庭传统、教育和经验的积累等因素；另一方面，取决于个人可以抵御一定程度负债风险的货币资本和物质资本的积累。在企业家的需求力量方面，从最宽泛的意义上说，只要一种经济是需要通过企业生产来获得和满足生活需求，该经济就需要企业家。但是，企业和企业家作为市场制度的一种体现形式，其被接受的程度受到一定社会的现行经济制度和政策的制约。决定企业家需求力量的经济制度和政策包括如下基本内容：(1) 市场经济制度确立的程度。(2) 创立企业的“制度门槛”的高低。在我国，创立新企业至少还存在企业创立者的身份条件、创立企业的能力资格和支付各政府监管部门的额外成本这样三道门槛。(3) 企业家的产权受到保护的程度。在一个健全的产权体系中，任何一项产权的产权权利和产权责任都是对称的。只要一项经济行为尽到其产权责任，那么其产权权利就必须受到保护；否则，该项经济行为就会萎缩至消失。目前，我国一方面是企业家的剩余索取权制度或真正的“年薪制”尚未建立起来，企业家“多劳”不能“多得”；另一方面是企业家积累起来的个人资产没有明确而具体的法律保护规定，使成功的企业家存在“怕富”的不稳定心理预期，致使企业创新行为变形。

按照均衡分析的“短边决定”原理，虽然我国企业家的需求力量很强，但是较弱的供给力量决定了我国的企业家均衡存在的数量非常少。我国缺少企业家，可能就在于对企业家供给的制度性约束。如果能克服这一障碍，我国循环经济发展与经济增长将会以一种新的面貌出现。

（三）生态企业分配制度创新

企业分配制度创新的研究可以概括为“一个问题的两个方面”。一个问题是如何分配才能体现效率与公平原则，最大限度地激励企业各参与者的积极性。两个方面体现为：一是如何看待企业中人力资本与非人力资本对企业所有权的分享；二是如何正确理解按劳分配与按要素分配。前者以现代企业理论为工具，认为市场里的企业是一个人力资本与非人力资本的特别契约，正是因为企业合约包括了人力资本的参与，才保证了企业的非人力资本的保值、增值和扩张。现代股份公司引起企业产权结构的真正重大变化，是人力资本在现代企业里的相对地位急剧上升以及纯粹的财务资本的相对重要性下降。一方面，在当代企业表现形式上，人力资本的专门化达到前所未有的高度，各种人力资本的利用，如一般劳务、专业技能、管理和各种企业家才能等，都能变成独立可交易的要素进入企业合约。由此而来的，是人力资本与非人力资本之间的企业契约变得极为精巧和复杂。另一方面，各种人力资本及其所有权在契约里的竞争与合作，发展出多种多样的超越“古典企业”时代的新组合和新形式。如何发展“激励性契约”，日益成为当代保持企业竞争力和生产力的中心问题。在这一问题上，马克思提出的逻辑前提是商品货币关系已经消亡，个人的劳动已具有直接的社会性，因而社会在再生产过程中已经能够直接计量和直接分配社会的总劳动。由此，在个人消费品的分配上，才有可能根据每个劳动者提供的劳动量，以劳动力的方式来使等量劳动得到等量报酬。应该看到，在马克思经济理论的逻辑体系中，商品货币关系不复存在这一前提对实行按劳分配的原则来说具有重要意义，而按劳分配正是商品货币关系已经消亡这一理论假定的必然结果，它必须也只能在这一前提下才能完全实现。如果个人劳动还不具有直接的社会性，社会还不能以劳动时间的简单标准直接测量出社会总劳动在每一种产品生产上的社会必要劳动，那么真正意义上的按劳分配就是不可能的。现实社会主义的按劳分配与经典意义上的按劳分配有不同的内涵。社会主义现阶段的按劳分配只能是按劳动力价值分配。按照马克思的分析，构成劳动力价值的因素不外乎三个：一是维持劳动者自身生存所必需的生活资料的价值；二是劳动者繁衍后代所必需的生活资料的价值；三是劳动者接受教育训练的费用。这三个要素共同构成劳动力价值，劳动力价值的价格形态即工资，从理论上说，工资是消费基金，应该在劳动力再生产过程中被消费掉，否则，劳动力的维持、发展、延续就要受到影响，劳动力就会萎缩。也就是说，按劳动力价值分配所得的工资是要被劳动者消费掉的。工资是成本的一部分，不能当做劳动者个人资产收入，这是劳动力再生产的必然要求。

按要素分配，按照传统政治经济学的观点，生产要素主要是指资本、土地等要素。这些要素虽然不是价值创造的源泉，但它们是价值创造不可缺少的条件，所以根据谁投入、谁受益的原则，要素投入者可根据投入的多少来相应分享利润。在生产过程中，还有一种重要的生产要素就是劳动力。如果没有劳动力的参与，任何价值和财富的创造都是不可能的。所以从这个意义上说，劳动力作为重要的、起决定作用的生产要素，必须实现资本化。因此，按劳分配与按要素分配相结合可以理解为：按劳动力价值分配，劳动者得到劳动力再生产所必需的工资；按劳动力要素分配，劳动者的劳动力作为一种生产要素所分得的是利润。

（四）生态企业财务制度创新

财务制度创新体系作为生态企业制度创新体系的主要内容之一，构成了企业创新体系的基础和前提。可以说，任何层次的创新都无不与其他层次的创新及其相关活动发生互动和影响。对于生态企业财务制度创新体系而言，其内部构成要素在既有结构下的创新，一是源于内部动力，二是来于外部压力，最终目的是能够改进和提高企业内部效率，并通过传递机制对其所处的经济体制产生影响和压力，从而改变企业的外部效率环境。企业外部环境效率的改进，反过来又促使生态企业财务制度内部进行不断创新，提高效率，以适应环境的变化和发展。这种互动关系一方面表现为在一定效率预期区间内的渐进性创新和效率的提高，即量的积累；另一方面表现为突破现有结构的根本性创新和效率的提高，即质的飞跃。

三、生态管理制度创新

生态管理制度创新即为生态经济与可持续发展经济管理制度，这是把生态环境资源纳入到规范企业经济活动与发展行为和考核企业发展绩效中去，有效地实现企业经济可持续发展，最终建立起市场化与生态化内在统一的现代企业制度。这是生态企业制度创新内生化并实现企业循环经济发展的必然进程。

（一）管理理念的创新——生态管理理念

随着经济的发展和人民生活水平的不断提高，人们的消费需求也在不断变化。企业管理理念也先后经历了从数量扩张阶段到质量扩张阶段、再到服务扩张阶段的转变。众所周知，工业生产在为人类社会创造财富的同时，也给人类的生存环境带来了巨大的威胁：不可再生资源日益短缺，自然灾害频发，各种污染、有毒有害化学物质的排放日益加重，已经直接危及广大人民群众生产生活和子孙后代的生存问题。能够喝干净水，呼吸新鲜空气，吃放心食品，享受生态环境，已受到消费者的广泛关注。人们对自己的生存条件、产品安全、周围环境越来越重视，生态消费要求也越来越高。与此同时，在经济全球化的浪潮下，关税壁垒作用日趋削弱，而以生态壁垒为代表的非关税壁垒问题正日益突出。欧美等发达国家要求产品从研发设计、生产到流通、消费、循环利用等各个环节都必须符合环保标准。生态消费和发展循环经济已成为21世纪经济发展的潮流和趋势，这给现代企业管理提出了巨大的挑战。

鉴于目前的情况，企业以“质量”、“服务”为主要管理目标的管理理念，已经不能适应循环经济发展的要求，必须对其进行改进和创新，建立适应循环经济发展要求的生态管理理念。纵观世界企业的发展，生态管理已是未来企业经营管理的必由之路。企业要通过构建生态管理体系，强化生态消费与市场竞争理念，提高科技水平，从而使企业资源利用效率最大化，“三废”排放及环境保护最优化，产品生产生态化。企业要通过建立和完善统计评价指标体系，建立生态企业经济效益核算体系，将企业生产对环境造成的负面影响反映到经济核算中，以更加客观、公正综合地反映企业经济利润、资源利用、环境保护等情况，使企业通过循环经济模式实施管理创新，这是企业管理理念上的一大突破。

（二）管理文化的创新——人与自然和谐发展

管理文化体现了企业全体员工的核心价值观，是员工行为的指南。它能够有效地规范员工的行为，激发员工内在的工作潜力，提升企业的精神文化内涵。放眼全球知名企业，内部关系和谐、相互协作交流、知识共享一直是他们得以成功的关键。然而针对于我国人均资源占有率低、资源相对缺乏的现状，企业必须将与自然和谐发展上升到一个新的高度。循环经济模式的出现正好适应了广大企业进行管理文化创新的需要。循环经济的目的就是要提高资源利用效率，减少对环境的污染，缓解经济增长给环境带来的巨大压力，实现经济效益与社会生态效益的协调。循环经济中，人与自然和谐发展这一主题很容易为企业员工所接受，成为员工新的价值观念，进而形成企业新的管理文化。管理文化的这一创新有助于培养员工注重节约、爱护自然资源、杜绝浪费的品质，有利于提高产品质量、改善服务水平、充分利用现有资源、塑造生态环保的企业形象。

（三）管理目标的创新——"三大效益"的有机统一

传统的企业管理强调通过对现有自然资源的充分利用，来实现经济利润的快速增长和企业利润的最大化，将企业的经济利益放在第一位。企业过分强调经济利益的管理目标带来的一个严重后果是，对现有资源的掠夺性开采和粗放型的生产经营方式，虽会给企业带来短期的经济效益，但也会造成生态失衡、污染严重、环境破坏等问题。而环境和资源所承受的压力又会导致经济、社会与环境系统难以持续协调发展，最终也会影响到企业的长期发展。循环经济强调经济、社会系统与环境系统的协调发展，要求企业在追求经济效益的同时也要重视生态效益，以实现经济效益与生态效益的协调和互动为目标，把环境保护作为企业生存和发展的基础之一，实现企业和生态环境的整体优化。随着人们对环保问题和生态消费的日益重视，市场对企业的环保行为也提出了更高的要求。那些发展循环经济、实行清洁生产、集约型生产的企业能在市场竞争中树立良好的企业形象，良好的环境管理成为赢得企业竞争优势的关键因素之一。因此，在循环经济发展模式下，企业管理的目标不再是单纯追求经济效益，而是追求经济效益、社会效益、生态效益的统一，这是循环经济生态创新发展的内在要求。企业只有顺应时代经济发展的潮流，在循环经济模式的基础上大力开展管理创新，才能在激烈的市场竞争中立于不败之地。

（四）管理方法的创新——3R 制造管理法

构建生态型企业需要企业实行 3R 制造管理。循环经济的"3R 制造管理法”是由美国杜邦化学公司借鉴生态循环而首先创立的，即要求企业在生产管理中投入原料减量（Reduce）、废弃物再利用（Reuse）和原料循环利用（Recycle）。减量化原则属于输入端控制方法，目的是在生产中用相对较少的原料和能源投入达到既定的生产目标，从而在经济活动的源头就注意节约和减少污染；废弃物再利用属于过程控制方法，是为了提高产品和服务的效率，要求产品和包装物能够以初始的形式被多次利用；原料循环利用属于输出端控制方法，是通过把废弃物再次变成资源以减少末端处理负荷，要求企业生产出来的产品在完成其使用功能以后能够重新变成可以利用的资源。

（五）管理思想的创新——企业联盟合作

企业一直将竞争作为其管理思想的核心，采用各种方式展开竞争。与同行业企业的销售竞争、与上游企业的原材料采购的议价竞争、与下游企业的产品代理竞争，以至于越来越多的企业陷入恶性竞争的陷阱中不能自拔。而企业间开展合作也只限于一些微观层面，实质意义上的全面合作很少。循环经济模式给企业间合作指明了一条新的道路。企业在科学技术研发方面资金有限、回收期长且风险高，因而企业间可以成立合作研发中心，共同研发高新技术来提高资源的利用效率和开发新产品，减少对环境的破坏程度。在技术上也可以相互引进、强强合作、优势互补，利用对方先进的技术来提高生产效率并减少有毒、有害物质对环境的污染。同时，加强与下游企业的合作，使企业的废弃物成为下游企业的原料与资源，以此为基础建立企业间物质、能源的相互转移与供求体系，以确保物质和能量在企业内部、生产环节以及整个社会循环流动。

（六）质量管理标准的创新——ISO14000标准

传统的工业生产是通过单一产品实行批量化生产，从而达到提高生产效率、降低成本、获取利润的目的，但这样片面追求标准化的生产容易造成投入原料的大量浪费，不能够加以循环利用。而循环经济的生产必须向多样化、小批量的柔性生产转换，即向新的ISO14000系列标准转换。质量是产品的生命，也是企业赖以生存和发展的基础。传统的

ISO9000质量标准仅仅是在企业内部保证和提高产品质量。而ISO14000系列标准把对企业产品质量的管理扩大到包括企业生产环境的大系统，即企业不仅要在内部保证和提高产品质量，还要保证外部的环境质量。这就要求企业尽可能地减少投入自然资源，实行清洁生产，尽可能减少排放废弃物，同时还要保证其产品的使用寿命周期，以减少产品消费后的废弃物。ISO14000质量认证体系实质上是对企业管理和产品生产提出了循环经济的要求，即从循环经济大系统的理论出发，要求产品生产的经济效益、社会效益和环境效益的统一。这有利于促进企业向生态型生产和有益于环境的高科技投资，使企业内外部效益有机统一。

（七）管理手段的创新——清洁生产企业

传统的污染防治手段主要采用末端治理。末端治理就是要对企业生产排放的废弃物进行处理，需要投入大量资金用于消烟除尘、废水处理、废弃物填埋等末端处理设备的建设投资。这些昂贵的治污成本在相当程度上抵消了经济增长带来的利益，却并未从根本上减少污染物的产生与排放，从而使企业陷入了边污染边治理、边治理边污染的恶性循环中。这种污染治理手段已经越来越不适应环境保护的要求，也不利于企业的长远发展。与此相比，清洁生产强调对生产全过程中污染的控制以及产品生命周期中污染的全过程控制。清洁生产的核心是从源头抓起、预防为主、生产全过程控制，即要求企业通过不断加强管理和技术改进，从产品设计、原材料投入、产品生产、产品流通、产品消费、废弃物回收处理及循环利用等环节，提高资源利用效率和减少废弃物的排放。清洁生产的目的是使企业的管理水平、资源的利用效率，以及废弃物的处理能力都得到很大的提高，并将企业内部的废弃物通过整个产业链来处理（如废弃物可以作为下游生产企业的原材料来源），实现资源的可持续利用，形成共生企业之间或产业之间的生态企业网络，建构区域和整个社会的废弃物回收与再利用体系。这种管理手段从传统的“堵问题”、“防问题”开始转变到全面解决问题上来，是保护环境的治本措施。为此，企业需要组建完整的环境管理组织，实行企业内部分级管理、全员参与；

充分利用企业各个职能部门的力量，调动广大员工的环保积极性；层层落实生态环境保护任务，建立企业生态环境目标责任制，并对产前、产中、产后各个环节进行严格监控；建立资源生产率、消费率、回收率、循环利用率与循环经济评价指标体系及相关制度，确保企业内外部协调有序的运行，把企业的生产经营责任与生态环境保护责任有机结合起来，建立全方位的环境管理运行机制，变管理单一经济系统为管理生态经济系统。

第三节　实施生态企业制度创新战略应注意的问题

生态企业制度创新实际就是企业制度创新的绿化，主要是指在生态创新过程中，能够使创造者通过生态制度因素的变革与组合，获取最大的潜在效益，从而产生一种更为有效的制度变迁过程。实施生态企业制度创新战略，对加强生态环境建设，改善生态环境条件，促进国家生态、经济、社会三维复合系统的健康运行与可持续发展有着重要的意义。为了推进生态企业制度创新战略的全面开展，构建和完善生态创新机制，当前应该注意和重视以下几个问题。

一、正确处理企业个体和社会整体、眼前利益和长远利益的关系

在市场经济条件下，企业生产经营活动与各种不同经济利益载体的关联程度很不相同，可能使企业为了从生态系统中谋取更多的经济利益，忽视社会生态利益（即整体利益）。企业掠夺性经营和大量消耗环境资源任意排放废弃物污染环境，在谋取自身经济利益的同时，把造成的生态损失转嫁给社会和公众，使企业的经济性转变为社会的不经济性，导

致企业经济利益和社会生态利益的矛盾尖锐化，最终对生态造成根本性的、难以恢复的破坏，从而使自身发展难以为继。因此，生态企业必须遵循生态整体性原则，强调整体效益最高，将这种矛盾性转化为一致性。

二、改变企业外部不经济的生产经营方式

企业的直接生产经营目的是追求企业内部经济性，也即利润的最大化。由于企业的经济效益与外部影响或生态环境密切相关，而且在一定条件下，经济资源与生态资源有替代关系，企业为了取得最大限度的利润，就会在其掌握的范围内，尽可能利用不计成本的社会生态资源，来替代其货币成本，或将其污染的液体、固体、气体等有害物质不加处理地向外排放，从而节约治理费用，减少货币成本，以增加利润。这是外部不经济的生产经营管理方式，它追求和实现企业内部经济性，将其费用转嫁给社会来承担和补偿，使企业成本即生态成本外在化。具有直接责任的企业只分摊了成本中很小的一部分，而那些不这样做的企业由于分担了这些企业外部不经济生产经营管理方式所产生的社会成本，导致其在竞争中处于不利的地位。为了避免这种不利的后果，企业都采取同样的外部不经济生产经营管理方式，在更广泛的范围内形成了生态经济的恶性循环。这种微观生态经济管理方式导致的恶果，必然导致宏观经济的崩溃，反过来又必然损害企业的发展。

三、实现企业生产工艺的生态化

企业的发展模式应模仿自然生态系统的物质和能量循环，技术工艺不仅应遵守物理、化学规律，还必须考虑到不能违反生物学、生态学的原理和规律，即要考虑到节约资源、减少废弃物和有毒物排放，从而实现经济和生态环境之间的协调。实现企业生产工艺的生态化，使每一种自然物的价值都得到体现，建立对原料的循环利用链，减少资源消耗，

提高资源综合利用效率，同时将一个生产程序的废弃物变成另一个生产程序的原料，使污染物吸纳在生产过程中。如日本丰田汽车公司将回收利用纳入设计工艺，使每部报废汽车75%的零部件都能被回收利用；加拿大用造纸废液生产甾族化合物；芬兰利用造纸废弃物生产青霉素蛋白。生态技术不仅产生了很高的经济效益，而且具有很高的生态效益，既帮助企业树立环境保护形象，又强化了企业在市场中的经济竞争力。

四、建立生态企业制度创新的激励机制

生态企业制度创新的激励功能与制度体系，应该包括产权激励、市场激励、企业激励和政府激励四个方面的内容。

产权激励主要是指通过生态创新者预期创新成果或创新收益的所有权关系来推动生态创新活动。有效的生态产权制度是一种最经济、最持久的生态创新激励机制，能使生态创新者与生态创新成果之间建立最直接的经济关系，是生态创新者的收益率不断接近社会收益率的基本条件。生态创新者收益率接近社会收益率的过程，也是社会所有权制度和分配制度不断完善的过程。

市场和产权一样，是一个实施费用低、效率高的激励制度。市场的最大功能在于其能自发地培育生态创新，市场化过程实际上是一个对生态创新进行组织的过程，即通过市场交易制度及其他市场经济制度对生态创新者产生激励。一般地说，市场通过消费者对生态产品的认可和欢迎程度，公平地决定着生态创新的创新效益。同时，市场还可以减少生态创新的不确定性，其自身又可对生态创新进行保护，为生态创新提供持久的动力。

从企业产权制度的发展来看，生态产品生产者或企业由于其产品受到消费者的喜爱，享受了一系列的优惠政策，因而其在生产规模、融资渠道、风险承担能力上有巨大的优势，成为生态重大创新技术的发生地。同时，通过对生态创新生产单位或企业利益分配机制的调整带动其内部

产权结构的重新分配，形成良好的生态产品生产者与经营者之间的治理结构，并充分发挥企业管理制度在降低生态产品生产成本、交易成本，提高生态效益方面的巨大作用。

政府激励是一个非市场激励机制，主要是解决与生态创新密切相关的法律、税制、政策等不能由市场自身去解决的问题。在生态创新的过程中，政府激励主要是用以弥补市场导致的生态创新水平与社会最优创新水平之间的不足。其采取的政策手段包括：大力发展生态教育，制定生态科技发展战略、金融政策、税收政策、奖励发明创造的政策等。

五、重视生态企业管理制度的创新性安排

1. 生态企业管理制度创新是对其自身加以完善的需要。生态企业管理制度创新，不仅是对其自身合理因素的保留，而且也意味着对生态环境资源投资不足、产权不清、效率低下等生态企业管理制度中缺陷的克服，对生态环境资源产权安排中交易的有限性、生态资源定价管理的行政性、生态资源维护管理非规范性等弊端的克服，同时还将兼容一些新的制度因素。因此，通过创新，可以使生态企业管理制度顺应社会主义市场经济发展的要求，通过明晰产权，明确各产权主体的责、权、利，调动各方面的积极性，建立有效的激励约束机制和必要的竞争机制，从而构建运行有序、管理高效的生态企业管理制度体系，实现对生态企业管理制度自身的完善。

2. 生态企业管理制度创新是实现生态资源可持续利用的需要。根据新制度经济学的观点，技术创新和制度创新作为促使生态环境资源可持续利用的两种主要手段所发挥的作用是不一样的。其中，制度创新的作用是根本性的。一方面，尽管技术创新是实现生态环境资源可持续利用的主要因素之一，但若没有相应的制度创新加以配套，技术创新将会因缺乏有效的激励而难以进行；另一方面，制度创新还将通过改变生态环境资源管理活动参与者的行为约束规则来塑造出新的激励或动力机制，

激发生态环境资源管理活动参与者的积极参与和进行技术创新的动机，以此来为生态环境资源的可持续利用创造新的制度条件。

六、注意生态企业制度创新的制度环境建设

（一）促进产权的多元化，优化产权结构

产权明晰是权责明确的基础，产权明晰是现代企业之本。在我国，由于长期计划经济体制的背景，导致大部分企业“出身”于国有企业，产权不明，经营者责、权、利不匹配、分配制度不合理、激励体系带有严重的行政性而缺乏经济性，产权制度已成为制约企业良性持续发展的一个重要因素。对于产权关系长期含混不清的大多数企业来说，推进产权制度创新，加快明晰产权，已成为企业制度创新的首要环节。对于我国“出身”于国有企业的大多数企业而言，实施产权制度创新，主要以股份制改革为重点。通过规范的股份制改革，发展多种所有制经济，实现投资主体多元化，进一步实现产权结构多元化（或社会化），从而达到产权明晰。对于政府要控制的特殊性质的国有企业不一定都要求采取独资或绝对控股的方式控制，而是要选择有利于产权结构多元化和产权清晰的方式，在控制中激发企业活力。对于其他一些企业，不能简单地采取同一模式，要从实际出发，采取改组、联合、兼并、租赁、承包经营和股份合作制、出售等多种形式促进其产权制度改革，进一步放开搞活这些企业。目前，我国多数国有企业现已在竞争性行业中进行股份制改制，或通过吸收外资、国有民营、职工持股等多种形式促进国有企业产权结构多元化，这将推动国有资产的产权以资本的形式实现产权的流动和重组，不仅明晰了产权，而且优化了产权结构。产权制度创新是企业持续创新的关键，企业通过成功实施产权制度创新，实现能刺激个人动机的有效的产权制度安排，为从事经济创新活动的企业人员提供激励，这将有力推动企业持续不断的创新。

（二）培育企业生态创新文化

创新是企业重要的经济活动，是在该企业内所特有的创新文化环境

中进行的。创新文化是一个有利于创新活动的价值观念、行为准则和社会环境的综合体。加强培育浓厚的生态创新文化可明显增强企业生态创新动力，对推动企业不断实施生态创新起到积极促进作用。企业创新的发起与组织者以及承担者是企业家，企业家是企业生态创新的核心与灵魂，是企业家通过积极发动与组织企业创新人员和员工，实现创新的精神。因此，应营造浓厚的创新文化氛围：首先，激发其创新热情去努力实施并成企业家要具有强烈的“企业家精神”去感化生态企业其他人员，提高他们的创新热情，激发他们创新思想。其次，努力改变企业内部人员对创新的态度与观念，消除他们对不确定性大、高风险创新活动的一种本能的恐惧和抵制，增强他们的创新意识，使他们普遍接受不断生态创新是企业持续发展根本途径的理念。再次，加强推行创新教育和开展创新培训，使企业内部人员能够掌握有助于创新的新知识、新技能，提高他们创新水平与能力。最后，通过给企业内部从事创新的人员一定的承认和奖励，来倡导与鼓励创新，充分挖掘其创新潜能；另一方面，当创新失败时，不去责备创新人员，而要认真分析失败的原因，从中吸取教训，学习经验，为以后创新做更好、更充分准备。积极培养他们创新精神，将创新精神渗透到生产经营各个领域；同时，提高企业全员的生态环境保护意识，强化生态生产经营理念，树立生态企业形象，在企业创新活动过程中，减少能源、原料的消耗，降低生产排放物对生态环境的危害，注重生产与供给优质的、对消费者的健康无损、无公害、无污染或低污染的生态产品与生态服务，积极实现合理地利用资源、保护生态环境。通过不断培育和发展企业生态创新文化，可以大大增强企业生态创新动力，从而大力促进企业生态持续创新的实现。

（三）完善知识产权制度

目前，在我国，保护知识产权的观念比较落后，生态企业创新的全过程尚缺乏有力的保护知识产权的制约机制和措施，致使企业创新过程中形成的各种知识产权的合法权益受不到有效保护，创新者得不到合理的回报，极大地降低了创新人员的主动性、积极性和创造性，这无疑严重阻碍企业持续创新。因此，要不断加强知识产权的管理和保护，完善知识产权制度。首先，加强企业和创新项目执行者知识产权知识的宣传、普及和有针对性的法律和技术指导，以明确知识产权保护的重要性，以帮助提高创新者保护知识产权的意识和能力；同时，利用专利认证部门的力量，增强专利认证能力，提高专利认证速度，降低运用专利保护的困难和风险性，强化现有专利法和技术转让合同法对知识产权保护力度。其次，利用知识产权合同机制，对企业创新项目进行全过程知识产权的管理和保护，使起不同作用的项目参与者都承担应有的知识产权保护责任和享有应得的知识产权权利，弥补仅靠专利和技术转让合同来对该项目已完成的创新成果进行知识产权保护的局限性。再次，努力实现知识产权保护方式综合化，大力实施切合实际的、有效的知识产权保护方案。企业创新过程是一个复杂的过程，创新成果是多种智力及其表达形式的综合，这就决定了对企业创新成果的保护仅靠单一形式已远远不够，需要运用多种不同形式的知识产权对某一智力成果和知识产品进行交叉保护。最后，逐步完善知识产权方面的法律制度，要根据世贸组织《与贸易有关的知识产权协议》的要求，对我国相关知识产权法律进行修改、完善，实现与国际规则的对接，初步建立比较完备的知识产权保护的法律体系。

第五章
生态金融体系创新

金融具有调剂资金余缺、集聚巨额资金、优化资源配置的作用，其发展从来就不是孤立的，它已经渗透到了各个领域、各个层面、各类主体和各种活动之中，同时也受到各个领域、各个层面、各类主体和各种活动的影响。经济的快速发展离不开金融的支持，循环经济的发展也不例外。循环经济是一种新的发展模式，其发展的路径需要不断的探索和改善，因此，有必要进行生态金融体系创新，以适应循环经济的发展。本章主要阐述了金融支持与循环经济发展，在深入了解金融生态系统结构、功能的基础上，对金融生态系统进行了评价，并提出了生态金融支持循环经济发展的创新思路。

第一节　金融支持与循环经济发展

现代经济的发展离不开金融的支持。支持循环经济是一项庞大的系统工程，不仅需要政府的积极支持，更需要金融业的大力支持。这种支持不仅包括货币政策、风险投资、证券市场，还包括外国资本。循环经济是我国面临的一项重大任务，充分发挥金融业的杠杆作用，是发展循环经济的重要保障。

一、金融支持在循环经济发展中的作用

循环经济作为一种经济体系，其增长仍要沿着一般经济增长轨道进行。因此，有关经济增长中金融的贡献度分析，对循环经济而言是适用的。分析循环经济增长中金融的特殊贡献要考虑循环经济的特点，主要包括以下三方面：

1. 循环经济体系下，金融在促进储蓄量、储蓄向投资的转化系数和就业量增长方面影响系数较大，相关程度更密切。在循环经济发展过程中，金融对要素投入量增加的促进作用比一般经济体系更为明显。目前，我国发展循环经济一个很大的制约因素就是投入和经济发展程度不足。发展循环经济需要大量资金进行大规模技术改造与更新。虽然环境污染治理投资总额逐年增加，环境污染治理投资占 GDP 比重也稳步提高，但仍然不能满足循环经济发展的要求。20 世纪 80 年代初期，全国环保治理投资每年为 25 亿元至 30 亿元，约占同期国内生产总值（GDP）的 0.51%；到 80 年代末期，投资总额超过 100 亿元，占同期国民生产总值的 0.60% 左右；“九五”期末，投资总额达到 1010.3 亿元，占同期国民生产总值的 1.02%，首次突破 1%；“十五”期末，投资总额达到 2388 亿元，占同期国民生产总值的 1.30%；2007 年，全国环境污染治理投资总额达 3387 亿元，是 1981 年 25 亿元的 135 倍，占同期国内生产总值的比重为 1.36%（如图 5-1 所示）。1992 年至 2007 年间，中国经济总量扩大了 3.3 倍，但工业废水和二氧化硫排放量分别仅增长 5% 和 62%，化学需氧量和工业固体废弃物排放量分别降低了 31% 和 54%。2007 年，全国化学需氧量和二氧化硫排放量比 2006 年分别下降 3.14% 和 4.66%，污染减排第一次出现“拐点”，实现双下降；2008 年全国新增城市污水处理能力 1149 万吨/日，新增燃煤脱硫机组装机容量 9712 万千瓦，关停

小火电 1669 万千瓦，化学需氧量、二氧化硫排放量比上年分别减少 4.42% 和 5.95%。我国污染防治投资的金融支持力度仍然不足，世界银行建议，我国对于污染控制的投资至少要占到 GDP 的 1% 以上，最好在 2% 以上。相应的资金缺口较大，表明在循环经济条件下储蓄向投资转换的需求更大。再如，我国企业的平均研发投入不到销售额的 5%，装备落后、工艺陈旧的企业往往是经济效益比较差的企业，而且其生产过程易产生污染，而要避免或减少污染、提高资源利用率就需技术改造与更新，这方面存在着严重的资金瓶颈。这就为金融的支持预留了充分空间。

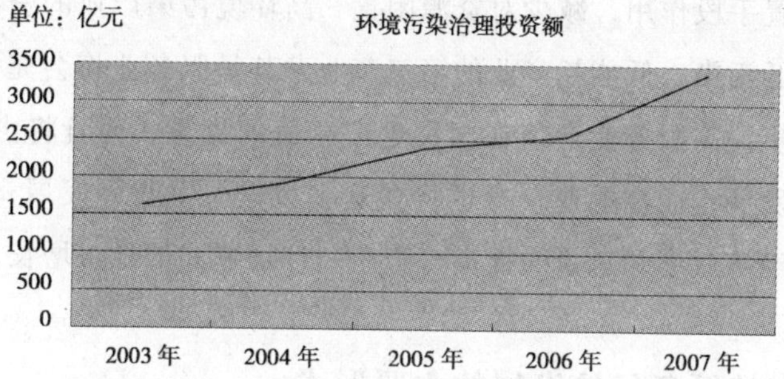

图 5－1　2003—2007 年全国环境污染治理投资分布图

2. 金融通过促进技术进步在生产率提高方面对循环经济增长有特殊贡献。这源于技术进步在循环经济发展中的特殊地位。从技术经济学角度讲，循环经济实际上是一种技术范式的革命。传统经济增长方式微观技术层面上表现为资源（能源）消耗增长过快、资源利用效率过低、资源再生化率不高。这一点在当前我国经济增长中表现尤为突出。因此，从技术角度讲，循环经济要求我们经济发展必须大大提高资源利用效率，降低能源消耗，强调对废旧物品回收利用和废弃物的再生利用，减少废弃物排放，在保护环境的同时实现经济增长。这就是循环经济的技术范式特征。该特征决定了金融在其中发挥的重要作用：一方面，金融为技术创新提供动力。企业是技术创新的主体，对于一部分循环经济的技术创新项目来讲，企业所能获得的内部收益很低，甚至是负数。在这种情况下可以借助金融手段将企业发展循环经济的外部效益转化为企业内部效益，形成推动企业进行循环经济技术创新的动力。另一方面，循环经济所需要的技术往往都是高新技术，其开发具有高风险的特征，金融可以通过建立风险投资机制、完善投融资体系为循环经济技术开发提供资金支撑。

3. 由于在循环经济发展中，金融与经济的关系更为密切，其影响更为广泛和深刻，金融业通过金融创新在解决资金、技术瓶颈方面发挥特殊作用，从而促进自身充分发展，这将会直接提高金融产值增长对国民生产增长率的贡献系数。并且，在循环经济发展中，金融将更充分地发挥着资源配置手段作用，减少对资源闲置、高环境污染产业的资源分配，相应地作为低污染、低能耗产业的第三产业尤其是服务业将会充分发展，这不仅进一步提高服务业产值在国民生产总值的比重，而且将由此带动整个经济的发展，而金融业自身也将在这一大框架下得到发展，并进一步推动整体经济效率和总量的提高，产生一种加速式的经济增长。

二、金融支持循环经济发展的主要形式

（一）发展与创新中的金融业对循环经济的支持

1. 传统银行功能的支持。传统银行具有支付结算和融资功能，这些基本功能渗透到社会再生产的各个环节。它们的正常发挥不仅是企业、产业间经济关系是否正常的一个风向标，也为金融调整企业结构和产业结构赋予了广阔的作用空间，因为投融资结构的调整能有效地促进产业结构和企业结构的调整。例如，可以利用利率、信贷政策等手段引导信贷资金流向适合的成熟高新技术产业或企业，鼓励传统制造业的技术改造，限制、淘汰高能耗、低产出、高排放的项目和企业。

2. 现代银行功能的支持。循环经济是生产交换不断发展和社会分工深化到一定阶段的产物。在这种经济形态形成和发展的过程中，产业链条之间、企业之间不断累积的经济风险必须有一个强有力的经济组织来配置，以适应和支持循环经济的高效运转。现代银行业、基金和资本市

场都能承担这样的功能。其中银行业在发展过程中逐步完善了其他三个现代功能，即风险管理功能、信息处理功能和降低交易费用功能。而风险管理功能已经越来越成为现代银行业的核心功能。银行业进行风险管理主要是利用其规模优势、范围经济效应和专门技术手段集约化分散、对冲、转移经济金融风险，为企业提供风险管理支持，从而激励它们对成熟技术项目的投资，促进高新技术的产业化。

此外，银行业作为全社会经济信息处理中枢，可以定期向社会发布信贷投向和规模、信贷政策等信息来引导企业和社会投资，政府相关部门也能通过这个渠道及时、有效地把有关产业结构调整等信息传递到社会经济体中的每个企业，影响它们的投资预期和决策。

3. 金融制度创新支持。循环经济的前景是通过制度创新来建立一种新的经济形式，这种经济形态要求转变高投入、低产出、高排放的外延扩张式经济发展模式为依靠技术进步的内涵式发展模式，并从根本上建立起新的技术范式。要实现这些目标，最关键的是建立和完善技术创新的支持体系。那么金融业在其中可以起到怎样的作用呢？在这里我们先简要地了解一下现代主要资本主义国家技术创新和进步过程中金融制度的变迁特征。

美国和英国的金融制度是典型以资本市场主导为特征，尤其是美国，其资本市场和基金业十分发达，而银行业相对来说要弱得多。发达资本市场能为市场投资者提供横向风险分担技术和渠道，从而满足个人和机构分散投资组合、对冲异质风险的需要。日本和德国的金融制度则典型以银行主导。由于银行业为投资者提供的是“跨期平滑”的风险分担方式，只能满足投资者将风险沿着时间纵向分散、转移的需要，因缺乏高度的流动性而易使风险累积和集中。虽然风险配置效率低下，但这种金融制度对于日、德两国加强国家对金融业的控制、集中金融资源迅速恢复与发展经济起到了积极的作用，特别是它比较有效地促进了风险较小的成熟技术的产业化进程，例如战后日本汽车和电子工业的迅速崛起。相比之下，英、美两国的金融制度则鼓励与技术创新相关的风险投资。

近两个世纪以来，几乎推动人类进步和世界经济发展的重大技术创新，如蒸汽机、汽车、电子、信息技术等都首先出现在这两个国家。据美国商务部统计，第二次世界大战以来，美国95%的发明创造都来自于中小企业，这些中小企业不少是高新技术企业或与高新技术企业相关的服务企业。

总之，理论和实践都表明，金融制度变迁的方向和路径与一国的技术进步和产业化具有高度的关联性。当然，对应的金融制度并不一定导致技术创新和产业化沿着循环经济方向发展，因为金融制度起到的仍然是支持作用。

4. 金融产品和业务创新支持。金融业在配置风险过程中对风险进行打包、分拆、捆绑、转移都必须借助金融产品这个载体。金融产品即金融工具，表面上是反映债权债务关系或权益关系的信用凭证，实质上还包含着拥有风险成本和收益特征的风险因子。不同的金融产品代表的风险成本和收益是不同的，风险偏好不同的市场投资者在成本—收益对称原则下买卖金融业提供产品的过程就是市场风险配置的过程。因此，一国金融产品的规模和结构是衡量该国金融发展水平和风险配置效率的重要标志。金融产品包括银行产品和金融市场产品。20世纪90年代以来，虽然我国银行业除存、贷款业务外，还有银证通、网上银行、债转股、保险单质押贷款等业务，但是与我国金融业发展进程和投资者需求远远不相称。

从风险投资旺盛的国家实践来看，投资者真正大量需求的还是金融市场产品，尤其是金融衍生产品。金融衍生产品和金融衍生市场对风险投资和激励作用主要表现在，它们能为投资者提供层出不穷的用于套期保值、套利、投机的流动性工具，同时也能帮助投资者及时发现原生金融市场和实质产品市场上产品的未来价格，从而有利于风险管理。

另外，在支持技术创新和循环经济发展的金融产品体系中值得一提的是金融信托和金融租赁。所谓金融租赁是指银行或金融租赁机构应客户的要求购入客户所需要的大型设备供客户使用，并在一定年限内按期收取租金，到期后可以优先以一定的折扣将机器设备卖给客户。这种金融产品服务能在资金上帮助企业尽快跟上技术进步的步伐，有利于旧设备的技术改造、新装备的推广和新技术的产业化，从而能大大加快循环经济发展进程。

5. 健全的金融市场机制对循环经济的支持。利率是金融市场的核心机制。它不仅能左右社会资金的再分配，而且也是影响金融经济风险配置的重要机制之一。首先，利率是引导信贷资金合理流向，控制信贷规模的有力杠杆。其次，在现代金融市场中，灵活调整的利率以及以它为基础的金融产品价格，能帮助解决风险配置过程中投资者的潜在风险成本和风险收益不对称的问题。比如，风险大的金融产品应该在市场机制作用下对应较高的利率或价格，以抵补投资者投资可能带来的损失。最后，利用差别利率、优惠利率等手段，在能积极充分利用废旧资源的企业和追求利用有限的初次资源的企业之间调整利益分配，使前者的经济利益要高于后者，激励企业向低投入、高产出、低排污的项目投资方向转变。由此可见，利率是金融支持体系的重要组成部分，它的市场化是发挥金融对循环经济支持作用的必要步骤。

（二）循环经济发展的基金支持

基金具有现代银行中介的主要功能，同时在风险管理模式、融资制度、投资方式等方面与银行中介又有所不同。比如，它的基本风险管理模式是基金的委托方和代理方实行风险共担，而且大都是权益性融资；在投资上主要采取分散投资方式，并通过筛选项目、参与企业经营管理和投资来控制风险。总的来讲，这样的新型金融制度安排是适合于资本市场发展的，基金与资本市场间是共生互促的关系。

根据融资特点不同，基金有封闭式基金和开放式基金之分。相对于前者，开放式基金随时要面临基金投资者的投资赎回，基金管理者面临的流动性风险更大些，但基金投资者的风险减少了。类似基金种类的不断涌现有利于满足不同风险偏好的投资者需求，最大限度地调动社会闲散资金来促进基金业和资本市场的发展。

基金的种类还有货币市场基金、债券基金、对冲基金、证券投资基金、保险基金、风险投资基金等，其中支持技术进步和循环经济发展最直接的是风险投资基金。这种基金筹集的资金主要投资于与技术创新有关的一些刚创办的、或处于成长期的中小企业，在投资成功后依靠股票上市或股权转让收回投资并取得回报。

风险投资基金在西方发达资本主义国家技术进步和循环经济发展中发挥了重要作用。在这些国家，风险投资基金的投资主要集中在电脑软硬件、医疗保健、生物技术以及电子通信等具有巨大辐射性的行业。以美国为例，在1992年4000多家风险投资公司的风险投资中，生物技术产业占了10.3%，医疗保健产业占了17.4%，电脑软硬件产业占了27%，电子通信产业占了14.4%。这些风险投资基金使美国科技成果的转化率大大上升，科技成果形成现实生产力的周期大大缩短。同时，科技成果的转化率上升又进一步刺激了科技创新，最终形成了风险投资基金发展与科技创新之间良性循环的局面。举世闻名的“硅谷”就是在这种机制下形成并迅速发展起来的。

在早期，风险投资基金对技术创新与进步的支持，主要是发现高新技术或企业，在资金方面支持它们，因而它给各国政府带来了一个普遍的观念，即风险投资基金弥补了金融市场对中小企业或处于发展起步阶段企业的融资不足。风险投资基金提供的动向表明，以融资为导向的基金定位，可能会导致风险投资市场泡沫的破裂而丧失进一步发展壮大的机会。于是，国内外一些学者认为，基金业进一步发展的方向，应该是着眼于完善风险企业的治理机制而不仅仅是一种融资模式。这样，风险投资质量、效益和效率才能有更大的突破，风险企业的发展才能获得持久的激励和对称的约束。总之，风险投资基金的不断创新和发展，为加速循环经济发展提供不断延伸的金融和技术支持路径。

我国风险投资基金近年来发展较为迅速，但是相比之下，规模还很小，其运作模式也因制度问题出现了一些有中国特色的偏差和扭曲。如基金投资主体主要是各级政府及其职能部门，以非政府部门为主体的风险投资基金屈指可数，资金真正投资于风险企业的也不多。这样的风险投资基金无法按市场规律运作，往往会成为少数个人、企业和集团新一轮"圈钱"的工具或政府部门、个人寻租的手段。严格地讲，它们称不上是风险投资基金。要发挥基金对技术进步和循环经济的支持作用，就必须在产权结构、治理机制、风险管理模式、投资方式等方面进行改革和完善。

（三）循环经济发展与资本市场支持

1. 二板市场。风险投资基金的生存与发展和资本市场的成熟运作是分不开的。风险投资基金所投资的高新技术企业在进入成长期后，风险资本将会退出以让位于银行资本或募集新股、公司重组等形式输入的资本。风险投资基金退出风险企业以获得资本增值的最主要渠道就是二板市场。只有二板市场，才能为风险投资基金提供自身上市筹资的机会和产权重组的场所。

我国的中小企业板，即所谓的二板市场，才刚刚建立不久，从现在的运作来看，它在很多实质方面不过是主板市场的翻版，在市场中介、股票发行与上市等方面都存在很深的行政干预痕迹，这样的市场对我国未来风险投资基金的发展和技术创新支持是不利的。

2. 主板市场。健全的股票市场具有完善的信息披露制度、股权重组制度和对上市企业的外部约束和激励机制，它是股票投资者表达自己投资理念、投资价值取向、投资预期并最终形成投资决策的重要场所。这里的投资理念和投资价值取向能反映全社会的循环经济意识、文化的形成与发展方向。股票投资行为能对上市公司形成强烈的外部约束，对上市企业的内部治理结构、经营管理决策都有潜在的影响。股票的发行市场也能通过对成熟企业的直接筛选和全社会投资的间接引导，使企业结构和产业结构朝着有利于循环经济发展的方向升级。

我国股票市场从它产生之日起就形成和积累了许多结构与制度上的问题，这些问题使它先天发育不良。虽然经过了10多年的运作和局部改革，股票市场的成长状况远远不能适应我国经济改革和发展的要求，更谈不上对我国循环经济的强力支持。

3. 债券市场。债券融资是一种涉及债权债务关系的融资，而不是权益融资。债券投资者面临的流动性风险小于权益融资，因此，它适合风险厌恶投资者进行金融投资。债券市场包括国债市场、企业债券市场、债券回购市场等。其中，中短期债券市场和债券回购市场是市场化利率形成的基础，它们的发育与成熟将促进金融业的深化与开放，从而提高金融业对经济发展的支持效率。

对循环经济发展起直接支持作用的是中长期国债市场。中长期国债是政府财政融资的主要渠道，是保障财政、支持循环经济发展必不可少的金融支持力量。由于市场机制的局限性，良好的金融支持体系、高效率的高新技术创新体系和转化机制并不必然导致循环经济的形成与发展。众所周知，技术也是一把“双刃剑”，既可以提高资源利用率、减少污染、帮助治理环境，也可能使环境更恶化，因此，必须引入公共管理。政府财政通过公共投资、信息示范、资金导向直接和间接地影响技术产业化方向，同时还能为中小企业风险投融资提供资金担保。由此可见，中长期国债市场可以使财政与金融成为支持循环经济发展的两个不可分割的组成部分。

三、循环经济发展中的金融制约因素

现阶段，从金融层面上看，资金不足是制约中小循环经济产业发展的重要因素之一，而现有的金融制度的盲区和信贷政策缺陷等问题也是构成制约的重要因素，金融支持模式中隐含着一定程序的风险。当前，循环经济发展中的金融制约因素主要表现在如下几个方面。①

（一）经营理念调整难，循环经济客体与金融投放主体存在方向和期限错位

由于受传统经营思想的影响，银行首先考虑的是利润和风险等有关

① 课题组：《发展循环经济的金融政策支持研究》，《福建金融》，2009 年第 1 期。

指标，导致其经营行为出现短期逐利化、投向集中化等倾向，信贷投向大多是能快速带来利息收益的行业和项目。近年来商业银行信贷业务不断推出新品种，票据承兑和贴现等业务占比提高说明银行经营的短期化加剧，而国有商业银行的股份制改革则从另一方面加快了这种进程。从我国现有的循环经济试点的情况看，无论是单个企业循环工程项目，还是社会的大循环体系，循环经济将多个生产要素进行组合，使生产链与资源循环同期加长，而且部分循环经济项目需要大量耗时的基础设施建设，短期内不能进入投资回报期，这就形成了循环经济客体与金融投放主体在经营方向和期限上的错位。信贷投放的短期化也导致部分企业变相占用短期贷款进行长期投资，一定程度上增加了贷款逾期风险。

（二）循环经济评价指标体系滞后，对应的金融资源配置制度设计存在难题

2009 年 1 月 1 日，我国开始实施的《中华人民共和国循环经济促进法》，明确了促进循环经济发展、提高资源利用效率、保护和改善环境等法律条文，但与《中华人民共和国循环经济促进法》配套的循环经济评价指标体系尚未出台。由于循环经济的分类标准和运行、管理、考核体系相对滞后，从而导致金融机构介入的制度基础不足。金融机构如果不能明确“符合什么标准才是循环经济”的概念，就会出现“跟风”现象，将循环经济“神话化”或“庸俗化”，遇到具体项目难免有似是而非的感觉，甚至进入“死循环”而弄不清投资方向。目前，我国的循环经济评价指标体系滞后，给金融资源配置制度设计带来难题，形成制度性制约。

（三）金融、产业政策执行不够协调和细化，货币政策在传导中难免出现“一刀切”行为

制度安排是通过政策的制定和实施来体现的，由于循环经济在具体经济和产业政策中细化落实尚未得到解决，因而金融业在操作中难免出现“一刀切”行为。如，2006 年中国人民银行对金融机构实行“窗口指导”，限制对钢铁、电解铝、水泥等过热行业的贷款；国家发改委也发布

关于控制向钢铁、电解铝、水泥三个行业投资的意见。又如近几年中国人民银行、国家发改委、原环保总局（今环保部）提出对“两高一资”行业借款和投资的限制等。据调查，在对上述行业的限制中，金融机构无法区分扩张性生产规模项目和循环利用资源项目，只能一律给予信贷收缩，致使部分循环利用资源的项目资金不能及时到位，抑制了部分循环经济企业的发展，导致这些企业的技术退步，在局部地区和行业产生与宏观调控和支持循环经济发展初衷背道而驰的负面效果。因此，金融、产业政策的协调与细化至关重要，如果协调不当，将成为金融支持循环经济发展的梗阻。

（四）传统的信贷资金供给模式，难以适应循环经济的发展

目前金融机构信贷资金供应模式中，除分别对企业的专项政策性信贷资金实行封闭或半封闭的链式循环管理外，大部分金融机构的信贷产品基本上采用传统经济的单程式线性模式，缺乏信贷产品的细分，缺乏适合循环经济风险特点的信贷产品规划。然而，从企业间上下游产品的循环案例中可以看出，企业间、行业间的生产循环过程中的资金流应该实行封闭、半封闭的“链节式”运行管理，为此，现行的单程式信贷资金供给模式难以适应循环经济的发展。

（五）环保信息沟通机制不完善，金融机构信贷审核难度较大

发展循环经济，应先从“减量化”抓起，也就是通常所说的“节能减排”。目前，银行业金融机构了解节能减排信息主要有两个渠道：一是由企业提供和通过中国人民银行企业征信系统获取；二是通过环保部门公布的信息获取。但从企业获取的信息，由于其信息不对称，信息失真的可能性较大；查询中国人民银行的企业征信系统，则受到目前征信系统仅采集环保执法信息的局限性，难以获取所需企业节能减排方面的完整信息；地方环保部门公布的企业环保信息的针对性不强，时效性差，也不能适应银行审查信贷申请的具体要求，银行环保审核难度较大。

（六）金融开放与发展循环经济之间存在较大矛盾

实施金融开放，大量利用外资，有利于我国充分利用国内外两种资

源和两个市场，发挥技术的后发优势，积极推动我国技术进步和经济建设步伐。但在引资过程中，一些地方和企业存在盲目追求外资规模和经济效益、忽视社会效益的问题。我国在获得未来“世界工厂”之称的同时，也不时从国内外传来“中国环境崩溃论”的警示之声。

金融经济对外开放与环境崩溃之间的内在联系，实质上是世界政治与经济中南北矛盾冲突的一个体现。拥有先进技术的一些发达国家如美、日等，由于其社会环保意识很强，公共管理和公共监督力度大，有关环境保护的法律法规和政策十分严格，便采取在输出资本和非高尖技术的过程中向发展中国家转移污染的办法。因此，一国经济对外依存度越高，经济发展的水平越低，在当今的世界政治经济格局下，谋求技术进步和经济发展所要付出的环境代价越大。走出这一困境的途径有：（1）重新认识利用外资对经济发展的正反面影响，立足循环经济发展要求，从立法的角度规范企业利用外资、地方政府招商引资行为；（2）积极培育国内技术创新支持体系和高新技术自主创新体系，使我国技术进步主要依赖自己的力量，走独立自主的路子；（3）采取国内企业的技术人才“走出去”的办法，吸收国外先进的科学技术成果来推动我国技术进步的步伐。

第二节　金融生态系统结构、功能与评价

一、金融生态系统

（一）金融生态

2004 年 12 月，中国人民银行行长周小川在《完善法律制度，改进金融生态》一文中，将生态学概念引入金融领域。周小川认为，金融生

态是指金融运行的外部环境，包括法律、社会信用体系、会计与审计准则、中介服务体系、企业改革的进展及银企关系等方面。[①] 金融生态的概念提出来后，很多学者对其进行了更加深化的阐述，徐诺金认为金融生态又可称为金融生态体系，是各种金融组织为了生存和发展，与其生存环境之间及内部金融组织之间在长期的密切联系和相互作用过程中，通过分工、合作所形成的具有一定结构特征，执行一定功能作用的动态平衡系统。[②] 要使生态周期经久不衰，必须创新，包括经营理念、服务方式、营销产品等方面的创新。

（二）金融生态系统的含义

金融生态系统是在借鉴英国生态学家 A. G. 坦斯莱的生态系统提出的。由于金融体系具有内在逻辑安排、发展规律等群体生态学特征，其逐渐在经济活动中形成鲜明结构特征和功能特征的“秩序结构”，这种“秩序结构”便成为金融生态系统。金融生态系统是从生态角度透视金融问题，奠定了其理论基础，并用系统论的观点来审视我国金融体系存在的问题。因此，金融生态系统的主要内涵包括以下三点：

1. 金融生态系统的边界内涵。在生态学中一般是以地域为系统边界。但是，金融作为虚拟经济，从本质上还是要以实体经济为基础和依托，并为经济发展服务。金融作为现代经济的核心，金融生态系统中所涉及的内容更广泛、更复杂。所以，金融生态系统的边界应以经济主体行为的延伸为导向，而不能狭义地限定为金融体系内部的运作。

2. 金融生态系统的主体内涵。金融生态系统的边界既然以经济主体行为的延伸为导向，那么金融主体的定义就应该从广义来理解，它不仅包括金融机构，还包括参加经济活动的社会单位和广大民众。其主要分为四类，即生产者、消费者、分解者和调控者。生产者是生态系统中最积极的因素，在金融生态系统中，等同于包括金融市场的金融体系，它触发了金融生态系统的循环的始点。它在一定的金融生态环境中，凭借

---

① 周小川：《完善法律制度，改进金融生态》，《金融时报》，2004 年 12 月 7 日。

② 徐诺金：《论我国金融生态问题》，《金融研究》，2005 年第 2 期。

信用从居民、企业和政府那里吸收单纯货币并将其转化为可供企业消费的货币资金。消费者又称异养生物，主要指从事各种经济活动的企业。它通过金融体系的融资而从事经济活动，在改变经济基础的同时，其多余的资金也为金融体系提供原料。分解者主要是指中介机构，它通过上市、退市机制将不能适应经济发展的成分分解回馈给金融生态系统环境；通过信用评估机制将信息等信用表现形式传递给金融生态系统环境和其余主体，形成良性循环。调控者对以上金融主体进行控制，并协调其相互关系。人在自然生态系统中的角色是调控者，而在金融生态系统中具有同样重要作用的是国家监管机构，它对金融生态系统发展态势有着至关重要的作用和影响，因此，国家监管机构是金融生态系统的调控者。

3. 金融生态系统环境内涵。狭义的金融生态环境包括社会信用体系与政策法律等内容，这类观点主要从静态角度强调金融生态环境的内涵及其对金融机构行为和运行结果的影响。广义的金融生态环境包括文化环境、经济环境等各个方面。从对金融生态系统的边界看，金融生态环境应该是与金融业生存、发展具有互动关系的社会、自然因素的综合，包括政治、经济、文化、地理、人口等一切与金融业相互影响、相互作用的方面，是金融业生存、发展的基础。

（三）金融生态系统的特征

金融生态系统概括为在一定时间和空间范围内，金融市场、金融机构、金融产品要素之间，及其与外部制度环境之间相互作用过程中，通过分工、合作所形成的具有一定结构特征，执行一定功能作用的动态平衡系统。这种动态平衡系统具有以下几方面的特征。①

1. 金融生态系统的扩张性。金融资源理论认为，在现代经济中金融不仅仅是一种社会生产关系中必不可少的生产要素，而且是一种不依赖真实商品生产和变换活动的独立行为和独立存在，是一种不可多得的稀

① 金永红：《我国金融生态系统发展现状及其优化策略》，《生态经济》，2006 年第 6 期。

缺社会资源。因此，金融生态必然经历一个从简单到复杂、从低级到高级的发展和演变过程，具有强烈的再生性和扩张性。

2. 金融生态系统的制度性。金融生态系统是在一定政治、经济、文化、法制环境下形成的，也具有鲜明的制度结构特征和社会文化特征。由于政治、经济、文化的许多特征是通过法律制度来体现的，因此，法律制度是影响金融生态最直接的、最重要的因素。

3. 金融生态系统的完整性。金融生态系统的完整性包括参与主体的完整性和多样性，以及作为人文生态系统的金融生态系统制度因素的完整性。金融生态系统主要以居民、金融组织和企业为参与主体。完整的金融生态系统应该使一定范围内的居民、企业能参与到资金流动链条中去。完整的金融生态系统应该包含完善的金融体系，比如说在一定地域范围内应该具有银行类、保险类、证券类三种金融机构的共同参与并合理分布。对于银行机构，不仅要有商业性金融，还要有政策性金融，以形成一个完整、多样的金融体系。参与主体具有多样性并维持一定数量、其分布合理是金融生态健康的一个重要标志。

4. 金融生态系统的竞争性。既然金融资源是一种不可多得的稀缺社会资源，这在客观上就决定了金融生态系统内部存在着激烈的市场竞争，竞争的主要特征是优胜劣汰。一个良好的金融生态组织体系正是在这种生与死的竞争考验中形成、调整与完善的。

5. 金融生态系统的适应性。金融生态系统的适应性，主要是指对胁迫因素具有较强的负荷能力和恢复能力，包括对内部胁迫因素的适应性以及对系统外部胁迫因素的适应性。内部胁迫因素，主要是金融生态系统内各参与主体发生的非常规变化。健康的金融生态应该能够具有防范和应对内部问题的能力和机制，以使金融生态在最短时间内、最大限度地恢复其基本功能。金融生态系统是动态的，不是静态的，但其功能是相对稳定的。外部胁迫因素，主要是指金融生态系统外的各种因素对系统产生的不利影响。健康的金融生态能够应对系统外因素的挑战，具有自我保护和系统恢复能力。

二、金融生态系统结构

金融生态系统简言之是一个生态系统，生态系统必须包括研究主体及其周边环境，于是，金融生态系统构成一个金融主体与其环境的大生态循环结构。在这个大循环下，金融主体受其外部环境的影响，同时金融主体的行为也对外部环境产生影响，构成了相互作用的模式。金融生态系统结构如图 5－2 所示。

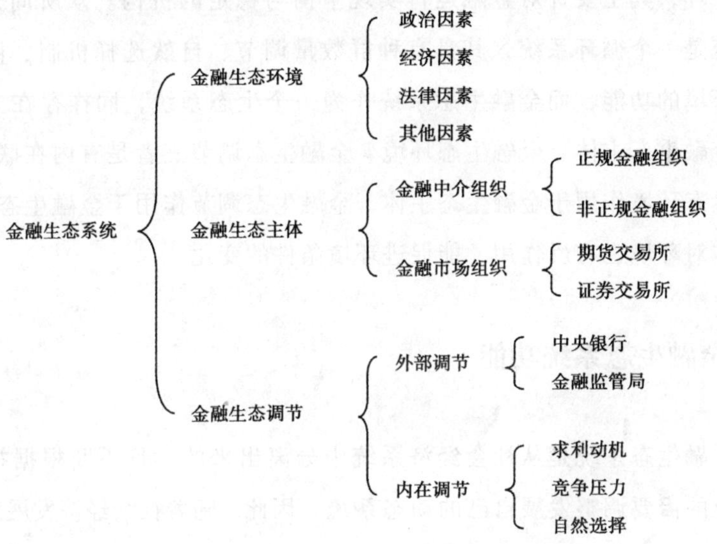

图 5－2　金融生态系统结构图

金融生态主体是指为了自身的生存与发展，不断地调整自身以适应环境和根据自身需要去作用环境的行为主体或组织单位。如银行、证券、保险、民间借贷等金融机构和组织。在一个发达的金融生态系统中，金融生态的主体是多样的，不仅体现在数量上，而且体现在种类上。如美国大约有三万多家银行、上千家基金公司。其他的发达国家如日本、英国、法国、德国也与之类似，金融组织特别发达。与此相反的是一些不发达国家，金融组织单一，数量少，垄断程度极高，如我国在计划经济时代只有一家国有银行。而后随着经济的发展，才逐渐形成四大国有银行，并引入了竞争机制。所以说金融生态体系越发达的地区，金融组织越多，金融主体的多样性越丰富，这是正向相关的。

金融环境是指作用和影响金融生态主体生存与发展的各种因素。就像生物生存一样，任何金融主体的活动都是在一定政治、经济、文化、法制条件下进行的，也是受一定的历史条件、国情特点所决定的。由于各国条件不同，各国的金融体系也呈现出不同的特点，因此，环境条件对金融至关重要。

金融生态调节是将金融生态主体与金融生态环境联系起来的至关重要的一环，其主要针对金融运行实现平衡与稳定的机构。众所周知，生态系统是一个循环系统，其具有种群数量调节、自然选择机制、协调生物与环境的功能，而金融生态系统作为一个生态系统，同样存在上述特征。金融生态主体、金融生态环境、金融生态调节三者是有内在联系的：金融生态环境作用于金融生态主体，金融生态调节作用于金融生态环境，但主体对环境也有反作用，能促进环境条件的变化。

三、金融生态系统功能

金融生态系统是从社会经济系统中分离出来的，且不断根据社会经济系统的需要调整发展自己的动态系统。因此，随着社会经济发展阶段的变化，金融生态系统的功能结构也在发生变化。在自然经济阶段，满足一般性的信贷、支付需求占主导地位，融资、支付功能自然成为这个阶段金融系统的主要功能。到工业革命阶段，经济和社会的发展对金融生态系统提出了更多的资本需求和更大的风险管理需要，股票、证券、股份公司、保险等新的功能开始变成主导。进入现代信息化阶段，价格的发现功能、财富的管理功能、信息的专业化功能随之呼之欲出。可见，金融生态系统的功能是发展、变化的。在现代社会中，金融生态系统发挥着三个方面的功能作用：[①]

① 徐荣贞：《金融生态的系统再构与生态功能》，《商场现代化》，2008年第9期。

（一）资金（物质）循环功能

在自然生态中，物质沿着食物链中的营养级依次转化并无限循环。而在金融生态中，物质循环相应表现为资金循环。首先，经济基础中的闲散货币及物化的资金原料流入系统，然后以金融资产为媒介，经由生产者、消费者、中介组织所组成的营养级依次转化，从资金原料到各种生态主体可以利用的有效资金，再回到资金原料，构成一个循环流动的资金链网。资金流是整个金融生态系统的骨架，没有资金流，金融生态系统就会陷入瘫痪；同时，链路丰富的资金链网有助于形成稳定且多样化的资金服务，其作用和功能等同于自然生态的物质循环。但与自然生态不同的是，各主体之间不是捕食关系而是互利共生的关系，构成各主体自身机体的，其成长所需的营养来自于其贡献的回报，每个营养级的主体也必须以收益来回报上一营养级的主体，因而金融体系支持企业成长，尤其是扶持企业以技术创新实现企业乃至相关生态主体快速发展，成为整个生态系统共同成长的重要源动力。此外，金融资源的生产者不是简单地将基础货币转化为资金，而是在存款准备金率的调控下成倍地创造存款货币，放大其对实体经济的支持。

（二）信用（能量）流动功能

能量在食物链中的传递推动了自然生态的物质循环。而在金融生态中，推动资金循环的动力则是信用。从中央银行的货币发行、商业银行的信用创造、金融市场的资金运作，到企业间的商业信用，信用已经渗透到资金循环的每个环节，成为推动资金循环的基本动力。如果没有它，系统就无法牵动和运转。但与自然生态不同的是，信用的来源是分散的，是各主体在诚信文化中逐步培养并由法律体系通过惩戒来提供根本保障；信用的流动是双向交互的，任何一方的信用缺失都不可能达成现实的金融交易和实现资金的流动；单个主体的信用流动不是纵贯全程而是区间性的，是通过相关主体的“信用对接”推动资金的连续循环，随着营养级数的递增，资金的复利增值同时伴随着显著的林德曼效应和巨大的风险积累。

（三）信息（反馈）传递功能

生态系统中的有序运动是借助信息传递、控制过程来进行和完成的。金融生态的运动过程中同样充满了信息传递。信息具有知识的秉性，能给人们提供关于事物存在的方式或运动状态的表述，是金融生态协调的基础之一，通过引导信用流动而实现资金的有序循环。金融生态的运行机制实际上就是一个信息交换和调整的过程，通过各主体对信息的反馈而实现资源的合理分配。其中一个重要问题就是尽量简化信息传递过程中的复杂性和运行成本，以复合型的金融体系和健全的中介服务体系搭建金融生态各主体之间的信息高速公路，不仅促进金融生态的自我调节，还能有效降低信息不对称所引发的信用能量流转中的衰减效应。

四、金融生态系统效率

（一）金融生态系统效率含义

金融生态系统效率就是指在健康的金融管理体制下和有效的金融调节机制下，由金融机构作为金融中介完成的，或由融资各方在市场服务体系下实现的金融资源的帕累托最优配置。金融生态系统效率也可以表述为，改变金融资源的某种配置状态，如果不能使某一个金融交易者的境况变糟，就不能使其他金融交易者的境况改善，这种金融资源配置状态就是帕累托效率配置状态。

金融资源帕累托配置效率的三个条件：（1）对投资者来说，任意两种金融商品的边际替代率相等且等于商品价格之比。这一条件还可以进一步表述为，使投资者满意的投资组合是任意两种金融产品的边际投资收益率相等。（2）对融资者来说，任意两种融资商品的边际融资转换率均相等且等于两种商品价格之比。这一条件也可以进一步表述为，使融资者满意的融资组合是任意两种融资商品的边际融资成本相等。（3）使投资者和融资者均满意的条件是任意两种金融商品供给的边际转换率等于相应两种商品投资的边际替代率，并且等于两种商品价格之比。

金融生态系统效率的根本标志是一国经济增长、充分就业、通货稳定和国际收支平衡等经济金融目标的最终实现。具体说来，金融效率的主要标志是金融机构体系在金融资源分配过程中，获得健康稳定地发展；金融市场与金融体系能够充分发挥其金融功能和服务功能；经济货币化、信用化程度得到不断加深；金融资产的种类、数量与结构能够不断适应金融交易需要；金融资产收益率趋于平均化；金融产业保持合理的利润水平及利润率；金融机构体系完备并高效运行；有良好的信用秩序；在不排斥间接金融的同时，直接金融逐渐占据主导地位，金融交易成本较低；金融交易透明度较高，信息趋于完全；金融市场开放和金融自由化得到稳步推进等。

（二）金融生态系统效率的层次

金融生态系统效率是一个综合性很强的宏观指标，在对其进行定性与定量的分析之前，金融效率层次的划分是必不可少的。金融生态系统效率一般分为三个层次：第一个层次是金融功能效率，指金融在整个国民经济中的一般作用；第二个层次是金融配置效率，指金融体系中资源的配置状况；第三个层次是金融管理效率，指具体金融机构内部投入产出的效益。

1. 金融功能效率。关于金融体系的功能，学者们有着不同的表述。这里提到的金融功能效率是建立在金融资源理论基础之上，主要是从总体的层面考察整个金融体系在经济发展中所发挥的作用。越来越多的研究结果表明，金融发展与经济增长显著正相关，金融发展导致了经济增长；一个健全的金融体系可以减少信息与交易成本，进而影响储蓄率、投资决策、技术创新和长期经济增长。

2. 金融配置效率。相对于金融功能效率，金融配置效率体现了一个相对微观层次的金融效率。金融资源作为一种特殊的资源，其配置效率是指其在经济发展的各子系统之间分配的效率，也就是指为满足经济发展对资本的需求，通过不同的方式和渠道，将储蓄转化为投资的速度和质量。储蓄向投资转化的制度安排是否有效率，取决于在该制度下能否更大程度地节约转化过程的交易与信息成本。现代金融资源分配最重要的制度安排是间接金融和直接金融两种形式。间接金融的配置效率体现在金融中介可以节约储蓄的动员成本，降低了投资的信息搜寻成本，便于投资流向效益较高的项目，在克服“需求的双重巧合问题”方面具有优势，从而在总体上降低了交易与信息成本。而直接金融的存在与发展更体现了金融资源配置的市场化要求。这两种形式在不同的国家显示了迥然不同的配置效率，孰优孰劣，至今尚无定论。

3. 金融管理效率。金融管理效率的研究主要集中在银行效率问题上。银行效率的状态是由银行投入与产出以及各种要素组合的差异而导致的，可以分为如下几类：

（1）银行的规模效率。规模效率意味着给定固定成本支出，随着资产规模的扩大，企业的平均成本下降，从而平均收益增加。事实上，随着规模的扩大，也会出现规模不经济的情况。因此，规模的扩大存在一个合理的范围，在此范围内，规模经济导致银行效率的提高。

（2）银行的业务范围效率。业务范围的扩大导致平均成本递减的原因，主要是平均成本分摊和信息互补。但范围的扩大也可能导致范围不经济，当然这种现象并不常见。

（3）银行的 X 效率。银行 X 效率有两种表现形式：一种是技术无效率，指银行对所有投入成比例过多使用，属于纯粹浪费；另一种是配置无效率，指在既定的产出水平和产出结构条件下，银行错误地对投入进行了组织，使投入产生浪费。

另外比较常见的对金融效率的层次划分方法是将其分为宏观效率（包括货币政策效率、金融总体作用效率）、市场效率和微观效率（主要指金融机构效率）。

（三）金融生态系统效率的影响因素

金融生态系统效率影响因素有许多种，综合各种金融影响因素，主要有如下几种：

1. 产权制度被认为是影响我国目前金融生态系统效率最重要的因素，产权不明晰、产权主体虚置是当前我国金融效率低下的主要原因。

2. 社会信用制度是影响金融生态系统效率的另一个重要的制度因素。金融资源在很大程度上等同于信用资源，良好的信用制度是整个金融业得以健康发展和有效率运行的必要条件。

3. 完善的市场机制将导致金融资源配置的帕累托效率，金融价格（利率）作为金融资源配置的信号，其水平的高低要能充分反映市场上资金的稀缺程度。但是由于现实市场不完善，政府的作用也不能完全放弃。因此，一方面要发挥市场配置资源的基础性作用；另一方面要合理界定市场和政府发挥作用的范围，从二者的最优结合中促进金融资源的合理配置。

4. 一国的融资结构可以分为由银行主导的间接融资和以市场为主导的直接融资两种类型。对一国融资结构的选择要与该国经济金融发展状况相适应。一般说来，金融不发达、工农业等较初级的企业占主体的国民经济中，适宜选择银行导向型的金融结构，而金融发达、以高新技术主导的产业结构更适合于选择市场导向的金融制度。

5. 提高金融效率的有效途径是金融生态系统创新。金融创新通过建立一种市场化的交易制度，提高金融市场的完善程度，改善金融资源供需双方的交易地位和交易满足程度，改善金融交易的信息条件，降低金融交易的成本，促进金融产业的发展，以提高金融调节的有效性等方式来促进金融生态系统效率的提高。

第三节　生态金融支持循环经济发展的创新思路

一、充分发挥政府宏观调控作用

（一）加大政府投资力度

随着经济持续快速增长，我国也面临着日益增长的环境和能源两大压力。加大政府投资力度，是发展循环经济必要而有效的支持手段。在缓解环境压力方面，我国财政已经根据清洁生产法的有关规定，从2004年开始设立了清洁生产专项资金，重点支持清洁生产的规划、培训、技术标准的制定以及冶金、轻工、纺织、建材等污染相对严重的部门加强清洁生产的示范项目建设。在缓解能源压力方面，2006年我国财政根据可再生能源法，设立了可再生能源专项资金，重点支持可再生能源开发利用的科学技术研究、标准制定、资源勘察和示范工程等项目建设。今后根据财政具体状况，政府应逐步增加与循环经济相关的资金支持力度，或整合现有的投资和其他专项资金。

同时，各级政府应顺应循环经济发展的趋势，结合区域资源，争取国债项目，同时积极发放配套贷款。在招商引资方面，积极提供配套的流动资金和金融服务。在项目建设方面，坚持效益最大化原则，正确处理经济效益、生态效益与社会效益的关系，使项目能够增加财政收入，而不是增加财政负担。此外，政府还可以通过贴息、税收优惠、专项基金等多种方式，引导商业银行的资金流向，弥补商业银行放贷于循环经济领域所造成的损失，从而增加对循环经济的技术创新、项目建设和市场拓展的投资力度。

（二）优化政府投资结构

在投资结构的调整上，政府应引导循环经济的发展方向，侧重于一些大型的、至关重要的、战略性的循环经济项目，加强相关基础设施建设。同时，政府资金的运作也要按照市场规则，完善相应的决策程序和监督评价机制。此外，还要加强财政资金的管理，尽量克服政府投资的弊端。

具体来说，可从支出和收入两方面进行结构调整：在支出结构上，加大政府财政对循环经济的扶持力度。我国可考虑建立相应的循环经济财政补贴制度，除采取物价补贴、企业亏损补贴、税前还贷等方式，还可考虑运用设备折旧的方式，如对企业生产经营过程中使用的无污染或少污染的机器设备实行加速折旧制度。在收入结构上，完善税收政策对循环经济的支持。首先是完善现有税种：一是改革增值税，如对用垃圾发电和建筑废渣的回收利用等实施增值税返回政策，对综合利用再生资源发电、风力发电等实行增值税减半的政策等。二是调整消费税，要将不符合循环经济发展的产品，如一次性木筷、一次性塑料包装物等纳入消费税征税范围，并对符合循环经济理念的产品允许按照一定比例享受消费税减征的优惠。三是扩大资源税的征收范围，将那些必须加以保护开发和利用的资源，如土地、海洋、森林、草原等自然资源也列入征收范围。其次是增加新税种，例如尽快开征燃油税种等。有关部门应加快立法进度，对不同能耗的燃油或燃气，规定不同的税额予以征收。另外可考虑设置生态建设税，根据谁受益、谁付费的原则，其形式可以是对所有从事生产经营行为缴纳流转税的企业按一定比例来征收。所征收的税收收入主要用于生态环境的建设，更多地用于治理当前所存在的存量污染问题。

此外，中央银行作为政府的银行，也要充分发挥其宏观调控职能，为循环经济发展提供有力保障。一方面，要坚持“区别对待、有保有压”的宏观调控方针，通过信贷政策约束商业银行信贷行为，引导信贷投向；另一方面，中央银行应逐步探索实行结构性的差别利率政策，严格采取扶优限劣措施，对高新科技、环保等可持续发展产业实行优惠利率政策。基层人民银行在传导宏观货币信贷政策的同时，要多与地方政府沟通协调，切实发挥“窗口指导”作用，引导金融机构以循环经济建设项目为重点，通过制定相应的信贷考评办法、发布地区信贷工作指导意见等方式，鼓励和引导商业银行加大对循环经济产业的信贷资金投入。

二、加大金融机构对循环经济的信贷支持

（一）强化政策性银行作用

一方面，充分利用现有政策性银行，主要是国家开发银行的优势，增强对循环经济的资金支持，帮助逐步建立相关市场体制。国家开发银行作为政策性银行，以往参与并支持了大量基础设施建设和环保设施建

设，以及一些大江大河的污染治理项目。随着循环经济在我国的不断发展完善，政策性银行要从对单个项目的支持，逐步转变为通过各地环保部门和政府部门的平台，形成有重点、有层次的总体融资支持。在此期间，国家开发银行应该重点注重以下几方面业务：(1) 支持与循环经济中环境、资源等问题相关的基础设施建设融资。国家开发银行在未来的贷款业务中仍然要以“两基一支（国家基础设施、基础产业和支柱产业）”为主要经营对象。在主干业务中单独重视与循环经济相关的大规模投资，除了保持合理的贷款规模，还要通过业务扩展，达到优化循环经济区域发展和市场化发展的目标。(2) 利用政策性金融活动来影响循环经济在农村部门的发展，促使农业经济效益、生态效益和社会效益的全面提高，使循环经济的发展建立在坚实的基础之上。(3) 利用低成本的政策性资金来支持环保类中小企业融资。此举既能够支持中小规模的、以循环经济为目标的创业活动，又能够极大地促进循环经济的规模扩张，以新的产业汲取能力缓解城乡失业问题，直接影响市场化改革成果。(4) 对环保类高科技产业给予支持。我国目前尚未形成高新科技产业融资市场，而环保类企业的高新科技融资时间跨度较长，且环保类高新科技产业具有高风险、外部性特征，商业银行无法充分满足循环经济的融资需求，因此，要由政策性银行来加以支持。

另一方面，可建立专门的循环经济发展银行，弥补政府投融资的不足。目前的循环经济在资金来源方面很大程度上主要依靠地方政府。在目前地方政府没有发债权，缺乏可持续资金来源的情况下，只能考虑以特定制度安排下的政策性银行信用，来替代通过发行市政债券进行融资的政府信用。事实上，在很多国家高速增长的初期，都成立了专门的区域政策性金融机构，来完成政府促进经济发展的部分金融职能。如日本曾经成立专门的北海道开发银行，来促进北海道地区的经济发展，其中很大一部分业务涉及环保问题。我国目前可以考虑组建区域政策性银行，以财政拨款和发行金融债券为资金支持方式，以促进落后地区的发展与区域经济结构平衡，以及为城市的循环经济发展提供政策性资金支持。

此外，也可以考虑成立专门的循环经济促进银行，来有针对性地协调全国循环经济发展的金融支持体系。总之，由专门的循环经济银行来促进循环经济在各地方的发展，既能够通过特定金融产品解决循环经济企业的初期融资问题，也能够促进地方政府把循环经济目标纳入城市发展规划之中。

（二）加大商业银行信贷投放力度

各商业银行总行要及时调整经营理念和营销模式，重新拟定资金成本系数和利润考核制度，引导其分支机构把循环经济项目和高新环保技术产业作为重点支持对象，逐步加大其信贷投入。同时，各商业银行还要根据循环经济发展的实际需要，不断进行金融业务的创新，为循环经济量身定制各种新型金融产品，在金融服务领域提供更为便利的条件下，进一步提升商业银行对循环经济的支持力度。

银行在贷款的发放上，要坚持收益和环保并重的原则，选择贷款客户时须兼顾经济效益和社会效益。同时，根据国家、地区对循环经济发展的总体规划、评价体系、经济结构调整和优化区域布局等方面的具体部署和安排，将循环经济和清洁生产理念贯穿到自身的信贷评审工作中。在审查具体企业和项目时，要增强资源节约和环境保护意识，将资源消耗指标和环保因素作为信贷取舍的重要评价指标之一，同时还应继续关注国家为加快循环经济发展所制定的各项后续政策。

在银行信贷的管理上，实施专业化管理，主动防范政策性风险和连锁风险。一是对国家限制的高耗能、高污染产业以及盲目投资、低水平重复建设项目，坚决不予以信贷支持。对因不符合环保标准和涉及“绿色壁垒”冲击的生产企业，严禁新增授信并主动减持退出，努力规避政策性风险。二是主动防范连锁风险。循环经济产业链的风险表现形式主要是连锁风险，银行必须建立包括循环经济产业链在内的连锁风险识别标准，切实做好风险预警和防范工作。

在商业银行的金融创新上，主要可以通过三个方面来支持循环经济发展：第一，出台商业银行新的相关信贷政策，规定商业银行在发放商业贷款时，必须把节能减排、资源循环利用等指标纳入贷款、投资的风险评估体系。第二，设计开发绿色环保信贷产品，专门用于支持企业推行清洁生产、节能减排以及企业能源和资源的再利用，实现企业的循环经济生产转型，使其凭借生产经营项目的“绿色因素”获得专项绿色抵押贷款。第三，创新商业银行的业绩评价机制，从信贷结构、营业收入、利润结构、费用结构等方面着手，把支持循环经济的因素列入权重系数，并与中央银行再贷款利率、银行准备金率等监管因素结合起来。商业银行支持循环经济的资金投入，存在专业性强、风险大、管理难、成本高等问题，因此，对商业银行支持循环经济的营业收入在税收上可给予优惠倾斜，降低面向循环经济生产的资金经营成本。金融产品风险评价及金融机构的业绩评价一旦引入循环经济因素，绿色会计报表就会得到大量运用，“绿色信息”就会成为会计报表必须体现的重要信息。

（三）加快中小金融机构建设

1. 要加快农村金融机构建设，主要是加快农村信用社的改革。农村信用社是农村金融发展的主力军，在支持欠发达地区循环经济的发展中发挥了重要作用。在机构改革中，可依据股份制的思路，撤销乡镇一级信用社的法人资格，合并为县联社的分支机构，同时将县联社改制成为产权明晰、责权清晰的地方性商业银行。在管理服务上，要不断创新服务品种、提高服务质量，从而不断提高自身盈利能力与抗风险能力。在支持循环经济发展方面，应不断完善业务品种，提供合理的担保形式，将业务范围扩展到农产品的生产、加工、包装、流通等领域。同时，国家应在农村信用社核销呆账坏账、税收优惠、信贷业务方面给予一定的政策支持，使其经济目标与社会目标达成一致，最终成为农村循环经济发展的重要信贷支持主体。

2. 要加快地方性商业银行建设，使其成为支持地方循环经济发展的重要力量。其主要可以通过引进民间资本或外资借壳等方式进入地方金融市场，形成股份制、合作制、民营、外资等多种形式并存的地方性金融体系，可侧重于同地方性循环经济企业开展业务，支持地方循环经济产业的发展。

3. 要积极推进证券公司、保险公司、信托公司等非银行金融机构对循环经济企业的支持。在加强监管的前提下，允许证券公司为循环经济企业提供投融资服务，大力培育保险公司、养老保险基金和投资银行等机构投资者，并适当放宽社会保险基金及保险业的投资领域，允许其进入风险资本市场。

三、加大资本市场对循环经济的支持力度

（一）继续推动现有资本市场发展

一方面，要继续规范发展股票主板市场。随着我国证券市场的迅速发展，环保企业利用股票市场进行融资将成为一项有效的资金筹集方式。目前在我国上海和深圳的两个股票交易市场中，已有几十家与环境保护有关的企业成功上市，从而形成了股票市场的绿色环保板块，有利于整个环保产业和环境污染治理的资金筹措。但在现阶段，我国沪、深两市的上市门槛较高，许多正处于发展初期的循环经济企业，特别是中小型企业，很难在主板市场获取上市资格，不利于循环经济企业的发展。因此，我国股票市场也可适当进行调整。如分配更多的股票上市额度给具有规模优势和成长潜力的循环经济企业；适当降低循环经济企业股票面额，以吸引更多资金，提高其资本回报率；对于在节能降耗、清洁生产、资源综合利用等技术设备方面有优势或有切实可行措施的公司，中国证监会可制订相应的政策措施，在同等条件下优先核准其公开发行股票和上市，甚至适当降低这类企业公开发行股票和上市的标准，以利于社会资源优先向循环经济企业配置；优先支持符合发展循环经济理念的上市公司增发新股和配股，而对于不符合循环经济理念的上市公司的增发和配股则予以适当限制等。

另一方面，要大力发展债券市场。与发达国家相比，我国债券市场无论是在市场规模、债券品种、还是从市场体系来看，都存在相当大的

差距。我国应抓住目前经济迅速发展与金融改革速度加快的契机，在大力推进债券市场整体发展的同时，对循环经济企业的债券融资予以支持和鼓励。目前，我国环保产业在债券市场上的融资主要是通过政府发行国债。为了拓宽循环经济发展的融资渠道，我国还应大力发展企业债券市场，扩大循环经济企业债券的融资规模。例如：2006 年 4 月，中国节能投资公司发行了总额为 10 亿元的企业债券。该公司主要业务目标在于引领中国节能环保产业发展，提供节能环保领域优质产品和公共服务，为国家经济社会可持续发展贡献力量、创造价值。此举表明了我国政府在金融方面对循环经济给予的政策支持意向。此外，国家有关企业债券监管部门还可在核准企业发债申请工作中，制订相应的循环经济倾斜政策，优先核准符合发展循环经济理念的企业和建设项目发行债券。

同时，我国还可允许适当发行“准市政债券”，为循环经济拓展融资渠道。目前，我国《中华人民共和国预算法》规定地方政府没有发债权力，但在城市发展的巨大压力下，地方政府采取了各种变通方式来获得隐性负债，这部分债务往往具有“准市政债券”的特征。对于与地方环境保护和资源利用密切相关的项目来说，在市场债券没有正式走上历史舞台之前，地方政府可以考虑通过“准市政债券”为循环经济企业和项目的发展筹集资金。目前的“准市政债券”主要有两种类型：一是根据建设项目发行的“准市政债券”——公司债券型。这类“准市政债券”是指那些由和地方政府有密切关系的企业发行的、所募资金用于城市公用设施建设等用途的债券。二是以信托为工具的“准市政债券”——资金信托型。这其实就是地方政府采取变通的办法，由信托公司代替地方市政进行项目融资。

(二) 设立并规范二板市场运作

从现代各国资本市场发展的经验来看，创立专门的融资市场，为环保类企业或特定资源类企业创造可持续性的直接资金来源，对于建立在资本市场基础上的现代企业发展机制来说非常必要。

从根本上看，二板市场（也称创业板市场）是主板市场以外的另一个证券市场。其主要目的是为新兴公司提供集资途径，帮助其发展或扩展业务。进入创业板融资的企业，代表的是最具有长期发展空间和盈利前景的行业，而在短期内却因盈利有限或尚未形成规模经济，难以获得有效的资金支持。循环经济是我国未来经济增长的重要领域之一，具有广阔的发展空间，是资本长期获利的潜在市场。目前我国的环保产业发展仍未成熟，大多数环保企业都属于中小型规模，具有科技含量高、先期投资不大等特点。由于规模和资本的限制，这些企业很难进入国内主板市场融资，因此缺乏足够的资本支持。但这些中小型环保企业却凭借其高科技含量和良好的发展前景形成了较高的投资价值。香港创业板市场就为我国高科技中小型企业提供了较好的融资渠道。

因此，推进我国专门的循环经济创业板市场的建立，不仅能引导社会资金的流向，提高金融资源的使用效率，而且能推进循环经济主体的市场化与规模化发展，促进经济结构调整与增长方式优化，同时以高科技和绿色概念为特点的环保企业定会受到投资者的青睐。在我国，通过发展循环经济来改造传统产业的浪潮方兴未艾，肯定会有越来越多的上市公司涉足该领域，这为创业板市场的繁荣奠定了基础，也为中国循环经济的发展引进了微观竞争机制。但需要指出的是，我国设立二板市场，一定要汲取国外的经验和教训，遵循市场化原则，规范其运作方式，为风险投资者提供一个公平的交易平台，吸引更多的投资者进入循环经济领域。

（三）创立专门的循环经济基金

循环经济的发展包括不同企业之间或不同产业之间的生态工业链和生态工业园的建设，以及社会整体内部循环的绿色消费市场和资源回收产业、绿色产业等的形成，具有跨行业、综合性、系统性、项目与项目之间的关联性强、从长期来看有较好盈利模式的特点。可以设立循环经济基金，利用其开放融资、共担风险的优势，面向社会筹集大量资金。目前，我国建立针对循环经济的投资基金体系，主要从以下三个方面入手：

1. 建立起中央级综合性循环经济投资基金，利用适当的资金来源，通过多种方式在全国范围内对循环经济的发展提供支持并展开调控。中央级综合性的循环经济投资基金可以由政府财政出面设立，积极引进其他闲置的长期性社会资金，如邮政储蓄资金、全国社会保障基金、地方性社会保险基金、长期性保险资金、企业年金等。在具体操作上，可因地制宜地进行谈判和协商，考虑赋予循环经济投资基金管理机构发行专项金融债券的权利，主动向各主体进行融资，尽可能地为循环经济的发展拓宽融资渠道，同时也为各种长期性资金提供更多的投资途径。

2. 建立起中央级专项循环经济基金，主要是由中央政府及各部门成立的，专门用于推进循环经济发展的基金。如，专门用于控制污染、节约能源、鼓励使用特定能源、绿化和风沙治理等方面的投资基金。此类基金的资金来源可考虑财政拨款、安排国债项目、面向社会发行循环经济彩票等方式。

近期，财政部出台了《可再生能源发展专项资金管理暂行办法》，为此类基金的试点奠定了基础，在此基础上完善管理机构和运行模式，可进一步成立针对更多具体循环经济产业发展的专项基金。

3. 建立起民间循环经济投资基金，这是循环经济产业化与金融深化的必然要求。其主要目的就是把个人和机构的投资目标，与循环经济项目的巨大盈利前景及其现实资金需求结合起来，最终实现双赢的有效融资方式。例如：在国内外已经引起广泛关注的环保投资基金就是一项民间循环经济基金。其由对环保产业有投资意愿的投资者出资，由精通环保产业、善于进行投资和资本运营的专家进行管理，将分散的资金集中起来，为环保企业提供直接的权益性资本支持。

在美国，此类基金以公司型封闭式私募基金为主，在英国、日本、韩国等地区则以契约型封闭式私募基金为主。而我国的民间循环经济投资基金发展相对较晚。1993 年，中华环境保护基金会成立，该会具有法人资格，是第一个专门从事环保事业的非营利性民间基金。1999 年，北京环境保护基金会成立。2002 年，中国环保基金成立。2005 年，江苏省首家环保基金会——新亚电子环保基金会成立，标志着我国环保投资基金向专业化方向发展的趋势。从投资方向上看，我国环保投资基金主要投资于环保产业中具有科技开发优势的中小型民营企业；从资金的使用上看，我国环保投资基金主要用于对污染源的治理项目上，缺乏对环保装备技术开发及无污染项目的投资，因此，存在着治标不治本的现象，无法起到根本性的作用。对此，我国政府需要加以引导，通过特定的激励或约束政策，一方面促进民间循环经济基金的发展，另一方面又使其业务更符合循环经济的发展目标及运作机制。

（四）大力开展金融生态创新

资本市场的发展离不开金融生态创新，循环经济的发展也要求必须进行金融生态创新，如美国已推行的巨灾债券。巨灾风险会给保险公司带来灾难性的损失，因此保险公司不愿承担此类风险。巨灾风险证券化成为将巨灾保险风险向资本市场转移的一条有效途径，消除了政府直接承受环境污染等巨灾赔偿资金的负担。再比如减少排放信用，即排污单位通过治理污染，使实际排污量低于允许排污量，则该排污单位可以向主管机构申请减少排放信用。当然，我国也应创造出适合我国循环经济发展的金融生态产品。

金融生态创新与证券化是发达国家金融自由化浪潮的发展结果。各种金融生态创新产品，主要是各种证券化产品，将可以满足各类经济主体的多种目标的有机结合。所谓资产证券化，是指一种以资产为基础的信用经济，特定金融机构以一定资产产生的未来现金流为支付保证，经过信用增级，以及严格的风险隔离安排，面向社会发行的一种资产支持证券。目前在我国地方政府的循环经济发展过程中，一方面，可以利用特定公用设施权益的证券化，把与自然环境密切相关的公共设施建设项目进行证券化，如某大型水污染治理项目，可将特定的政府收费作为未来还款保障，通过信托机构发行资产担保债券，然后由信托机构将政府收取的费用用于支付债券的到期本息，此举可在一定程度上缓解建设资金不足的情况；另一方面，循环经济企业也能以应收账款或其他资金为基础进行证券化融资，这也是企业进行资产结构和流动性管理的重要创新手段。

四、充分利用其他融资手段

（一）有效运用项目融资方式

运用 BOT 方式促进循环经济产业化发展，是实施环保项目的有效融资方式之一。BOT 是“建设—经营—转让”的英文缩写，是吸引社会资金参与公共设施建设的有效手段。一般来说，BOT 投资项目都具有以下特点：一是规模大，需要大量资金支持；二是技术含量高；三是要具有一定的盈利能力；四是使用期限较长。而当前的各类循环经济项目，一方面，耗资量大，建设和运营过程需要有较高水平的技术含量；另一方面，政府可通过各种倾斜政策，如补贴、税收优惠等，保证环保项目的投资者能够从处置污染物和后期产品出售中获取稳定收益。因此，有效运用 BOT 项目融资方式，我国循环经济项目建设将可获得更为充裕的资金支持和更为先进的技术支持，符合我国实施环境保护的政策导向，必将推进我国循环经济的迅速发展。此外，由于环保项目具有使用期限长等特点，项目商在合同期满后还可以将项目转让给政府，国家仍可继续获得较好的社会、经济和环境效益。

在具体实施时，应在政府的统一规划和依法监督下，根据市场规则，由企业来建设和运作环保基础设施项目。同时，积极采取国际通行的 BOT 项目融资方式来筹集资金，吸收国内外资金共同参与建设和运行，最终形成政府、企业、社会有机结合的多元化投资格局。以生活垃圾处理为例，世界上许多大中城市的生活垃圾处理方式已逐步由掩埋向焚烧转化。但焚烧系统涉及面广，技术要求高，初期消耗大，由政府进行一次性投入通常有一定困难。在此情况下，政府可采取出让建设项目经营权和收益权的方式，通过标准化的竞争招标，选择可信赖的项目公司，以合理的担保向商业银行申请贷款。项目建成后，再将其作为自主经营的企业，委托给建设单位。而生活垃圾焚烧系统以生活垃圾为输入端，以电力产品为输出端，形成了一个物流循环体系，售电收入是其主要收入来源。该系统有别于传统的发电方式，利用生活垃圾能源发电，符合可持续发展战略，具有重要的环保意义，是循环经济项目建设的一种较好的融资形式。

（二）调整风险投资运行机制

风险投资本质上是一种商业行为，政府主办风险投资不符合市场经济发展的规律，但循环经济具有高风险和外部性特征，因此，循环经济的风险投资离不开政府的调控和支持。目前我国风险投资中起主导作用的是政府，大多属于官办官营的形式，但由政府主办风险投资，会受到财政资金的制约，且效率低下，道德风险程度和代理成本较高，同时还会抑制民间资本进入风险投资领域的积极性。

发展我国风险投资，为循环经济提供一个有效的融资平台，首先必须建立多元化的风险投资体系，并不断完善相关的法律法规体系，以“官办民助，以民为主”的新模式来充分吸引社会闲置资金的参与。在外部环境上，政府应给予必要的政策支持。我国可以借鉴发达国家经验，结合当地实际情况，对循环经济的风险投资项目给予诸如税收优惠、财政补贴、政府采购、政府担保、降低准入门槛等多种优惠政策，必要时还可以对部分战略性、前瞻性的项目进行直接投资，为循环经济项目的技术创新提供有效保障。

（三）充分利用国外资本

在经济全球化和金融全球化飞速发展的今天，吸引和利用外资成为推动循环经济发展的重要手段，对我国经济建设和社会发展起到重要的支持作用。1997 年至 2007 年，我国环境基础设施实际利用外资达 526 亿元，占全国同期利用外资规模的 10.6%，主要通过利用外国政府赠款、国际金融组织贷款、外国政府贷款和外商直接投资等方式。目前，我国循环经济发展应继续充分吸收国外资金，有效利用国外资本，主要可以通过直接和间接两种渠道来进行国际间的融资。

在国际直接融资方面，可以根据国家的产业导向，开放市场，创造公平竞争的投资环境，积极争取外商企业在中国投资设厂，提供先进的环保设备、产品和技术，参与我国环境污染的治理和循环经济项目的开展，在改善整体环境质量的同时，还可以学习和借鉴国外先进技术与管理经验。

在国际间接融资方面，一是可以充分发挥国际信贷市场的作用，争取国际金融机构的贷款、政府间贷款和国际银行组织的专项贷款；二是可以进入国际证券市场，利用债券、股票等金融工具来筹集大量资金，为循环经济的发展提供金融支持。

在充分利用国外资本方面，主要有以下三种方式值得我们关注：(1) 吸收外国贷款。包括无息或利率较低、期限较长的软贷款，政府财政贷款和一般商业贷款混合的混合性贷款，赠款与出口信贷的混合贷款，政府软贷款与出口信贷的混合贷款等。如：1987至2001年，全国环保领域利用国外优惠贷款的项目共45个，累计利用外资55.5亿元。其中，世界银行贷款占50%左右，亚洲开发银行贷款及日元贷款各占25%左右。在今后的工作中，我国还应充分利用各方面条件，更多地吸引国际金融组织和外国政府的中长期贷款来支持循环经济的发展。(2) 可以充分利用国外环保产业相关基金。如：中瑞基金的投资重点项目就是环保产业。由科技部火炬中心和新加坡科技集团合资建立的中国科技发展基金的首期投入一般在100万—500万元之间，并有增资可能，投资方式是股本投入，以海外上市为退出通道。(3) 吸引国际金融公司投资。国际金融公司目前在我国开展的项目主要是为了支持中小企业的发展，目前已将环保产业列为自己的投资重点。但是国际金融公司对环保企业的投资要求较高：一是该投资项目必须已有成功的产业运作经验；二是该项目必须采用国际会计标准，比较适合规模较大的国内环保企业。

作为环境大国，我国目前的循环经济发展有着巨大的潜在市场。2005年，我国的环保产业收入总额达到约3000亿元，预计5年后将达到5000亿元。我国循环经济产业目前的大好形势对于国外资金而言，正是极好的投资机会。现已有法国威利雅水务、英国泰晤士水务等世界著名环保集团进入了中国市场。我国各级政府、企业应充分利用这一机会，大力吸引国外资金，为循环经济产业的迅速发展创造良好的条件。

五、完善信用环境和担保机制

（一）改善社会信用环境

金融业是一项高风险行业，循环经济也具有高风险性。社会信用环境的优劣不仅对金融业的发展至关重要，而且也会对循环经济的发展产生长期而深远的影响。要想推动循环经济的发展，就必须从全局出发，改善投融资环境，减少交易成本，降低金融风险，实现金融业与循环经济的良性互动。

改善社会信用环境，主要可通过以下几项措施来逐步开展实施：（1）加强宣传，建立健全社会征信体系，完善失信惩罚制度，提高整个社会的信用意识。（2）提高会计、审计等信用中介机构的职业道德和诚信精神。既要健全监管体制，也要在市场条件下实施优胜劣汰，增加中介机构的数量，提高其质量，完善其中介服务功能。（3）完善公司治理结构，减少政府干预行为，让企业在竞争的环境中提高自身生存能力，实现自主经营、自觉还贷，为循环经济的发展提供充足的动力。（4）加强法制建设，完善法律法规体系。严厉打击逃废债务行为，维护金融债权，提高办案效率，降低执行成本。在改善社会信用环境的同时，为循环经济的发展创造良好的条件。

（二）建立并完善循环经济担保机制

循环经济的担保机构主要是为循环经济企业贷款担保机构，它的主要职能是帮助循环经济企业解决贷款担保问题，促进贷款的发放，保证资金的融通。首先，在担保机构的组建上，应主要由具有独立法人资格的有关政府单位出资建立。实行政府担保制度，主要由政府出资建立的信用担保机构，为循环经济企业和项目提供资金融通时的信用担保。其次，在担保运作过程中，循环经济担保机构在简化手续、提高效率的同时，应尽可能地减少政府行政干预，遵循市场规则，保证信用担保机构能够独立、自主地向符合贷款条件的循环经济中小企业提供担保，但也要尽可能地避免操作过程中的不规范行为。同时还要不断进行业务创新，提高担保的灵活性，既可提供一笔贷款的全部担保，也可对抵押不足的部分进行部分担保。最后，在相关政策上，循环经济担保机构应在国家的产业政策、财政政策、金融政策等宏观调控政策的引导下，吸引大商业银行、大公司、大财团的资金支持，允许以独资、合资、合作、外资等多种形式建立担保机构，不断充实循环经济担保机构的资金实力，充分发挥其担保职能，为循环经济的发展提供强有力的支持。

第六章 生态消费观念创新

生态消费观念创新是符合环境友好型社会需要的消费模式改变，生态消费意识的提高，是解决环境问题的思想基础和精神动力。循环经济生态创新的实现离不开生态消费观念改变与创新，通过生态消费观念的创新来提升生态资本存量，因而，从本质上来说生态消费观念创新就是循环经济生态创新的一个重要组成部分。本章主要从消费与生态消费的概念入手，阐述了生态文化与生态消费的关系，探讨加强生态文明建设、促进生态消费创新措施等问题。

第一节 消费与生态消费

一、传统消费

（一）消费

消费是现代经济运行中一个不可缺失的重要环节。消费具有广义和狭义之分。广义的消费是指生产性消费和生活消费的总和。狭义的消费是人类为了满足生存和发展的需要，获得、使用、消耗或享用某些客观对象的行为或过程。在市场经济制度下，消费处于社会经济的中心位置，是驱动产品生产的主要力量。

我国消费主要经历了产品短缺时代、产品较丰裕时代，直到现在琳琅满目的商品时代。人们逐渐拥有了多种多样的消费选择，消费观念也随之改变，与传统的消费崇尚节俭不同，现代消费提倡享乐、顺从物欲、追求功利，认为消费生活应该是丰富多彩的，不应该是单调刻板的；是自由开放的，不应该是压抑僵化的；是顺应时尚的，不应该是自闭乏味的。受这种消费观念的支配，人们在提倡高品质的生活的同时，追求消费的个性化、自由化。现代消费逐渐抛弃了传统消费实用的特点，开始追求不必要的“深加工”，人们在现代消费中追求物质的满足与欲望的满足，消费成为展示社会地位的重要尺度和个人身份的重要象征，现代消费中的超前观念、享乐观念使人们的消费行为具有了挥霍与浪费的特征。但是，人们在不断提高消费水平的时候，却很少考虑消费以后的问题，认为只要满足了自己的需求，就是实现了消费效益，至于是否对自己、他人甚至后代带来危害都不去理会。现代消费普遍被人们仅仅作为个人行为，任何人的消费只要不违反法律就是无可指责的，最多对一些穷奢极欲的消费行为从舆论上加以批评而已。此时，以勤俭节约、抑制消费为主的传统消费文化就显得陈旧落伍，失去了昔日的地位和作用。

（二）传统消费的缺陷

我国现行消费的确为人们提供了各种各样的消费品，也使人们的物质生活得到了满足。但是在现行消费发展理论、目标实现、价值观等方面上的缺陷却给整个自然界及人类社会造成了极大的破坏。

1. 现行消费发展理论上的缺陷。“非生态”消费方式是与不可持续的发展模式相伴而生的。工业社会的发展模式是以单纯追求经济增长为特征的。虽然其对于推动生产力发展和财富的增长来说具有巨大的优越性，但也有其致命的弱点，即它是不可持续的。这种经济增长模式的运行过程是“大量投入、大量生产、大量消费”的不断重复。其中“大量生产”（经济增长）是目的，“大量投入”和“大量消费”都是支撑“大量生产”的手段。没有大量投入和大量消费，大量生产就不能进行。由此便衍生出了过度消费，并使这种消费成为经济增长的前提和支撑。为了实现经济增长，工业社会不惜一切代价，不顾生态与社会危险，追求国民生产总值，成为第二次浪潮各国政府盲目追求的目标。而这种周期循环根本不考虑对环境、社会、文化等方面造成的负面影响，工业化的发展表明，向大自然索取越来越多的资源，同时排放越来越多的废弃物。要实现国民生产总值增长的目标，刺激消费固然是必不可少的手段。但是社会生产从自然界取出的物质，在传统经济模式内的利用率极低，能被转化为产品的仅占3%—4%，其余约96%以废弃物的形式被重新排放到自然界，现代消费正是在自己不断毁灭自己赖以生存的条件中形成和运行的。

2. 现行消费目标上的缺陷。20世纪英国著名经济学家凯恩斯认为，人的满足由需要和欲求构成。人类的需求可能是没有边际的，但大体能分作两种：一种是人们在任何情况下都会感到必不可缺的绝对需要；另一种是相对意义上的，能使我们超过他人，感到优越自尊的那一类需求。凯恩斯所说的两种消费中，一种是需求消费，目的是满足需要，是正常消费；另一种是欲求消费，会过度地去追求不必要的欲求满足，是不合理的消费。人们追求更多的消费，其初衷是满足需求，从而达到幸福的生活。然而，人类的需求是永无止境的。当一种需求被满足的时候，另一种新的需求又产生了。需求实际上是可以无限扩张的，当它达到一定限度时，即变成了欲望。随着人类欲望的不断膨胀，再多的消费也不能得到其满足，欲望的不可满足性造成欲望消费的无限提升性，一种奢侈品变成必需品后，人们在欲望的驱动下，不断地使消费品更新换代。就像美国销售分析专家维克特·勒博所说那样，欲望消费要求我们用前所未有的速度去烧掉、穿坏、更换或扔掉我们需要消费的东西。但是人的需求不仅仅是物质需求，还包括安全需求、生态需求、精神需求等。现代消费过度追求物质享受，甚至把目标定在不断地满足人的物质需求上，不断地去追求各种不必要的欲求满足，认为消费是快乐幸福的唯一源泉，这是人以否定自然的形式达到自己目的的后果，无限膨胀的物欲带来的只能是道德的沦丧、人性的迷失和生存环境的不断恶化。

3. 现行消费价值观上的缺陷。工业社会高度发展的商品经济，使人们的生活方式被物化了。赚更多的钱，占有更多的商品，纵情地享乐人生，成了人们主要的甚至是唯一的价值追求。在现代消费中蕴含着物质主义和享乐主义的价值观：通过大力刺激人们多挣钱、多消费来促进资本的快速周转，以追求和崇尚过度的物质占有，并将消费作为美好生活和人生最高的价值观念，以及在这种价值观念支配下的行为实践；认为只有物质生活的丰富和感性欲望的满足才是重要的、有价值的，只有人所占有和享有的物质财富才是人生意义和价值的象征。当代人的生活采取的消费方式并没有改变其物质主义本质，他们对人生意义和价值的物质主义理解造成了现代价值追求的致命错误，从而使人们处在物质财富永不知足的追求中。

二、生态消费的内涵

什么是生态消费？目前国内外学术界还没有比较一致的说法。这里把生态消费界定为一种生态化的消费模式，既符合社会生产力的发展水平，又符合人与自然和谐发展；既能满足人的消费需求，又不对生态环境造成危害。生态消费是适应人类进入生态文明新时代要求而产生的一种新的消费模式，其合理性不仅在于这种消费行为的形成对于人类来说是一种客观的时代需要，更在于生态消费本身所蕴含的实质内容具有难以辩驳的合理性。具体说来，生态消费具有如下特征：

1. 消费者具有较高的生态消费观念和生态消费能力。消费者能自觉地在生态消费思想意识基础上，消费消费品，追求生活质量的提高；能自觉在享受服务或产品的过程中选择自然资源的消耗和有毒材料的使用量最少的产品，使消费产生的废弃物和污染物最少。消费水平的提高以自然生态正常承受力为限度，消费方式和内容符合生态系统的要求，自觉保护生态环境，合理消费，科学消费。

2. 消费品本身是生态型的。即我们通常所说的绿色环保商品，它对消费者没有任何潜在的副作用。这种绿色产品主要包括两类：一是绿色食品；二是绿色工业品。这些绿色环保商品的使用会大大地改变城市消费结构，在极大地提高居民消费质量的同时，也体现了对环境的保护。

3. 消费品的生产是生态型的。包括生产用的原材料来源，生产工艺、生产过程与环境的关系，生产中对能源的使用等要求与环境的协调能持续下去，保持自然的、经济的生态协调平衡，对那些给环境造成过大压力，甚至伤害环境、过度开发使用自然资源生产出来的商品，尽量少消费甚至拒绝消费。

4. 消费过程是生态型的。在消费品的使用过程中，不会对其他社会成员的工作、生活和周围环境造成伤害。

5. 消费结果也是生态型的。完成对消费品的使用后，不会产生过量的垃圾、噪声、污染气体和污染水等，尤其是短期内难以处理的、对环境造成压力和破坏的消费残存物。

三、生态消费的意义

（一）生态消费是传统消费的思想升华

生态消费超越了“消费至上”思想的狭隘理解，为我们全面深刻地把握消费的实质提供了科学视角，真正意义在于满足人的基本需要，实现人类自身的再生产，从而更好地发展自己。消费至上的价值倾向则把消费者引向欲望的满足和对物的崇拜，让人陷入消费的异化。如果说社会发展的合理性应该是精神与物质的并行发展，那么人类的追求就不能集中在对财富的积聚和对物欲的贪求上。消费至上的价值理念偏离了以人为终极关怀的文化视野，忘却了人类追求幸福的初始目的，不断诱发和催化人们膨胀的物质欲求，人类已经为此付出了巨大而惨重的代价。

我们完全可以这么认为，正是由于人们对物欲无限度地放纵和追求，不顾一切疯狂地攫取自然资源，并且肆意加以挥霍浪费，才导致了当今世界人类所面临的环境危机。我们不是禁欲主义者，但也反对纵欲主义。我们不是反对随着经济发展提高消费水平，而是反对一味迎合消费欲望的挥霍和浪费。生态消费的价值观就是要求人类从节制自己的消费欲望入手，摒弃享乐主义的消费观。这是一种不受物役、精神自在、杜绝奢侈和浪费的消费方式，是一种俭朴的、符合生态文明要求的消费方式。诚然，从社会发展的历程来看，俭朴运动的历史并不令人鼓舞，但是当我们面对今天人类所遭遇的资源枯竭、环境危机与生态破坏，当我们为化解这些困境而苦思冥想努力付出的时候，我们也发现消费需求拉动经济发展的思想，并不是那么坚不可摧，经济增长的历史其实也是人类代价付出代价的历史。因此，我们没有理由不根除消费至上的价值目标，用生态消费的理念去引导消费行为，理性地实现自身的消费需求。这不仅仅是对消费者主权理论偏颇的简单理解，更是生态文明昭示于人类的必然选择。

（二）生态消费符合人与自然关系的基本法则

从消费活动到生态消费活动的改变并不仅仅意味着我们在消费活动前面增加了一个限定词，更重要的是我们将人与自然的关系当成人类消费行为的基础。“生态”，首先是生态学中的一个概念。按照传统的解释，它是指地球生命系统和环境系统的相互关系或地球生命系统中的生物部分和非生物部分之间的关系。然而，由于人类这一特殊物种已经成为地球生命系统的主宰，所以如今“生态”这个概念专门指人类与由大气圈、水圈、岩石圈和存在于这三圈界面的生物圈组成的地球自然环境或地球生态系统的关系，并把人类对自然环境的影响视为生态学研究或生态问题研究的根本内容。“生态”也成为生态伦理学中的一个概念。在生态伦理学中，“生态”往往被用来体现人与自然或人与环境之间的道德关系或价值关系。如果从生态伦理学的角度来审视，“生态消费”中的“生态”与我们业已惯用的“生态经济”概念中的“生态”一样，体现的是一种生态伦理要求，它要求人类消费活动和经济活动在生态伦理的基础上进行。传统的消费方式已经使地球生态环境付出了巨大的代价。从全球变暖到物种灭绝，消费者都应对地球的不幸承担巨大的责任。生态消费价值观将生态伦理高度统一在人类消费活动中，重新恢复人与自然的本质关系，其目的直指未来，从而在更为合理的层面上规范了人与自然的关系。

（三）生态消费的基本定位

本来消费的意义是通过对人类需求的满足，而不断促进人的自由存在本质和人类发展的要求，因此消费不过是人类生活的手段，而非人类生活的目的。但是，在现代社会中，消费成了目的本身，消费欲望的不断满足成为做人的价值体现和社会进步的标准。消费的本质已经被扭曲，消费不再是为了满足人的生存和自由的全面发展，而是为了满足虚假的需求。马尔库塞指出，所谓虚假的需求，是为了特定的社会利益而从外部强加给个人身上的那些需要，它使艰辛、侵略、痛苦和非正义长期存在下去。满足这种需要或许使个人感到十分高兴，但它会使整个社会处于病态，因而是必须加以批判和反对的。也就是说，现代社会只追求外延式的、物质的极度扩张而不注重内涵式的、人的全面发展，即只图谋物质经济的增值，而没有考虑到人性的真实需要与内在价值，结果使得消费超越了生存必须的合理性限度，本来应促进人类生存环境的经济进步反过来制约威胁到人类的生存家园和精神家园。因此，我们要变革消费理念，从完善人的本质的角度审视消费行为，要意识到“只有人的全面而自由的发展才是社会进步的尺度和一切科学的尺度”。生态消费要求人类的消费活动符合生态价值观，它以人所具有的精神存在为归宿，旨在通过健康而合理的消费方式，保护人类赖以生存和发展的大自然，人类的自由也因此得到更为全面的发展。总之，生态消费概念的提出，意味着良好的生态即人与自然之间的良好关系，对于人类消费活动具有基础性意义和根本性价值，意味着人与自然之间的关系状况直接决定人类消费活动的运行状况。人类消费活动能否健康、永续地进行，这从根本上取决于人类是否能够正确认识和处理其自身与自然的关系问题。在这一点上，我们需要明白的是人类永远都是地球生态系统中的一员，良好的生态是人类消费活动乃至人类生存和发展的根本依托。人类消费活动的正常开展是以人与自然的和谐关系为前提和基础的。

四、我国生态消费现状与问题

（一）生态消费的现状

由于长期以来的过度消费，我国的生态环境已遭受严重破坏，我们正面临生态消费的危机。过度消费是指消费水平超过客观界限，与生产力发展水平不相适应的不合理消费。

生活中的过度消费现象层出不穷。随着改革开放，国家经济水平的发展，国民收入的提高，我国居民日常生活中大吃大喝现象日渐严重：高级酒店以天价供应珍稀野生动物而食用者却络绎不绝、商场里数千甚至上万元的服装日渐普遍、销售量却不减；月收入不高的城市白领为买宽敞的大房每月受累于还贷压力；世界顶级豪华高档车不断在我国上市，导致油耗越来越多，道路越来越拥挤，空气污染也越来越严重。与此同时我国的工业生产目前仍未摆脱高耗低效的粗放型增长模式。1988 年以来，我国能源消费总量基本呈逐年上升趋势，尤其在 2001 年以后，其年增长率一直保持在 10% 以上。能源消费总量增长导致能源生产总量也快速上升。然而我国能源生产的增长仍未能满足能耗的增长，能源进口量在消费总量中占的比重逐年上升，我国能源的进口依存度已越来越高。

（二）生态消费制度体系不完善

1. 技术服务体系不健全。生态消费是建立在发达的生态产业基础上的，而生态产业是以高技术为后盾的。尽管我国已将生态技术作为高新技术的重要内容加强研究和开发，但是在农业资源、能源、原材料的综合利用，以及节水、节能、节材的新技术、新工艺等关键技术的攻关上，还没有取得明显的突破。与发达国家在环保技术方面的优势相比，我们还有明显差距。

2. 缺乏有效的信息服务体系。生态产品的开发、生产、运输、市场销售，以及最终的消费，每一环节都离不开信息的支持，但是目前我国没有建立起一个统一的生态信息交换平台。生产企业不能及时掌握技术开发、市场需求、竞争对手的有关信息；流通企业无法及时弄清货源、市场动态；消费者对生态消费无所适从等。这些生态消费系统中各类市场主体之间难以沟通信息，自然也就不可能建立稳固的信用网络体系。

3. 缺乏完善与规范的生态产品生产、运输和市场销售管理体制。我国生态产品市场覆盖率还很低。据有关部门调查，在我国各大城市中的商场、超市中绿色产品的上架率比较低。中国生态产品进入市场的程度还相当低，其中一个很重要的原因就是还没有建立起从生产、批发到零售的市场网络体系。第一，生态产品开发难度大、成本高、风险大，获利不稳定，这使得很多企业轻视生态产品的生产和开发，从而使生态生产企业总量少，规模小。第二，市场准入存在一定难度。生态产品认证制度不够健全，有些地方还存在认证混乱的现象，要申请绿色食品、生态食品的手续也很繁杂。第三，生态产品市场秩序混乱。生态产品流通中还存在一些不必要的关卡收费，运输时缺乏统一的标志和标准，在途污染时有发生，使生态产品存在市场进入障碍，阻碍了人们对生态产品的消费。第四，科技手段落后，尚未形成对生态产品的方便、快捷、经济、易普及和掌握的检测手段。

4. 居民生态消费力水平比较低。西方经济学历来比较重视对生活质量问题的研究。美国经济学家加尔布雷斯在他 1958 年出版的《丰裕社会》一书中，首先提出了“生活质量”的概念。加尔布雷斯认为，生活质量是指人的生活舒适、便利的程度，精神上所得的享受和乐趣。但真正将生活质量问题纳入理论研究框架的是美国经济学家罗斯托。他在 1971 年出版的《经济成长阶段》一书中，将追求生活质量作为其划分经济成长阶段的最后一个阶段的特有标志，并开始对生活质量问题进行研究。罗斯托认为，人类社会至今已经经历了传统社会、为起飞创造前提阶段、起飞阶段、成熟阶段、高额群众消费阶段；美国正进入追求生活质量的阶段，其他国家正按照自身特点和条件，由低级阶段向高级阶段过渡。

而事实上，生活质量的特点就是要求有优美的生态环境、绿色无公害的食品、健康文明的消费方式和消费观念，以及和谐的人际关系。过去我们对生活质量问题研究不够，究其原因是与中国经济发展水平低、消费水平低，以及盲目追求国民生产总值有关。过去我国在国际分工中处于价值链的低端，经济发展的重心放在对GDP总量的追求上，而忽视了对生态环境、生活质量以及资源能源消耗的关注，是一种重视速度、忽视质量的发展模式。在追求经济发展时，人民生活水平没有显著的提高。在我国整体进入小康社会和全面建设小康社会的时候，研究生活质量问题就显得比较重要，其中生态消费力的高低无疑是生活质量的一个重要指标。随着经济的发展和社会的进步，包括消费者主体的质量、消费客体的质量和消费环境的质量在内的消费质量的全面提高，促进了经济、社会、环境的全面协调发展。

（三）绿色产品市场的供需不平衡

绿色产品是指从生产到使用再到回收处置的整个过程中，都符合特定的环保要求，对生态环境低害或无害，并有利于资源再生、回收的产品。绿色产品不仅本身的质量要符合环境、卫生和健康标准，其生产、使用和处置过程也要符合环境标准，即不会造成环境污染，也不会破坏生态。由于目前我国市面上的绿色产品存在总体质量不高，绿色标志认证不严，以及假冒伪劣产品充斥市场等现象，使得我国目前绿色产品市场具有前景大而需求不足的特点。一方面，绿色产品价格较之传统产品价格高，消费者绿色意识淡薄，收入水平、受教育程度低，绿色产品信息缺乏等因素，导致有些消费者不会选择绿色产品，即使有消费欲望，也会产生需求的短缺区间（见图6－1）；另一方面，专业的绿色产品加工运输途径和销售门店还非常稀少，使消费者无法或不方便购买绿色产品，而情愿采取就近原则，选择顺手可拿的替代产品，加之还有不少假冒绿色产品，使消费者行为中存在着真实绿色消费与虚假绿色消费之间的博弈，从而产生绿色产品生产市场的剩余区间（见图6－1）。也就是说消费者对绿色产品的愿望、偏好与消费者购买绿色产品之间存在着博弈。绿色产品存在需求的短缺区间，说明绿色产品市场前景巨大。在绿色产品存在生产的剩余区间，使得建立规范绿色产品生产、包装、运输和销售的举措势在必行。

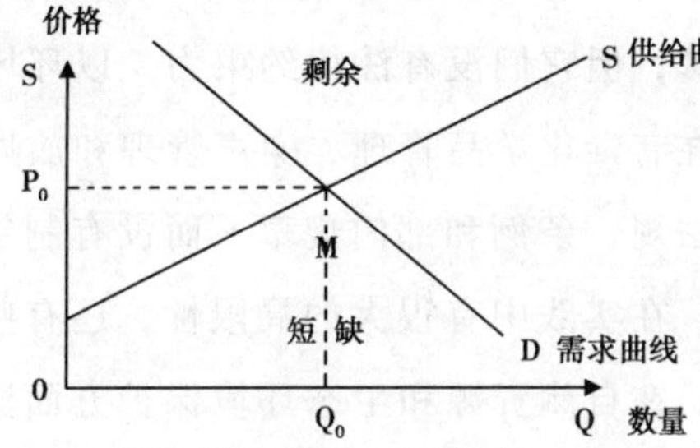

图6－1　绿色产品“供给—需求模型”

（四）生态法律体系不完善

比起传统的消费模式，生态消费需更多的制度，包括法律、法规、政策等保证政府、企业和个人生态消费行为的实现，而我国目前的法律制度还存在不少不利于生态消费发展的地方，具体表现在以下几个方面：

1. 现有的法律法规缺乏配套的实施细则，难以成为执法部门的依据。一旦发生与环境有关的毁林盗伐、滥捕滥杀珍稀动物、任意排放污染物等案件，由于缺乏相应的法律条款进行量刑，破坏或污染环境的个人和单位得不到应有的惩罚，也就无法遏制破坏生态环境的行为。美国于1969年公布了《国家环境政策法》，将环境影响事前评价放在作为联邦政府形成有关环境的国家政策过程中加以实施，使其构成判断公共政策可否的方式；日本于1984年8月由议会通过了《环境影响评价实施纲要》，20多个地方公共团体规定了环境影响评价条例或纲要，主要的开发事业都据此进行环境影响评价；联邦德国的《联邦污染控制法》中也有类似环境影响评价的规定，如第49条中州政府有权以政令规定控制那些大气污染的有害影响以及产生污染的设施等；2002年，我国全国人大常委会第30次会议通过了《中华人民共和国环境影响评价法》，该法于2003年9月1日生效，但我国环境保护法规仍有待于进一步细化。

2. 目前的生态法律体系上还存在一些漏洞。例如，在注重保护消费者权益立法的同时忽视了消费者生态环保责任的立法，虽然有一些罚款、警示、禁止等公告牌，但它们没有法律约束力。以环境防治方面的立法为例，目前，我国在有毒化学品管理、噪声管理和放射性物质污染防治等领域，只有一些法规、条例和部门规章，而没有制定相应的法律，因此其法律地位不高，在实践中有很大的局限性，还有些人有法不依、执法不严、违法不究。在自然资源和生态环境保护方面法律空白较多，目前，我国还没有一部自然资源和生态环境保护方面的综合性法律，许多方面如生物多样性保护、臭氧层保护、预防气候变化等还没有制定国家法律。

3. 目前我国环境标准采用国际标准和国外先进标准的比例还比较低。国家经贸委在2004年年度报告中指出：在中国197744项国家标准中，采用国际标准和国外先进标准的只占43.7%，国际标准组织（ISO）和国际电力委员会（IEC）现行有效的国际标准共18745项，只有630项转化为中国标准，转化率仅为38%。因此，我国生态法规在与国际法规接轨的过程中还存在标准障碍。

（五）生态消费教育不足

与其他消费方式相比，生态消费倡导以人为本的消费观念，它修正了人类把自然作为自身“对立面”的误区，打破了以往非生态消费盲目增长导致生态环境恶化的论断，充分体现了人与自然的和谐发展的思想。但实现生态消费是以消费者具有较高生态意识、环保意识为支撑的。消费者接受生态消费不外乎两种动机：一是从个体利益考虑，为了保护自身安全和健康；二是从承担社会责任角度考虑，旨在保护生态环境，在消费中减少资源浪费和环境污染。多支付费用，换取自身的安全和健康，富裕起来的人们一般都乐意接受，但若是基于环保理念，多花钱换取他人乃至子孙后代的安全健康，则未必所有的消费者都有这种意识。因此，基于上述原因和其他相关原因，我国居民生态消费意识还比较薄弱，因此，要树立正确的价值观、消费观，并加以教育和引导。

第二节 生态文化与生态消费

一、生态文化的含义

生态文化到目前为止还没有一个统一的定义，一般生态文化有广义和狭义的区别。广义的生态文化是一种生态价值观，或者说是一种生态文明观，它反映人类新的生存方式，即人与自然和谐的生存方式。这种定义下的生态文化与生态文明的含义大体相当，即人类关于生态问题的一切积极、进步的思想和观念在人类社会各个领域的延伸与物化，包括物质、政治（制度）、精神（文化）和社会四个层面。狭义的生态文化是一种社会文化现象，即以生态价值观为指导的社会意识形态，涉及精神层面的生态文化概念。从其本质内涵来说，所谓生态文化是指从人统治与征服自然的文化转变到人与自然和谐统一与协调发展的文化。

生态文化作为一种社会文化现象，其有广泛的适用空间，是一种世界性或全人类性的文化。正确认识生态文化的基本含义及其价值观基础，分析和把握生态文化的结构要素及其相互关系，是研究有关生态文化建设的一切问题的必要前提。但是，从近年“生态文化”这个概念的使用情况来看，人们对这一概念的理解并不完全一致，甚至可以说差异很大。

更多的还停留在人与自然关系的物质层面上。通常意义下，人们对生态文化的理解是指：以生态科学、可持续发展理论和绿色技术为主导，以保护生态环境为价值取向，引导人们树立人与自然同存共荣的一种自然观。人们提及生态文化时，往往停留在善待野生动植物、保护自然环境方面。然而，随着生态科学和可持续发展理论研究的深入，“生态”两个字已更趋观念化、哲理化，成为一种思维方式，逐渐成为一种文化的代名词。20世纪以来，人类在重视自身生存的生态环境保护的过程中，逐渐产生一系列的环境观念、生态意识，以及在此基础上发展起来的一系列有关生态环境的文化科学成果，诸如生态伦理、生态教育、生态科技、生态文学、生态艺术以及生态神学等，不仅表明生态学思维方式对人类社会的渗透，也展现出一种生态文化现象正在全球蔓延。从内容上看，生态文化主要包括生态哲学、生态伦理、生态科技、生态教育、生态传媒、生态文艺、生态美学、生态宗教文化等要素。这些要素互相依存、互相促进，共同构成生态文化建设体系。生态文化是属于全人类的文化，这是因为生态文化建立在科学基础上的文化，而科学是无国界的，它为所有的人提供正确认识的理论基础；生态本身的物质性作为一种客观存在，它对所有的人都同样起作用；人类的生存发展需要适宜的生态环境，而生态文化既是这种状态的产物，又对维护这种状态起着巨大的能动作用。生态文化是人类向生态文明过渡的文化铺垫，也是自然科学与哲学社会科学在当代相互融合的文化发展趋势。生态文化作为一股思想文化潮流，具有重要价值，具体表现在文化的三个主要层次上。①

（一）生态文化的物质层次

生态文化要求摒弃传统的掠夺自然的生产方式和消费方式，学习自然界的智慧，开发新技术，寻找新的替代资源，采用生态技术和生态工艺，进行无废料生产，既实现文化价值、保护文化价值，又为社会提供足够多的产品，实现人与自然“双赢”。在消费中提倡节约、循环

① 李建梅、任建兰：《科学发展观中的生态文化建设》，《山东省农业管理干部学院学报》，2006年第1期。

利用意识，促使人们的消费心理向崇尚自然、追求健康的理性状态转变。

（二）生态文化的制度层次

生态文化通过改革社会体制和社会关系，改革和完善社会制度和规范，完善法律体系，按照公正和平等的原则，建立新的人类社会共同体以及人与生物和自然界伙伴共同体，使公正和平等的原则制度化、环境保护和生态保护制度化，使社会具有自觉保护所有公民利益的机制和保护环境的机制，实现社会全面进步。

（三）生态文化的精神层次

生态文化确立自然价值观，摈弃“反自然”的文化，走出人类中心主义；建设“尊重自然”的文化，按照人与自然和谐的价值观，实现精神领域的一系列转变。

二、生态文化建设的构成要素

生态文化的内容十分广泛，其中包括生态哲学、生态伦理、生态科技、生态教育、生态传媒、生态文艺、生态美学、生态宗教文化等要素。这些要素互相依存、互相促进，共同构成生态文化建设体系。[①]

（一）生态哲学文化

生态文化产生于人们对当代生态危机的哲学反思。作为一种自然观，它既反对“反自然”的观念，又反对“自然主义”的观念，主张把“人与自然和谐”作为一种世界观，这种世界观用生态学整体性观点，去观察现实事物和解释现实世界；作为一种价值观，它认为不仅人具有价值，生命和自然界也具有价值，包括它的外在价值和内在价值。总之，生态哲学是用生态学的基本观点观察现实事物和解释现实世界的一种理论框架，是对传统哲学的革命。首先，生态哲学文化促进世界观的转变。“人

① 杨立新：《论生态文化建设》，《湖北社会科学》，2008 年第 3 期。

是万物之灵”、人“征服自然”的观念引起的人类的行为，不仅使人类越来越远离自然，而且使人类将受自然惩罚。生态哲学强调，自然是人的无机的身体，人是自然界的一员，正如恩格斯所说：“我们连同我们的肉、血和头脑都是属于自然界，存在于自然界的。”保护自然系统就是保护人类自己，破坏自然系统无异于毁灭人类自己。第二，生态哲学文化促进方法论的转变。它强调对自然的研究与对人的研究并重，并以整体性的方法把握人与自然的内在统一。第三，生态哲学文化促进价值观的转变。生态价值观认为，人类对自然界的开发和利用使得人类自身个体所拥有的空间越来越狭小。从时间上看，人类追求眼前利益的价值导向，必将使人类提前离开自然界。因此，它要求人类具有开阔的视野和长远的利益，以人的生存价值导向去处理人与自然的关系。

（二）生态伦理文化

生态伦理文化是反映和研究人与自然关系的生态道德，是研究人类与自然之间的道德关系，而非人类社会内部人与人之间的道德关系，它实现了伦理学由人际道德向自然道德的拓展。传统伦理学只关注人类（当作一个物种）的福利，只是人与人、人与社会关系的道德研究和实践，并不涉及人与自然界及其各种生命的关系。生态文化关注构成地球进化着的生命的几百万物种的“福利”，把道德研究从人与人关系的领域扩大到人与自然关系的领域，研究人对地球上生物和自然界行为的道德态度和行为规范，强调只有当一个人把地球上的一切生命（植物和动物）看得与他自己和同胞的生命一样重要的时候，这个人才是一个真正有道德的人。这就是生态伦理文化，即关于人们对待地球上的动物、植物、微生物、生态系统和自然界的一切事物所应采取行为的道德文化。生态伦理的思想虽然自古有之，但是作为一门学科，作为一种文化形态，还是西方环境保护运动的产物。20 世纪 70 年代初，我国作为发展中国家，也发现自然生态环境问题已成为制约经济社会发展、影响人体健康的一个严重的社会问题，并相应地把保护自然生态环境作为一项基本国策。与此同时，引进和评价西方生态伦理学，建构具有中国特色的生态伦理文化，并很快成为我国学界的一个热点。实践表明，解决生态问题，保护生态环境，仅靠科技的、经济的、法律的和行政的手段不够，还要靠道德调节手段。只有树立起正确的生态伦理观，才能激发保护生态环境的道德责任感，使人们自觉地调节人与人之间的利益冲突，自觉地调节人与自然之间的“物质变换”，从而形成生态保护实践活动的坚实基础和内在动力。

（三）生态科技文化

科学技术是一把“双刃剑”，既能对自然利用和改造，也可能背离自然的生态规律。现代科技的发展给人类带来了巨大的物质财富，提高了社会的文明程度，同时却又造成了严重的环境污染，危害着人类生活和健康。纵观世界科技发展史，几乎每一个新科技成果的运用无不如此。煤炭和石油能源的大量开发、化学产品的普及、农药的使用、核武器的使用和核电站的泄漏事故……已经而且正在继续污染环境，并由此引起人类许多奇奇怪怪的疾病。即使是离人们日常生活较远的宇航事业，也构成对人类生存环境的某种威胁。诸如此类的问题，使科技发展不能不重新认识和考虑人类对自然的依赖问题，不能不自觉承担维护人类生存环境的义务和责任。于是，一门研究人与自然关系的新文化——生态科技文化应运而生。生态科技文化亦即科学技术发展的“生态化”。这里的“生态化”是要确立科学技术发展的生态意识，使科学技术发展带有鲜明的生态保护方向，亦即在科学技术发展中运用科学的生态学思维，对科学技术提出生态保护和生态建设目标，成为科学技术进步的新形式。生态科技文化把生态价值概念引入科学研究和实践，强调发明和制造既有利于大多数人的利益，又有利于保护自然的科学技术。它要求我们对科学技术成果的评价，既要有社会和经济目标，又要有环境和生态目标，使科学技术向着有利于“人—社会—自然”复合生态系统健全的方向发展，为人类社会全面、协调和可持续发展提供指导思想、适用技术和具体途径，实现科学技术发展的“生态化”。

（四）生态教育文化

生态教育文化落实到现代教育的实践中，实质上就是一种贯彻科学发展观的教育模式。它要求包括从幼儿园、小学、中学到大学的一切正规教育和其他一切社会组织的教育，都要重视和加强全民生态教育，主要包括生态意识、生态知识、生态法制教育。生态意识是人类必须具备的最基本的与人类的主体意识直接关联的一种意识，它从根本上决定着人类对生态环境的态度和行为方式。全民生态意识觉醒之日，才是生态环境全面改善之时。生态教育文化建设应当努力使每一个有行为能力的人都有较强的生态意识，同时，使受教育者获得关于人与自然的关系、人在自然界的位置和人对生态环境的作用、生态环境对人和社会的作用、以及如何保护和改善生态环境、如何防治环境污染和生态破坏等知识。生态法制是保护生态环境、维护社会集体利益的有力手段，对于许多损害行为，尤其是以损害生态获取私利的行为，往往只有运用法制手段才能制止。生态文化建设要把全民生态法制教育作为一项重要工作，为生态保护提供法制思想保证。

（五）生态文艺文化

文学艺术是人们熟悉的重要文化现象，是用语言、文字、动作、线条、色彩、音响、图像等不同媒介与手段，构成艺术形象以反映社会生活的文化。文艺是人类文化体系中的一个重要组成部分，并在文化中具有突出地位。同样，生态文艺在生态文化中也有独特之处和重要地位。它给人的生态教育是一种情感教育，是一种潜移默化、润物无声的过程；它能使生态文化表现得有血有肉，具有生动丰满的形态、内容及情感。倘若没有文学艺术，生态文化的结构就会成为一个枯燥、干瘪的骨架而失去其应有的生机与活力。生态文艺作为一种社会意识形态，应当在其生动的感性关照中，充分体现现代人们的生态环境意识、生态审美情趣、生态思想情感、生态愿望要求，突出展示社会主义社会的生态文化精神，努力使人们在自身价值和本质力量的发现和证实中，获得与传统文艺不同的精神愉悦。

（六）生态美学文化

生态美学是在当代生态观念的启迪下新兴的一门跨学科性的美学应

用学科。它以“生态美”范畴的确立为核心，以人的生存环境和生活方式的生态审美创造为目标，弘扬我国“天人和一”的自然本体意识，把我国传统美学以人的生命体验为核心的审美观与近代西方以人的对象化和审美形象关照为核心的审美观有机地结合起来，形成“生态美”的范畴，由此克服美学体系中的“主客二分”的思维模式，肯定主体与环境客体不可分割的联系，追求“主客同一”的理想境界，从而使审美价值既成为人的生命过程和状态的表征，又成为人的活动对象和精神境界的体现。生态美学的产生和发展，不仅赋予美学理论以新的思路和内涵，而且对于解决生态问题、改善生态环境和促进生态文化发展具有很强的实践性功能。

除此之外，生态宗教文化、生态传媒文化也是生态文化内涵体系的要素。宗教的生态智慧和生态保护实践，对于现代生态文明建设有着重要影响，生态文化建设要重视建立与社会主义社会相适应的生态宗教文化。新闻出版、广播电视、信息等事业，作为文化这个机体的神经网络系统，应当把包括生态文化建设在内的各项文化事业和产业联系成一个有机整体，充实以宣传和传播为特征的生态文化含义。社会主义的各种媒体，是党和人民的宣传舆论工具，应该更好地发挥其灌输、传播生态文化的功能，帮助人们树立正确的生态文化观，弘扬生态文化精神，增强建设社会主义生态文化和生态文明的信心和热情。

三、生态文化与生态消费的关系

美国哲学家诺顿认为，生态危机在实质上表现为人类文化观念的失误。哲学家拉兹洛则认为，文化是我们时代的决定性力量，就人类对自然的破坏而言，取决于一定的文化背景，即生态危机的本质是文化危机。文化起源于生产和物质活动，反过来文化又影响、限制、引导、推动生产和物质活动，不同的文化产生不同的价值取向，引导不同的生产方式，生产方式的差异将直接影响农业持续发展与否。农业生态环境恶化、食物短缺、可持续发展程度降低等一系列的危机，必须从文化上、本质上实施自救，构建生态文化，树立可持续发展观念。树立可持续发展观的核心问题之一就是要树立生态消费观。马克思在资本论中阐述了物质循环的基本原理，物质再生产必须遵循生产、交换、分配和消费四个环节。今天，当人类面临环境和生态危机的时候，在人们重新审视人和自然关系的时候，认识到人在改造自然的同时，还必须承担人对自然进行保护的道德义务和道德责任。而这种义务和责任的形成，关键在于建立一个全新的文化，即生态文化。把传统文化调整人和人之间关系扩展到调整人和人以及人和自然的关系，重视生态文化保护环境、保护自然的功能，从而建设崭新的生态文化。生态文化的构建，标志着人类文明的进步和完善，是新时代人类处理环境和生态问题的新视角、新思想，是人类文明的新境界。在贯彻落实可持续发展战略中，我们要大力加强生态文化建设，唤起人们对自然的道德良知和生态良知，使人们全面认识人和自然的关系。要建立起全新的生态文化理念，即人既有改造自然的权利和自由，同样也有保护自然的义务和责任。人有责任、有义务尊重自然和其他物种存在的权利。因为，人与其他物种都是宇宙生物链中不可缺少的有机组成部分，享用自然并非人类的独有特权，而是一切物种共有的权利。要使人和自然共同迈向未来，人类要在维护生态平衡的基础上合理地开发自然，把人类的生产方式和生活方式规范在生态系统所能承受的范围内，倡导在热爱自然、尊重自然、保护自然和维护生态平衡的基础上，积极能动地改造和利用自然。走可持续发展道路，实现生态文明已经成为全球的共识。可持续发展战略是中国国情与现代化的唯一选择，也是全球人类共同持续发展的必然选择。我国的可持续发展必须把生态文明作为核心目标。作为人类文化发展的新阶段和总趋势，生态文化的形成是必然的。作为文化模式，从人类的长远发展来说，它被各个国家、地区和民族所选择也是必然的。只有选择生态文化模式，文化发展才能真正实现主体选择与历史客观规律的统一，人类才能真正摆脱生态危机，走出困境，走向光明。

四、弘扬生态文化，促进生态消费观念创新

生态文化建设的主要任务是建立完善的法规体系和健全的管理体制，普及生态科学知识和生态教育，培育和引导生态导向的生产方式和消费行为，形成提倡节约和保护环境的社会价值观念。要把生态文化建设作为社会主义精神文明建设的重要组成部分，使全社会树立起建设生态文化的共同理想和坚持可持续发展的共同信念，实现公众、企业、决策管理者生态文明程度的显著提高，在全社会树立起“破坏生态环境就是破坏生产力，保护生态环境就是保护生产力，改善生态环境就是发展生产力”的生态观。

（一）政府要在生态文明建设的硬约束上建立强制机制

首先，要建立综合决策制度，用政府的权威保证生态环境免遭破坏。特别是在制订计划及重大经济行为的拟议过程中，充分发挥政府综合决策的作用，把生态环境目标和经济发展目标结合起来，统筹考虑，综合决策，以从源头上解决对生态的危害问题，从而保证各项重大决策既具有经济效益，又符合生态建设的要求。其次，要适时出台相关政策，用宏观调控手段引导生态建设的积极性。当前和今后一个时期，应抓紧调整生态建设的政策导向，千方百计加大对生态环境的政策性倾斜，这是生态文明建设的当务之急。尤其在起始阶段更要形成一整套与之相适应的政策体系。第三，要充分发挥环境和资源立法在经济和社会生活中的约束作用。具体来说，一要把生态文明的内在要求写入宪法，在根本大法上保证生态文明建设的健康发展；二要制订一个统一的自然资源保护法，使自然资源的合理利用得到法律上具体而切实的保障；三要在各种经济立法中突出生态环保型经济的内涵，使经济发展与生态文明的协调发展在经济法中得到充分体现。

（二）要坚持生态文化建设与可持续发展相协调的原则

目前，我国正在着力推进新型工业化的建设。走新型工业化道路必

须遵循建设生态文明的重要要求，才能达到与生态文化建设相协调统一。走新型工业化道路，不仅要大力推进工业化与信息化融合发展，而且要大力推进工业化与生态化融合发展。只有这样，才能建成一个真正的生态文明社会；也只有以建设生态文明社会为目标，我国的工业化和现代化才能走上健康的生态文明发展道路。党的十七大提出，要不断增强可持续发展能力，改善生态环境，显著提高资源利用效率，促进人与自然的和谐，推动整个社会走上生产发展、生活富裕、生态良好的文明发展道路。党的十七届三中全会以“三个代表”重要思想为指导，在总结以往经验的基础上提出了包括统筹人与自然和谐发展的科学发展观。统筹人与自然的和谐发展，建设生态文明，既继承了中华民族的优良传统，又反映了人类文明的发展方向，对于我国实现全面建设小康社会的目标具有重大而深远的意义。

（三）要加强绿色消费决策机制的建立

决策文化建设，要从完善地方法规体系和管理体系入手，使决策机制符合生态文化的导向，遵守“人与自然共生”的基本法则。首先，转变观念，改革创新。特别是要使领导决策层的观念转变过来，使从行政命令为主导的环境管理转变到以法律和经济手段为主导的环境管理；管理体制也应进行相应改革，其重点是遏制部门利益主体化倾向，培育企业的自治机制，努力提高生态经济（绿色 GDP）在国民经济中的份额。其次，建立法律保障机制。建立科学决策机制，完善并坚持推行生态环境影响评价制度，建立并积极推行重大决策的生态环境听证制度。政府要制定相应的经济激励政策鼓励企业创造条件，积极申请 ISO14000 标准认证，以此作为企业生态文化的基础。建立起适应生态建设的法规综合体系，使生态建设法律化、制度化。再次，发展经济激励机制。在考核社会发展经济绩效和审批新建项目时，将资源、环境成本逐步纳入经济核算当中，体现资源与环境容量使用的代际公平原则；逐步制定并增收环境税、资源税、产品税等。利用经济手段激励企业在战略规划中首先考虑环保的产品，在生产过程中选择清洁生产工艺。最后，建立与完善环境与经济发展综合决策机制。推行科学的行政管理和决策方法，严格执行生态环境影响评价制度，重大决策实行听证会制度，通过媒介向公众实事求是地通报情况，征求意见。政府要成立专门的政策研究室，其主要任务应为城市建设与管理决策提供前期可行性论证，为决策层提供充分智力支持，实现决策的民主化与科学化。

（四）要加强生态科学知识教育和普及，提高全民生态意识水平

在这个过程中，各级学校加强生态环境教育，培养生态文化的观念和意识，努力造就具有生态环境保护知识和保护意识的一代新人。提高政府和企业管理人员的生态文化素质，使生态建设和环境保护成为政府决策和企业行为的自觉行动。利用各种传播媒介广泛开展可持续发展思想、生态环境知识宣传教育活动，促进公众传统价值观的转型，从而显现出生态建设的重要性。

（五）要加强公众的生态文化建设，倡导绿色消费

1. 把生态文化建设与正在进行的创建和谐社会有机结合起来，以培育生态文化为出发点，构建和谐社会。建立各社会群体、组织、单位，参加社会生态文化共建组织，制定各类适合社会发展的生态文化建设规划，实现目标管理责任制，协调好各功能体之间的关系，促进生态文化建设工作扎实有效地开展。

2. 倡导绿色消费文化观。一是要大力宣传教育，倡导简朴和谐的消费观念。通过宣传教育、舆论监督，辅以一定的行政和法规手段，在居民生活中提倡、引导、培育一种符合生态建设要求的、简朴的生活方式；成立相关服务中心，普及科学、文明、健康和生态的生活方式。二是要在弘扬优良传统文化的基础上，制定地方生态型消费的细则，倡导生态消费，推广使用环保产品。比如，在能源方面，提倡使用清洁能源、太阳能、生物能以及风能等新型能源，提倡使用节能技术和新产品；在水源方面，提倡节约用水和水资源的二次使用；在旅游方面，倡导生态旅游；在餐饮方面，提倡食用绿色食品，适量消费和打包服务，严禁食用国家保护的野生动植物；在购物方面，提倡适度消费并注重所购商品最

终处置所产生的负面环境影响，反对商品过度包装，不购买和使用对环境有害的商品和危险品等。

第三节 生态消费创新与生态文明建设

一、生态消费创新

（一）生态消费创新的含义

生态消费创新是指与生态技术创新密切联系的消费方式和消费条件的创新。生产、分配、交换、消费，是任何社会生产所必须经历的社会基本生产过程。通过分配和交换的传导，生产的实物只有被用于各类消费，才能形成新的一轮社会再生产循环。按照马克思主义经济学的观点，消费在两方面制约着生产的发展：一是消费使产品成为现实的产品，产品只有在消费中才证明自己是产品，才成为产品；二是消费为生产创造出新的需要，消费不但使生产最后完成，又使生产重新开始和向纵深发展。没有需要，没有消费，生产也就停止了，没有了动力。而消费则是把需要不断地再生产出来。因此，作为消费的可持续形式，生态消费又是推动生产发展的动力。推行生态消费创新，就是要改变现行的消费方式、消费政策、消费环境和消费结构，维持经济社会消费的可持续发展。因此，综观生态消费创新的形式，主要包含四个方面的内容：

1. 生态消费政策创新。生态消费政策是国家根据一定的经济发展要求和运行状况制定的意在使消费机制正常运行，使社会生态消费顺利实现的各项方针、制度规定及具体措施的总和。在经济发展的一定时期，政府可以通过政策影响经济环境，同样也可以通过生态消费政策影响生态消费经济环境。政府通过生态消费政策调节生态消费市场，进而通过生态消费市场引导生产者的生产和居民的生态消费。

2. 生态消费方式创新。时尚消费、炫耀性消费以及一些不健康的消费有增无减，导致大量资源得不到有效使用，造成浪费，进而制约经济可持续发展。例如，公款吃喝、铺张浪费加剧了资源的无效使用和浪费。汽车消费追求豪华型、大排量，社会普遍没有侧重公交事业的建设，结果不但导致燃油耗费严重，造成燃油稀缺，更严重的是造成空气污染。一次性餐具，如一次性饭盒、筷子和各种一次性包装，不仅大大增加了资源的消耗量，还造成了严重的环境污染。有的消费品更新速度过于频繁。尤其值得提出的是，商品的过度包装，有些包装的价值甚至超过了商品本身，大量的包装物在消费者将商品带回家后便被丢掉，对企业可能没什么，因为总有消费者买单，但对于我们的整个经济体而言是资源的浪费。因此，必须进行生态消费方式的创新。

3. 生态消费结构创新。生态消费结构是指各类消费支出在总消费支出中的比例关系，它包括衣、食、住、行、用结构、个人消费与集团消费、物质消费与文化消费结构等。生态消费结构创新主要包含三个的方面：第一个方面，就是要促进生态消费结构的进一步优化与升级，增加绿色产品和绿色产业的发展；第二个方面是扩大生态消费领域；生态消费结构创新的第三个方面，就是必须正确把握消费结构创新原则：一是可持续发展原则；二是经济文化一体化原则。生态消费结构创新，必须提高生态消费中的生态文化含量，提高生态消费结构中发展性、智力性在生态消费中的比重，提高高层次的享受资料、发展资料的比重；三是国民经济良性循环原则。国民经济的良性循环离不开生态消费结构的创新，根据近几年我国生态消费需求的总需求结构比重不断下降的实际情况，必须采取切实可行的措施提高生态消费需求在总需求中的比重，并把生态消费需求引导到优化生态消费结构，优化产业结构的方向上去。通过生态消费结构的创新和升级，促进产业结构的优化和升级，促进经济的健康发展。

4. 生态消费环境创新。生态消费环境创新，必须净化市场环境，由于社会主义市场经济体制还未完全建立，市场管理的法规建设、生产和流通企业的经营制度，还远没有达到“消费者主权”时代的要求，目前的售后服务水平普遍较低，市场上假冒伪劣商品盛行，市场欺诈行为较为严重的市场环境，是不利于生态消费的。

（二）生态消费创新是发展循环经济的核心

随着20世纪60年代以来生态学的迅速发展，人们开始按照自然生态系统物质循环和能量流动规律重构一种经济系统。到了20世纪90年代，随着可持续发展战略的普遍采纳，发达国家把发展循环经济、建立循环型社会，作为实现环境与经济协调发展的重要途径。生态消费要求将人与自然环境的关系放在生态系统中进行认识和研究。要全面、正确地了解人类在生态系统中的地位和作用，以及对生态系统的要求和影响，就必须遵循生态学规律，自觉地协调人与自然界的信息传递，发挥人类在系统中的作用，调整人类的经济生产行为，自觉维护生态系统的平衡，以保证人类的长久生存，达到生产与环境保护的协调与可持续发展，防止由于人类对生态破坏而引起危害人类社会生存发展的悲剧发生。循环经济是吸收现代生态学理论而形成的一种全新的经济活动方式，这种经济活动方式显然包括了相应的消费内容与消费要求，也是科学发展观在消费领域的体现与落实。循环经济是按照生态规律来组织整个生产、消费和废弃物处理过程的动态系统，在生产与消费两大领域，将现行“资源→产品→废弃物排放”和“消费—排放”的单向线性经济流程，转化为“资源→产品→再生资源”和“消费→回收→再利用”的反馈式循环经济流程，提倡减量化（Reducing）、再使用（Reusing）、再生利用（Recycling）的“3R原则。由此可见，循环经济对经济活动的各领域提出了新的要求：一方面，生产企业应尽可能选用可再生的资源作原料，采用低资源消耗的生产技术和工艺，在减少各类工业废弃物的同时，尽可能地彻底回收再利用，减少不必要的包装，以达到资源使用量和废弃物发生量的最少，销售领域尽量循环使用回收包装材料和容器；消费者也应尽可能选用可再生资源并承担充分使用产品和回收废旧物资的社会责任和经济责任。另一方面，经济活动要尽量提高资源循环利用率，使传统经济活动中的废弃物在新的生产环节或生产过程中得到新的利用，实现利用最大化和污染最小化。所以，从消费的角度来看，循环经济区别于传统经济非常重要的一点，就是传统经济忽视了消费后产品资源化回收再利用，尤其是传统经济认为“无利可图”的那部分废弃物的回收与资源化再利用，而循环经济则从产品设计、制造、消费、回收、再利用或再制造等各个环节，都体现了节约资源、减少排放物和废弃物、资源重复利用的理念与原则。

循环经济把清洁生产、资源综合利用、生态设计和可持续消费融为一体，运用生态学规律来指导人类经济活动，把经济建立在节约资源、增强生态环境良性循环的基础上，一切的物质、能源可以在不断进行的经济活动中得到梯次利用或最合理使用，整个经济系统不产生或只产生很少的废弃物或污染物，生产过程与消费过程对环境的影响不断缩小，本质上是一种生态经济。如果将循环经济作为生态经济的表现形式，那么生态消费就应该作为生态经济的起点和最终目的。因此，提倡生态消费创新是推行循环经济的充分条件，是发展循环经济的重要途径，对于促进循环经济发展具有重要意义。

二、生态文明建设的基本途径

“生态”一词源于古希腊语，最早的意思是房屋、家庭，19 世纪中叶以来被赋予了现代科学意义，主要指的是自然界各主体、各系统之间交错复杂的关系。如果我们将文明定位于人类社会的进步状态，那么，生态文明是指人类社会在自身发展过程中，不断改善人地关系，进而促进社会可持续发展的一切积极成果。因此，生态文明建设，是根据我国社会主义条件下劳动者同自然环境进行物质变换的生态关系和人与人之间的经济关系的矛盾运动，在开发利用自然的同时，保护自然，建设现代化生态环境，提高生态环境质量，使现代经济社会发展建立在生态系统良性循环基础上，有效解决人们经济活动的需求同自然生态环境系统的供给之间的矛盾，以既保证满足当代人福利增长的生态需要，又能够提供保障后代人生存能力的资源和环境基础。①加强生态文明建设的基本途径有以下几点：

1. 要加强生态道德教育力度，使生态文明建设的观念在全社会深入人心。联合国1980年发布的《世界自然资源保护大纲》明确指出：如果要保证达到保护的目的，就必须根本改变整个社会对生物圈的态度，人类社会若要和他们得以生存和得到幸福的自然界融合共存，就需要有新的合乎道德规范的、相互接受的动植物和人。1992年联合国通过了《21世纪议程》，可持续发展获得大多数国家的认同和支持。这说明，生态道德正作为一种新的世界道德，逐步成为每一个公民现实生活中的必备素养。长期以来，我国传统道德教育的内容主要是围绕如何处理自己和他人、集体、社会、国家的关系而展开，相对忽略了道德层面上生态道德内容的拓展，即如何处理人与自然，包括人类与其他生命之间关系的教育。媒体多次曝光的青少年虐待动物的事件和屡禁不绝的乱砍滥伐，说明我们传统的道德教育由于忽略培养受教育者建立起对生命的敬畏、对生活的热爱和对生存的责任感，造成很多社会成员淡薄的生态环保意识以及浪费资源、污染环境、破坏生态平衡等短期行为，不利于和谐社会的构建和发展。生态道德交往，是人类为了自己的生存必然与自然发生关系，保持道德的活动，把维护人与自然的和谐关系当成日常生活的行为方式。面对当前我国生态道德教育的现状，一方面要培养青少年对自然的尊重和关怀，帮助其把人同自然关系的认识从人同自然界的“物质联系”扩展到人同自然界的“道德联系”上，形成科学的道德价值观和完备的道德人格。数年后，当他们走上社会，他们既能成为新观念的载体、传播者，又会成为理性的绿色消费者和实践者，其社会效益是不言而喻的。另一方面，必须在全社会普遍开展生态环境的宣传和教育，使

① 刘思华：《可持续发展经济学》，湖北人民出版社1997年版，第217页。

得自觉遵守生态道德原则、履行生态道德义务成为全民都广泛认同的道德标准，环境保护成为每个企业、每个公民的自觉行为。对人们日常生活中的一些随地吐痰、摘花折木等行为习惯提出新要求，让社会成员不仅从社会公德，而且还从生态伦理，即人与自然和谐共处的角度，重新认识这些不良习惯的双重负面价值，促使他们自觉维护自然环境，最终形成既要对他人和社会承担责任，也要对后代乃至整个自然界承担责任的生态道德价值观。

2. 要推动科学技术进步，使得生态文明建设的步伐不断向前迈进。关注科学技术，依靠科学技术来处理、调整人与自然的关系，是马克思和恩格斯一贯的价值主张。他们从人的解放、人对自身行为的预见性角度赞扬了科学技术的进步作用：现代科技和现代工业一起变革了整个自然界，结束了人们对于自然界的幼稚态度和其他幼稚行为。这样，就既提高了我们认识和改造自然界的能力，又使我们在科学技术保障的前提下去估计、调整和控制我们自己行为的长远自然影响，促进人与自然的和谐共处。20 世纪下半叶以来，科学技术发展突飞猛进。技术进步使人类认识和改造自然的领域不断扩大，能够利用的资源和能源不断增多，例如，生物工程技术的发展，开拓了农业技术的新领域，引发了新的“绿色革命”。科学技术的提高还使得人类的智力水平和认识能力不断提高，这就使人们愈来愈有可能预见和控制自己干预自然生态行为所引起的后果，做到“防患于未然”。近年来，尽管我国的生态学科发展取得了一些重大突破和重要进展，但是从整体上来看，我国的科学技术水平特别是在农业等生态技术领域，与发达国家相比仍然存在巨大的差距。因此，要更好地完成我国生态文明的建设任务，必须通过确立生态文明的技术创新价值观，建立公众参与的技术创新决策机制，形成公众参与、专家论证和政府决策相结合的决策机制，保证技术创新决策的科学性和正确性。也就是在节约资源、能源、保护生态环境的价值共识的基础上，通过生产技术创新、产品创新等方式，促进科学技术成果的商业化、产业化和生态化的转化，实现经济、社会、生态的三方“共赢”，从而推动我国科学技术特别是生态技术整体水平的提高，进而推动生态文明建设的良性发展。

3. 完善相关的法律法规，保障生态文明建设顺利进行。社会主义市场经济体制极大地推动了我国的经济发展和社会进步，但市场经济是以利益为中心的经济，它使人们自然而然地围绕物质目标这一中心并以经济尺度、物质价值尺度来衡量自己的行为，导致乱砍滥伐林木、工业企业超标排污等破坏环境的现象经常发生，生态受到严重损害。我国生态建设的复杂性和广泛性迫切需要法律的调整和保障。同时，法律显著的规范性和特殊的强制性也使其具备了有效保护生态建设的能力。为确保生态文明建设的顺利开展，我国近年来一直不断地建立和完善生态法律制度、生态保护法律体系，《中华人民共和国宪法》第九条就规定："国家保障自然资源的合理利用，保护珍贵的动物和植物。禁止任何组织或个人利用任何手段侵占或破坏自然资源。"第二十六条规定："国家保护和改善生活环境和生态环境，防止污染和其他公害。"另外，《中华人民共和国民法通则》、《中华人民共和国刑法》和《中华人民共和国环境保护法》等基本法对生态保护也有相关规定，核心是为了杜绝一切环境违法行为，保障生态文明建设的顺利展开。

三、加强生态文明建设，促进生态消费创新的主要措施

（一）加强宏观政策的支持

全国人大常委会委员、全国人大环境与资源保护委员会副主任委员倪岳峰强调，促进循环经济的发展，仅仅靠行政强制手段是远远不够的，应当建立激励机制，鼓励走循环经济的发展道路，比如建立循环经济专项发展基金，提供财政资金支持，提供税收优惠，国家进行金融和投资方面的支持等。温总理在2009年的《政府工作报告》中指出：要毫不松懈地加强节能减排和生态环保工作。一是突出抓好工业、交通、建筑三大领域节能，继续推进十大重点节能工程建设，落实电机、锅炉、汽车、

空调、照明等方面的节能措施。二是大力发展循环经济和清洁能源。坚持节能节水节地。积极发展核电、风电、太阳能发电等清洁能源。推进洁净煤技术产业化。严格执行能耗和环保国家标准，加大节能技术和产品推广应用力度，加强资源综合利用。三是健全节能环保各项政策，按照节能减排指标体系、考核体系、监测体系，狠抓落实。四是开展全民节能减排行动，国家机关、公共企事业单位要发挥表率作用。五是继续强化重点流域、区域污染防治，加强石漠化、荒漠化治理，实施重点防护林、天然林保护和京津风沙源治理等生态建设工程，保护水、森林、草原、湿地等生态环境。推进农村环境综合整治。整顿规范矿产资源开发秩序。合理开发利用海洋资源。六是实施应对气候变化国家方案，提高应对气候变化能力。加强气象、地震、防灾减灾、测绘基础研究和能力建设。在信贷方面，要优化信贷结构，加强对信贷投向的监测和指导，加大对“三农”、中小企业等薄弱环节的金融支持，切实解决一些企业融资难问题。严格控制对高耗能、高污染和产能过剩行业企业的贷款。

（二）树立生态消费意识，在全社会形成科学、文明和理性的消费氛围

1. 加强生态消费观教育机制的建立。培育生态消费理念、环境意识和环保质量，是衡量一个国家和民族文明程度的一个重要标志，树立科学的生态消费观或生态消费意识，是对每一个地球居民应有素质的要求。当传统的消费观日益明显地暴露出其对生态环境，进而对整个社会持续发展的危害性时，当代社会成员在观念认识上应自觉地摒弃传统的消费观念，以一种既能确保自己的生活质量不断提高，又不会对生态环境构成危害的消费意识约束自己的消费行为，这样一种具有互利功能的消费意识便是生态消费意识。目前，我国许多人的环保意识还不强，这一方面是由于长期以来我国对学校生态教育重视不够，生态教育缺乏系统性、连续性；另一方面，我国生态教育主体单一，教育目标不明确。政府机构、学校和行业协会等组织应承担起对消费者、生产经营者进行生态消费教育的责任，利用各种宣传工具和手段，积极宣传环境保护和生态消

费知识，引导人们树立生态消费观念，努力使生态道德标准得到广泛传播，并将其原则转化为行动。大力宣传生态意识和生态伦理，促进社会公众自觉规范消费行为。

2. 加强舆论导向作用。发展循环经济，倡导生态消费，需要得到广大社会公众的认同，调动他们的积极性，并付诸行动。因此，要运用各种宣传手段和传媒工具对生态消费进行社会宣传，加强生态教育和循环经济教育，以提高公众对可循环再利用资源消费的意识。如日本大阪市结合城市美化进行宣传活动，每年 9 月份发动市民开展公共垃圾收集活动，并向家庭发放垃圾处理和再生利用的宣传册，鼓励市民积极参与垃圾减量和废旧物资回收工作。另外，举行环境污染案例的听证会，加强舆论宣传，使公众自觉、自愿地选择有利于环境清洁和循环经济发展的消费方式，并在生态消费模式中体验到经济效用与精神愉快的统一。

节约消费不但可以避免地球上有限资源的不必要浪费，而且有利于形成良好的道德风尚。开展资源节约活动，必然要在人们头脑中形成合乎节约原则、渗透节约精神的生态消费观念，也就是说要建立起“节约光荣、浪费可耻”的价值观念和资源忧患意识，以及正确的人生观、幸福观和生活美学观等生态消费意识。加强环境保护与可持续发展战略的宣传与引导，强化企业及消费者的生态消费意识，推动生态消费。传统的高消费日益明显地暴露出其对生态环境及对整个社会持续发展的危害，当代社会成员应在观念意识上自觉地摒弃高消费的愿望和行为，应以一种既能确保自己的生活质量不断提高，又不会对生态环境构成危害的消费意识约束自己的消费行为，这种具有互利功能的消费意识便是生态消费意识。崇尚节俭是自古以来的美德，即使是在物质生活相对富足的今天，也还是需要这种美德。当社会成员普遍具有较高的生态、环保意识，并能据以实施自己的消费行为的时候，社会长期的可持续发展和节约型社会建设也便得到了保障。

3. 坚持适度消费，形成合理的消费结构。生态消费要求人们不能过度依赖现有的生态资源，要尽量减少使用涉及生态资源的产品，要调整传统的消费结构，做到科学、高效、合理地利用有限的生态资源。适度消费是一种与环境的承载能力相适应的消费。适度消费是满足人需要的消费，不是铺张浪费。人类在满足基本的生存需求之后，要求过更好的生活，去满足享乐和发展的需要，这是很自然的，社会物质生产以全面满足人的需要为目标。但是，炫耀式的奢侈消费却是一种畸形的、不合理的消费，这种不合理的消费方式已经显示出严重的生态后果，正在严重地威胁整个人类的生存。节约型社会建设并不是仅仅要人们能够维持简单的生存，而是要满足人们的健康生存所必要的一切消费。过度节俭显然不利于现代社会经济的发展。在全面建设小康社会过程中，要不断提高广大人民群众的物质和文化生活水平，但不能随意挥霍自然资源。因此，我们要选择一个合理消费的目标，以保障个人的基本健康生存需要作为合理消费的底线。当代人类面对的生存危机，主要不是由人们为了健康生存的消费造成的，而是由那些富国、富人们的奢侈消费造成的。要引导异化消费者走出唯物质享受的窠臼，摆脱纵欲主义的藩篱，采纳节制欲望的适度消费，尊重自然的生态消费，使其更注重精神、文化等社会需求的满足并内化在自身的价值观念体系之中。

4. 把生态成本计入经济增长指标，严格执行生态核算体系。要大力发展循环经济，实施清洁生产，实现经济增长方式的根本转变，必须建立生态环境保护和资源合理利用的新型国民经济核算制度，把自然资源和生态成本纳入国民经济核算体系，彻底改变过去那种无偿使用自然资源并将生态环境的破坏转嫁给社会的传统消费模式。随着资源节约活动的不断深入，我们要依靠科技进步促进产业结构升级，改造传统产业，提高资源的配置效率和利用效率，扭转资源依赖型的经济增长模式，逐步形成有利于资源持续利用和环境保护的、合理的产业分工格局，并逐步建立起资源节约型国民经济体系。实施绿色的刺激消费政策，通过政策引导、宏观调控以及立法等手段强制性地限制不可持续的消费行为，在对企业进行成本和效益核算时加上生态成本和资源成本，以彻底改变过去以单纯追求经济增长和利润最大化为目标的发展模式。国家要制订颁布一系列法律法规，以此来规范和约束人们占有和使用资源的行为，使其合乎节约原则的要求。为了把传统的消费模式转移到适度的、生态化的可持续消费模式的轨道，使全体国民树立起生态消费的意识，摒弃高消费的陋习，就必须制定较完备的法律体系，把生态环境的代价纳入生产者和消费者的决策范围。地球只有一个，人类社会能否实现可持续发展，与每一个地球村村民息息相关。选择生态消费方式，是消费者应尽的义务。实施生态消费政策，是政府明智的抉择与应尽的责任。我国资源短缺、环境压力较大，在当前和未来的经济发展中，生态消费将是一种主要的消费观念和消费模式，是保护环境、节约资源的一种理想的科学消费模式。

第七章
循环工业生态园区建设

工业化是一个国家经济发展水平的重要衡量标准，也是我国经济发展必经阶段。目前，我国正处于工业化中后阶段期，由于传统的粗放经营造成的资源低效率使用，高污染排放等不合理的行为，我国的生态环境遭到严重的挑战。[①] 党的十七大报告明确指出，我国要建设生态文明，基本形成节约能源资源和保护生态环境的产业结构、增长方式、消费模式。因此，必须寻找到一条符合中国实际并能解决中国工业化过程中可持续发展的道路。实践证明，作为循环经济生态创新主要实现形式之一——循环工业生态园区的发展为新型工业化提供可行的实现途径。本章主要阐述生态文明建设与循环工业生态园区建设、循环经济发展与循环工业生态园区建设之间内在关联，并提出我国循环工业生态园区建设的基本思路。

① 石敏俊等：《中国经济增长的资源环境代价》，科学出版社2009年版，第2页。

第一节　生态文明发展与循环工业生态园区建设

一、工业文明带来的生态环境问题——创新工业文明发展模式迫在眉睫

工业革命后的几十年来，不同国家开始了工业文明的建设。工业文明是这样一种理念，它认为人与自然分离，并且人高于自然，自然资源和生态环境只是满足人类需要的工具，崇尚人类"统治自然"、"做大自然的主人"，把追求GDP的高速增长作为人们经济活动的唯一目的。在这种价值理念的驱使下，经济至上主义横行，自然资源和生态环境遭到了不同程度的破坏。然而，在人与自然的对立中，大自然也在以生态规律作用的形式对人类实施报复和惩罚。全球性的生态环境危机，突出表现为森林锐减、土地退化、淡水匮乏、酸雨和温室效应加剧、人口增长、能源危机。

工业化是环境破坏和污染问题最重要的直接原因之一。据2007年全国环境统计公报分析，从对水环境的影响来看，全国废水排放总量556.8亿吨，比2006年增加3.7%；工业废水排放量246.6亿吨，占废水排放总量的44.3%，比2006年增加2.7%；工业废水中化学需氧量排放量511.1万吨，占化学需氧量排放总量的37.0%，比2006年减少5.8%；工业氨氮排放量34.1万吨，占氨氮排放量的25.8%，比2006年减少19.8%；工业废水排放达标率91.7%，比2006年提高1.0个百分点；工业用水重复利用率82.0%，比2006年提高1.4个百分点。工业二氧化硫排放量2140.0万吨，占二氧化硫排放总量的86.7%，比2006年减少4.4%；工业烟尘排放量771.1万吨，占烟尘排放总量的78.2%，

比2006年减少10.8%；工业粉尘排放量698.7万吨，比2006年减少13.6%；工业燃料燃烧二氧化硫排放达标率和工业生产工艺二氧化硫排放达标率分别为87.4%和81.8%，分别比2006年提高5.1个和0.8个百分点；全国工业固体废弃物产生量17.6亿吨，比2006年增加15.9%；工业固体废物综合利用率为62.1%，比2006年提高1.9个百分点。

二、生态文明中工业化发展的新方式——循环工业生态园区

在这样的背景下，人们逐渐意识到传统的工业文明发展模式是难以为继的。这种把GDP的增长放在绝对的中心地位，只注重经济上的投入产出而不顾生态的可持续性的理念，是一种片面的、不科学的发展理念。

生态文明是在扬弃工业文明基础上的"后工业文明"，是人类文明演进中的一种崭新的文明形态。生态文明建立在把"人—社会—自然"看做是一个辩证、发展、整体的生态科学世界观的基础之上。生态文明是在合理继承工业文明的基础上，用更加文明与理智的态度对待自然生态环境，反对野蛮开发和滥用自然资源，重视经济发展的生态效益，努力保护和建设良好的生态环境，改善人与自然的关系。生态文明下的发展，不仅是工业和经济的发展，也是生态环境的发展；生态文明下的进步，不仅是社会的进步，也是人—社会—环境系统的整体进步。它以尊重和维护生态环境为主旨，以可持续为目标，强调人与自然环境的相互依存、相互促进。党的十七大报告提出"建设生态文明"作为我国实现全面建设小康社会奋斗目标的新要求之一，同时还明确提出"必须把建设资源节约型、环境友好型的社会"放在工业化、现代化发展战略的突出位置。

我国的环境问题确实已经成为影响我们长期发展和社会和谐的一块大"短板"，通过一般性地在政策上做些小的调整，都很难彻底解决问题，必须通过对发展方式和生活方式进行根本性的变革，才能使我国资源和环境支撑经济社会的长期稳定发展。经过我国经济改革开放之初的

“轻化”型经济特征向自主主导的、带动力较强的、可持续的“重化工业”方向发展，我国已进入重化工业主导的城市化加速发展阶段。因此，工业尤其是重化工业增长速度的加快局面，是经济由单纯的外向带动型向自主主导与可持续发展的内生发展型转变的重要标志与体现，更具有由工业文明向生态文明演变的划时代意义。

经济尤其是重化工业的持续高速发展，使我们已经付出了难以弥补的代价：据世界银行测算，我国的空气和水污染造成的损失已经占到当年 GDP 的 8% 左右。而中科院测算的数据是，环境污染使我国的发展成本比世界平均水平高 7%，环境污染和生态破坏造成的损失占 GDP 的 15%。据国家环保部的生态状况调查表明，西部 9 个省区生态破坏造成的直接经济损失占当地 GDP 的 13%，等于甘肃和青海的 GDP 总和。世界银行给出的另一个统计数据是，如果仍然毫无节制地发展火电，2020 年我国因为燃煤污染所导致的疾病将损失 GDP 的 13%。我国已进入重化工业主导型的城市化加速发展阶段的现实，要求我们必须加强生态文明建设。工业化是环境破坏和污染问题的重要原因之一，这就要求我们选择更为先进的发展理念来解决工业的发展。循环工业生态园能实现区域内工业体系与生态环境协同发展，合理利用资源，充分保护环境，促进清洁技术与环保产业的发展，改造老工业区，增强企业竞争力。

（一）合理利用资源，提高资源利用效率

我国资源总量丰富，但资源的人均占有量低于世界平均水平，部分矿种存在短缺。以工业需要的矿产资源为例，我国矿产资源总量约占世界总量的 12%，居世界第三位，但存在贫矿多、富矿少，共生矿多、单一矿少，中小型矿多、大型矿少，空间分布不均与开发难度大等问题。同时一些重要的矿种储量不足，存在短缺，如金刚石与钾等。

我国资源浪费严重且综合利用率低。以矿产资源为例，矿产资源利用效率普遍较低，破坏、浪费与环境污染严重。从国外的实践看，工业生态园区中的企业实行资源减量化、再循环与回收利用、废弃物的再资源化等措施能大大提高资源的利用效率，减少资源的使用量，通过地域毗邻的企业集群相互利用废弃物，使物质与能源再资源化，达到合理利用。

（二）充分保护环境，改善区域环境质量

目前我国环境形势仍然严峻：污染物排放总量还处于相当高的水平，远超过环境承载能力，一些地区的环境质量仍在恶化，且生态恶化的加剧趋势未得到有效遏制，部分地区生态破坏的程度还在加剧。

工业生态园区企业改变了污染处理方式：从企业对污染的末端治理为主向全过程污染预防与控制为主，再辅以末端的污染治理方式，能最大限度地减少污染。工业生态强调以生态为中心，工业体系与生态环境相协调，实行循环经济模式。因此，企业实行全生产过程的污染防治，生产无污染产品，并提供产品全生命周期的环境承诺，从提供产品到提供职能服务，能极大地减少对环境的污染与破坏。由于区域的“废气、废水、废渣”等三废得到综合利用与无害化处理，其排放到环境中的量减少，对环境的破坏也减少。

（三）促进清洁生产技术与环保产业的发展

由于企业缺乏长远眼光与担心增加成本，目前采用清洁生产技术的企业还不是很多。环保产业作为一个很有前途的产业，在我国仍然发展很缓慢。与国外相比，我国环保产业发展刚刚起步，规模小，技术落后，在工业中所占比重很低。我国环保企业在国内外环保市场上竞争力弱。建立工业生态园必然要求企业用清洁生产技术，扩大环保企业的市场需求，增加就业，促进环保企业与其他企业在工业生态园中形成共生关系的产业链。

（四）改造现有的工业区，增强集聚经济效应

我国现有的工业园存在着资源浪费与环境破坏与污染等问题。园内的企业并非有机的群聚，而是无机的杂合，不能形成工业链与工业代谢关系，集聚经济效益差。这些导致新设的工业园重现老工业区“生产—消费—污染”的困境。工业生态园则从企业的共生关系组建企业布局，形成资源的综合利用与环境保护，得到较好的生态、经济与社会效益。

（五）增强企业的国际竞争力，提高经济效益

企业满足消费者的绿色需求，实行绿色生产与绿色营销，这是企业核心竞争力的重要组成部分。一方面企业降低了资源消耗与治理污染成本，树立了良好的社会形象，满足了消费者的绿色需求；另一方面通过了环保的非关税壁垒，进入发达国家市场，获得国际竞争优势。目前我国已有一百多家企业建立环境管理体系 ISO14000 与通过环境产品质量认证，获得通往欧美等市场的绿卡。

我国工业生态园的建设是实现循环经济、合理利用资源与保护环境、实现可持续发展的重要途径之一，发挥生态文明在经济发展中的主导作用，加强工业生态的建设，有利于我国工业化进程的良性发展。

三、生态创新在循环工业园区建设中的作用

当今社会，只有不断创新才能取得长期的竞争优势，获得较高收益。生态创新在循环工业生态园区建设中具有巨大的作用，主要体现在生态技术革新、生态制度形成、生态金融创新和生态观念改变四个方面。

（一）生态技术创新在循环工业生态园区中的作用

技术创新是经济增长和企业创造财富的关键，是符合全球经济发展趋势的，也是企业获得持续竞争优势的主要源泉。发达国家经济和社会发展经验表明：技术创新是企业的生命力。不创新就灭亡，对于企业来说是一条难以改变的规律，循环工业生态园区也不例外。生态创新是用环境友好的方式利用资源和能源，这其中主要依赖的就是生态技术革新。循环工业生态园区通过模拟自然生态系统，来设计循环工业生态园区的物质流和能量流。在循环工业生态园区内的各企业之间，形成类似自然生态系统中的生产者、消费者和分解者之间的关系，采用废弃物交换、清洁生产等手段，把一个企业产生的副产品或其废弃物作为另一个企业的原材料，实现物质闭路循环和能量多级利用，形成由若干个相互依存、类似自然生态系统食物链的、企业要素构成的循环工业生态园区，达到

物质能量利用最大化和废弃物排放最小化的目的。

(二) 生态制度形成在循环工业生态园区中的作用

高效率的制度安排是经济增长的关键，技术存量规定了人类活动的上限，但其本身决定不了人类何以成功，而实际产量还要受制度的约束。正是制度安排决定了知识和技术的增长速度，因此新制度的形成对于循环工业生态园区有着重要的作用。生态制度形成本质上也是一种生态制度创新，它是指制度主体通过建立新的制度以获得追加利润的活动，主要包括以下三方面的内容：(1) 反映特定组织行为的变化；(2) 反映这一组织与其环境之间相互关系的变化；(3) 反映在一种组织的环境中支配行为与相互关系规则的变化。循环工业生态园区的建设作为一项新生事物，刚刚起步时规模小，上下游产品、废弃物的规模也较小，因此，上下游产品、副产品和废弃物的利用规模也比较小，面临不经济的困境。生态制度则要求把经济活动组成一个"资源—产品—再生资源"的反馈式循环过程，所有的物质和能源要在这个生态制度创新中得到合理和永续的利用，实现以尽可能小的资源消耗和环境成本，取得尽可能大的经济效益和社会效益。

(三) 生态金融创新在循环工业生态园区中的作用

生态金融创新是生态创新的重要组成部分。金融资源开发利用过程和效率状态构成一国经济的金融生态环境，特定的金融生态环境以其环境容量和"净化"能力对经济活动会产生约束性影响。金融部门加强对循环工业生态园区的金融服务支持是实现生态金融创新的具体体现，有利于改善自身的资产质量，提高资产收益，实现双赢。由于循环工业生态园区具有良好的投资环境和政策环境，服务体系也比较完善，企业扎堆效应明显。目前各地循环工业生态园区建设取得了重大进展，大批中小企业集聚于循环工业生态园区，依托当地的区域特色优势大力发展加工产业，极大地推动了地方经济的快速发展和结构优化。而这些企业大多是产权结构明晰、产品市场前景广阔、资产质量良好、综合竞争实力较强、还贷能力也比较强的新办企业。因此，金融部门加大对循环工业生态园区的金融服务支持，对于循环工业生态园区的发展有着巨大的推进作用。

（四）生态观念转变在循环工业生态园区中的作用

没有生态观念的转变，循环工业生态园区建设就成“无本之木”、“无源之水”。国外经验表明，生态观念转变不仅是循环工业生态园区环境质量得以长久维持的根本原因，而且也是监督企业履行环境管理与保护义务的庞大力量。比如，将消费对象看作是产品的功能而不是产品本身，便是一种生态观念的转变。这样，生产者或经营者可以将产品功能与其载体分解开来，向消费者销售或租赁产品功能；社会公众或团体也可以通过共用产品来共享产品的功能。如此一来，在产品的整个生命周期中，生产者或经营者始终是产品的拥有者，自然会精心于产品的维修和保养、提供产品换代和升级、尽力延长产品的使用寿命，提高产品的使用率。如果循环工业生态园区在发展中注重鼓励民众积极参与生态创新，形成浓厚的生态创新氛围，那么整个园区的生产与排污将会受到政府和公众的双重监督，园区生活环境也会时刻受到民众的关注和爱护，促使制造污染的企业、集体或个人走上生态创新轨道。与此同时，民众生态创新意识的提高，也意味着对生态创新的理解、重视和支持，进而有利于循环工业生态园区生态创新措施的贯彻与执行。

第二节　循环经济发展与循环工业生态园区建设

一、循环工业生态园区

（一）循环工业生态园区的含义

生态工业园区（Eco－Industrial Park，简称 EIP，也称循环工业生态园区）是依据循环经济理念和工业生态学原理而设计建立的一种新型工业组织形态。美国 Indigo 发展研究所 Ernest Lowe 教授将 EIP 定义为①：一个由制造业和服务业组成的企业生物群落，它通过包括能源、水、原材料这些基本要素在内的环境与资源方面的合作和管理，来实现生态环境与经济的双重优化和协调发展，最终使该企业群落寻求一种比每个公司优化个体表现所实现个体效益之和还要大得多的群体效益。

美国总统可持续发展委员会（简称 PCSD）于 1996 年 8 月召集的专业组提出循环工业生态园是商务（企业）群体，其中的商业企业相互合作，而且与当地的社会合作，以实现有效的共享资源（信息、材料、水、能源、基础设施和天然生态环境），产生经济效益和环境质量效益，给企业和当地社会带来资源、财富。PCSD 专家组还提出，循环工业生态园可定义为一种工业系统，它有计划地进行材料和能源交换，寻求能源与原材料使用的最小化、废物最小化，建立可持续的经济、生态和社会关系。②

2003 年我国国家环保总局《关于印发〈国家生态工业示范园区申报、命名和管理规定（试行)》（环发［2003］208 号）等文件的通知，将生态工业示范园区定义为：依据清洁生产要求、循环经济理念和生态工业学原理而设计建立的一种新型工业园区。它通过物流或能流传递等方式把不同工厂或企业连接起来，形成共享资源和互换副产品的产业共生组合，使一家工厂的废弃物或副产品成为另一家工厂的原料或能源，模拟自然系统，在产业系统中建立生产者—消费者—分解者的循环途径，寻求物质闭环循环、能量多级利用和废弃物产生最小化。

尽管循环工业生态园的定义不一，但不论如何定义，我们认为 EIP 是依据循环经济理念和工业生态学原理设计的可持续发展产业园区，该园区把关联的工厂或企业组织起来，通过模拟自然生态系统，借助生态

① Indigo Development. Eco - industrial Parks. Http: //indigodev. com/ecoparks.

② Eco - industrial park workshop proceedings, october 17 - 18, 1996, cape charles, virginia. http: www. whitehouse. gov/csd.

工业技术和系统工程学等方法，建立产业化中“生产者—消费者—分解者”的循环途径，形成生态产业链（网），寻找物质闭路循环流动、水和能量的梯级利用，资源共享，以及原料利用最大化和废弃物排放最小化，既达到资源价值增值，又保护生态环境，实现区域的经济、环境和社会的可持续发展。

循环工业生态园是第三代产业园区，它是以生态工业理论为指导，着力于园区内生产链和生态网的建设，最大限度地提高资源利用率，从工业源头上将污染物排放量减至最低，实现区域清洁生产。与传统的“设计—生产—使用—废弃”生产方式不同，生态工业园区遵循的是“回收—再利用—设计—生产”的循环经济模式。它仿照自然生态系统物质循环方式，使不同企业之间形成共享资源和互换副产品的产业共生组合，使上游生产过程中产生的废弃物成为下游生产的原料，达到相互间的资源最优化配置。

循环工业生态园的本质就是网络化、复杂化、生态化。网络化是指企业在园区的集聚。作为工业系统的子系统，企业是开放的，它要与外界进行原材料、能源、信息、技术、人员或资本交换。生态工业系统与传统工业系统虽然都追求网络化，但它们有一个重大差别：生态工业系统强调企业之间必须存在建立原料或能源的交换关系；传统工业系统只强调企业之间存在某种交换关系，而不考虑交换关系的具体内容。复杂化是指企业在园区的结构和自然生态系统一样。生态工业系统结构的复杂程度增高，有利于抵御外部环境对系统的干扰，保持系统的稳定。影响园区复杂化的因素有：企业的数量、企业规模的多样性、企业之间相互作用的内容及强度等。生态化是指企业在园区通过内部的清洁生产减少废弃物排放，甚至达到零排放；通过“原料链”，把“非产品输出”转化为原料输入，从而实现资源的充分利用；还要求企业之间的空间距离尽量小，以减少原料运输过程中的能量消耗。

（二）循环工业生态园区的特点

循环工业生态园与传统工业园相比，循环工业生态园具有以下特点：

一是不同产业或企业间存在着物质和能量的关联和互动关系，这种关联和互动构成了各产业或企业间的工业生态链或生态网络，从而形成生态工业体系。二是在工业生态链或工业生态网络中，物质和能量逐级传递，并实现闭路循环，不向体系外排出废弃物。三是可以实现区域性的清洁生产和区域性的经济规模化发展。这一方面是由于区域内的各生产过程产生的废弃物得到下一生产过程的充分利用，使众多的生产过程实现了清洁化；另一方面是由于多个企业或产业互动，同步发展，促进了区域经济的规模化。四是区域内资源、信息共享，克服了现行经济发展模式中企业生产各自为政、信息不畅通的弊端，使区域内的资源和信息最快地流动、最大限度地发挥作用。五是循环工业生态园不是一个地理上的概念，而是多个企业或产业之间相互关联的概念，因此它不受地域的限制，也没有明确的地域界线。只要存在工业生态关系，这个企业无论在什么地方都可成为生态工业系统中的一个环节。六是循环工业生态园不单纯着眼于经济的发展，而是着眼于工业生态关系的连接，把保护环境融合于经济活动过程中，实现了环境与经济的统一和协调发展。

二、我国循环工业生态园区发展现状与问题

（一）我国循环工业生态园区发展的现状

在循环经济发展的同时，我国从1999年开始启动循环工业生态园示范区建设试点工作，目前已被正式确认的国家循环工业生态园有贵港国家工业生态（制糖）示范园区和南海国家工业生态示范园区，以及黄兴国家生态工业示范园区、包头国家生态示范园区和石河子国家工业生态示范园区等。除此之外，还有诸如山东鲁北化工工业生态园项目、温州化工工业生态园项目、海南环保工业园项目等一批工业生态园区。我国经济经过30多年的高速粗放式发展，对生态环境造成了巨大的压力，目前生态环境脆弱，其恶化的趋势仍未得到有效遏制。所以自1999年以来，环境保护总局（今环境保护部）就开始推动循环经济的发展，截至

2008年3月，国家环境保护部已经批准建设的生态示范园有29家，而且目前国内绝大多数的省、大部分地市甚至部分县也都开始建设自己的工业生态园区。

1. 贵港国家循环工业生态（制糖）示范区。广西贵港市国家级循环工业生态（制糖）示范园区，是我国第一个国家级的大型工业生态园。广西贵港有限公司是该园区内的龙头企业，建立以甘蔗制糖为核心的甘蔗产业生态园，将农业和工业生产有机结合起来，提高了原料甘蔗的单产和含糖量。其下属企业组成的这个共生体包括：制糖厂、酿酒厂、纸浆厂、造纸厂、碳酸钙厂、水泥厂、发电厂及蔗田等，形成"甘蔗—制糖—废糖蜜制酒精—酒精废液制复合肥"和"甘蔗—制糖—蔗渣造纸—制浆黑液碱回收"两条主要的工业生态链，其核心生产能力不断地提高，形成了六个子系统包括：蔗糖田系统、制糖系统、酒精系统、造纸系统、热电联产系统、环境综合处理系统。现在工业园内，蔗渣、糖蜜、白泥等废弃物利用率已经达到100%。2004年，企业的综合利用产品的产值已经大大超过主业蔗糖，达到5.99亿元，占整个园区年产值的67%左右，同时万元产值能耗下降14%，节能价值1500万元。

2. 包头国家循环工业生态（铝业）示范园区。包头国家循环工业生态园区位于包头市东河区的东部，总面积为20平方千米。园区以"铝电联营"为核心，铝业为龙头，电厂为基础，主要发展电力、电解铝、铝深加工、铝合金铸件、稀土高新和建材等相关产业。园区建设前，区内的包铝集团、东恒热电公司、长征建材厂和一些加工铸造企业基本是孤立的独立经营，没有形成整体优势，而且包铝集团所在的东河区有很多工业企业零散分布在居民生活区和商业区，区域功能不够明确。园区主要有发电和铝业两大产业系统，现在两大系统之间通过电力和废水（中水回用）形成互利共生的横向耦合关系，从而在园区构建起以铝、电联营系统为中心的较为稳定的工业生态网状结构。园区电厂供电投产后，东河区将实现集中供热，可拆除全部采暖小锅炉，电厂粉煤灰可生产建材，园区生活污水和工业废水处理后，可回用作为电厂的冷却水，从而实现物质的循环使用和资源、能源的梯级利用。

综上所述，循环工业生态园由于借鉴了自然生态系统的闭路循环原理，以循环经济为理论指导，在减少废弃物排放、改善环境质量、提高资源利用率和节约资源方面有着一系列的优点，得到了世界各国普遍的认同。目前，我国对于工业生态园的研究多集中在循环工业生态园的内部结构、经营机理、法规政策、指标体系等方面，并开始对案例展开研究，对规划的研究相对较少。

(二) 我国循环工业生态园区发展的问题

以工业生态和循环经济为基础而发展起来的循环工业生态园是工业发展的可持续模式；工业生态园是循环经济在区域层面上的一种重要的运作方式，是在生态学、生态经济学、工业生态学和系统工程理论的指导下，将在一定地理区域内的多种具有不同生产目的的产业，按照物质循环、生物和产业共生原理组织起来，构成一个具有完整生命周期的产业链和产业网，以最大限度地降低对生态环境的负面影响，求得多产业综合发展的产业集团。循环经济的发展模式很好地解决了环境污染和经济增长的协调发展问题，因而得到了世界很多国家的重视，自从其产生以来，就以其明显的社会、环境、经济效益倍受欢迎，迅速地在全世界发展起来。通过建立循环工业生态园，可以为我国现有工业区提供示范，对我国工业区实现可持续发展具有一定的指导意义。

在国外循环工业生态园成功运行的实践经验的启发下，我国从 1999 年开始了循环工业生态园的示范工作，并开始着手进行循环工业生态园的规划建设理论和有支持政策的研究，积极介绍国外循环工业生态园建设的成功经验。近几年来，国内有关循环工业生态园的讨论逐渐活跃起来。

近几年，国内很多学者对工业生态园从各个角度进行了深入的探讨和分析，取得了很多研究成果，其中，在分析国内外循环工业生态园的运行模式和运行经验的基础上，指出了我国建设循环工业生态园存在的问题，如技术障碍、规则障碍、组织障碍等。因此，我国循环工业生态园的规划和建设一定要立足于我国的国情和区域背景，制定出适合我国的循环工业生态园的发展模式和管理法规条例。

目前，我国的循环工业生态园发展水平各不相同，生态化进程及循环经济的实践也存在差异，这有其不可避免的深刻历史及现实原因，也是一个长期而复杂的形成过程，但在某种意义上，我国现有循环工业生态园在运行过程中存在的问题具有某种程度的相似性。其主要表现在：一是空间布局凌乱。受早期招商的影响，仍有大量小规模的传统企业与现代化、规模化企业并存，农村居民与现代化工业并存，尚未形成良好的生态空间布局和功能组团布局，从空间结构进行物质减量化的格局尚未形成。二是产业生态效率偏低。园区总体的水耗、能耗、地耗、材耗偏高；虽然实施集中供热，但能源集成的效益尚未充分体现；具有产业链雏形，但水集成和物质集成尚未在产业结构中形成，第三产业比例偏低，尤其是生产性服务业比例明显偏低，生产型企业多，研发型企业少。三是土地资源约束。工业建筑容积率普遍偏低于现有的工业企业格局，对部分低效率的企业实现土地功能置换具有较大的困难；可利用的土地余量短缺，土地供求矛盾日趋突出；把土地作为促进经济增长的要素的潜力已极其有限。四是环境因素制约。目前我国工业生态园区普遍存在的问题，就是园区开发初期对环境的重视程度不够，随着工业园区开发规模与开发程度的日益扩大，开发区内普遍存在水质恶化，噪声污染超标等现象，与工业生态园的要求尚存在一定差距。五是生态化管理有待加强。对于工业区而言，目前国内尚无较为成功的管理经验可以借鉴。随着工业园区管委会管理职能的变化，现存的管理模式尚不能与未来生态化工业园区相适应。六是公众参与机制尚不成熟。这与我国传统文化背景、现行环境管理体制、公众环境意识水平与市场经济发展水平有很大关系。公众的参与意识已在一定程度上阻碍了我国环境保护工作的开展与实施。

三、我国循环工业生态园区发展的SWOT分析

目前世界范围内经济发展与生态环境之间的矛盾日益尖锐，可持续发展已经成为世界发展模式的主要潮流。工业生态园区自20世纪50年代以来在世界范围内迅速发展，成为经济发展特别是高新技术产业发展的重要形态。20世纪90年代，以日本和德国为代表的发达国家提出了循环经济（或循环社会）的发展模式，并通过法律的形式予以实施。我国人口众多，资源相对不足，结构性污染严重，传统经济发展模式与资源、环境之间的矛盾尤其突出，传统经济发展模式已经不适应我国的资源环境条件。因此，走循环经济的发展道路，对我国来说尤为重要。

循环工业生态园的建设就是我国目前的工业发展与循环经济实践的最佳结合点。我国生态工业园区的建设是风险与机遇并存，我国有许多自己的优势，但也存在着一系列不利的因素。下面利用SWOT分析方法，分别对我国循环工业生态园发展的优势、弱势、机遇和威胁进行全面系统的分析。

（一）中国循环工业生态园发展的优势

1. 有利的政策保障。改革开放30多年来，国家不断意识到环境保护的重要性，在发展经济的时候逐步提出各项有力的政策来促进经济和环境的友好发展。科学发展观，提出了“五个统筹”和“五个坚持”，构成了科学发展观的完整理论体系。统筹人与自然和谐发展，良好的生态环境和资源的永续利用是社会经济可持续发展的基础。我国要全面建设小康社会，积极改善生态环境和有效提高资源利用效率至关重要，而控制工业污染和提高工业部门的资源利用率又显得尤为关键和紧迫，所以必须积极寻找我国工业发展新的突破口和支撑点，循环工业生态园的建设显然是当前我国工业发展的一条好的通道。

2. 明确的发展目标。1994年3月25日通过的《中国21世纪议程》（中国21世纪人口、环境与发展白皮书）是全球第一部国家级的21世纪

议程，它把可持续发展原则贯穿到我国的各个领域。例如，《中国 21 世纪议程》第 12 章就明确指出，工业和交通运输产生的污染，占全国总污染 70% 以上，同时工业又是能源和原材料的主要消耗大户。只有发展清洁技术、清洁生产和生产绿色产品，推行生产全过程控制，才会建立节能、降耗、节水、节地的资源节约型经济，实现生产方式的变革，加速工业、交通及通信业发展模式的全面转换，实现以尽可能小的环境代价和最少的能源、资源消耗，获取最大的经济发展效益。

3. 丰富的实践经验。我国工业生态园区的建设已经走过了 20 多年的历程。这些工业生态园区，尤其是国家级工业生态园区在许多方面为我国的社会发展和国民经济建设做出了极其突出的贡献。不可否认，我国工业生态园区在发展的过程中也走过一些弯路，出现过这样或那样的问题。现在，国家的相关部门已对我国的工业生态园区建设工作进行认真、细致和全面的总结，为工业生态园区发展提供丰富的实践经验。

4. 崭新的理论支撑。我国循环工业生态园的建设可以获得许多相关理论的强力支撑。20 世纪 90 年代之后，发展循环经济成为国际社会的趋势。循环经济要求以环境友好的方式利用自然资源和环境容量，实现经济活动的生态化转向。自从 20 世纪 90 年代提出可持续发展战略以来，发达国家正在把发展循环经济、建立循环型社会作为实施可持续发展战略的重要途径和实现方式。生态经济理论、可持续发展理论是我国进行循环工业生态园区建设的重要理论依据与基础支撑。

（二）中国循环工业生态园发展的劣势

我国是一个经济高速增长的发展中国家，但由于改革开放前 20 年的计划经济体制和高速发展中部分工业的粗放式增长，使得我国在同一时间出现了其他发达国家在不同发展阶段所表现出来的环境问题，中国发展循环经济和生态工业有着其自身独有的特点。因此，发展循环经济和生态工业，建设我国循环工业生态园还将面临一系列的困难和问题。

1. 群体认识明显不足。从当前的情况来看，广大群众对循环经济和工业生态还比较陌生，各级政府及相关部门的领导虽然有所了解，但亟需进一步提高认识，一定要更新观念，必须将循环经济提高到新型工业化道路上来认识，打破“循环经济只是一种理念”的概念，加大宣传力度，使广大干群都能够对循环经济、产业生态等有一定的认识和了解。

2. 法律法规尚不完善。在发达国家，循环经济已经成为一股潮流和趋势，有的国家还以立法的方式加以推进。而我国现行的环境法整个体系基本上是建立在“末端治理”的基础之上，对污染预防和清洁生产等新的环境管理的战略思想体现得不够，缺乏能够体现经济、环境、社会三位一体协调发展要求的循环经济法律法规体系。

3. 缺乏一套实施循环经济的制度、指标和规范。目前在全国全面推进循环经济和生态工业的一个主要障碍是，缺乏系统的和规范的管理办法、技术性指南和规范。

4. 缺乏鼓励和支持性政策。发展循环经济，尤其在城市或行业建立循环型社会或循环型产业，需要相应的废弃物回收、利用、处置等方面的经济政策予以支持。而此方面仅仅依赖环境保护的主管部门是很难推动的。

5. 理论研究严重滞后。循环经济和生态工业既是一种新型的经济发展模式，又是一种环保战略的创新思维。尽管我国在如何发展循环经济和生态工业方面做了一些试点理论和方法学方面的探索，但远远不能满足目前的形势发展的需求。

（三）中国循环工业生态园发展的机遇

尽管当前创建我国循环工业生态园还存在一定的困难，但也面临着极好的发展机遇：

1. 国家高度重视。国家环境保护部、国家发展和改革委员会等相关部门高度重视，做了大量的工作。如为了在全国发展循环经济奠定基础，国家环境保护部举办了多次循环经济和生态工业的研讨会、学术报告会，对国内外循环经济的理论和实践经验进行了介绍、宣传和研讨。

2. 循环工业生态园正在寻求突破。国内的学者在谈论我国循环工业生态园的建设时，对范围的界定基本都局限于一个个工业园生态区的内部，没有考虑工业生态园区赖以生存的周边区域甚至更加广阔的空间。而且，文化背景、国情和地方实际情况的不同，绝不能够盲目效仿国外循环工业生态园。所以，我国循环工业生态园的建设应该是借鉴国外循环工业生态园的相关经验，建设具有自己特色的循环工业生态园。

3. 循环工业生态园的初步实践。近年来，在国家环境保护部的指导下，不同地区和行业进行了我国生态工业园区研究循环经济和生态工业试点，通过试点，探索适合我国国情的发展生态工业和循环经济的路子，为今后在更大的范围内全面推行循环经济发展积累经验、创造条件。

（四）中国循环工业生态园发展的威胁

我国循环工业生态园的建设符合我国国情，但目前还存在一些不利的因素，其中最具威胁的有以下两点：

1. 各部门之间的利益冲突。我国循环工业生态园是一个比较完整的自然、社会和经济复合生态系统，以工业生态系统为主，但涉及区域的许多部门和行业。我国循环工业生态园追求整个系统的最优化，这就很难保证构成系统的各个部门、各行业即各个子系统都能够达到系统的最优化，也就是无法保证他们各自的根本利益。

2. 行政区域的限制和约束。我们所倡导的我国循环工业生态园的建设，其主要目的既要解决工业企业、工业系统自身的环境问题，又要有利于促进整个区域生态环境的改善。所以，循环工业生态园的建设很可能将会牵涉到区域以外的相关工矿企业，也可能涉及有关工矿企业的跨区迁移。因此，我国现行的行政体制将会对循环工业生态园的具体实施构成一定的限制和影响。

四、发展循环经济，促进循环工业生态园建设

从循环经济理论与工业生态园区建设的角度来分析，循环经济对于工业生态园区建设的作用可以归纳为：

1. 从循环工业生态园发展模式看，循环工业生态园通过建立工业系统“食物链网”，即工业链网，在工业园区采用废弃物交换、清洁生产等手段，把一个企业产生的副产品或废弃物作为另一个企业的投入或原材料，实现物质闭路循环和能量多级利用的模式，使园区内企业之间形成物质、能量、信息的共生关联，从而提高物质、能量、信息的利用程度和生态效率，提高园区产业关联度，形成产业间的横向耦合、纵向闭合的共生关系，显著地改善企业的经济绩效，推动社会经济增长，真正实现经济与环境的协调发展。

循环经济以“资源—产品—再生资源”的模式发展，要做到生产和消费“污染排放最小化、废物资源化和无害化”，以最小成本获得最大的经济效益和环境效益。因此，循环工业生态园发展模式是体现循环经济理论的重要发展模式。

2. 从循环工业生态园系统结构看，循环工业生态园的系统结构体现在各种不同层次和形式上。（1）企业内的物质循环，在企业生产过程中，减少污染物排放，直至达到零排放的环境保护目标。（2）企业之间的物质循环，以工业代谢和共生原理为指导，将若干个相互关联的企业共建于一个园区即循环工业生态园，形成不同品级使用价值链的生产与再生产的循环。（3）包括生产和消费整个过程的物质循环，发达国家往往采用经济手段在工厂企业、包装公司、零售商和消费者之间建立包装废弃物回收系统，确保包装废弃物的回收和再利用。

而循环经济理论强调把经济系统看成一个以生态系统为基础，以从生态系统中取得自然资源来支撑社会子系统、经济子系统等的发展。各系统之间互相作用、相互影响，取得动态平衡，以实现人、自然与科学技术相和谐的共同可持续发展目标。

3. 从循环工业生态园发展目标看，胡锦涛总书记在2003年中央人口资源环境工作座谈会上就明确指出，要加快转变经济增长方式，将循环经济的发展理念贯穿到区域经济发展、城乡建设和产品生产中，使资源得到最有效的利用，最大限度地减少废弃物排放，逐步使生态步入良性循环。循环经济发展建设已成为中国社会经济发展模式的必然选择。

在工业集中区建立由共生企业群组成的循环工业生态园，通过园区内的物质循环，在企业层面积极推行清洁生产，减少污染物排放，直至达到零排放的环境保护目标，体现了走新型工业化道路的要求。这正是循环经济理论所追求的目标。

目前，全球循环工业生态园项目每年以成倍增长的速度在发展，在世界经济舞台上已逐渐开始发挥主要作用。循环工业生态园作为一种新的可持续发展模式，受到了世界上许多国家和政府的广泛关注。

循环经济可以解决“鱼和熊掌（经济与环境）不可兼得”的矛盾，取得“鱼和熊掌可以兼得”的效果；循环经济致力于解决人类发展对资源的无限需求和有限供给的矛盾；循环经济是变传统的单向线性经济“资源—产品—废弃物”为闭环流动经济“资源—产品—再生资源”；循环经济有其特有的运行规则，即减量化、再利用、再循环的原则。

循环工业生态园就是要用循环经济的理论来规划、设计和建设工业园区，解决工业化过程中对环境的污染、生态的破坏、资源浪费的问题，使人们在优美的生态环境中工作和生活，走上生产发展、生活富裕、生态良好的文明发展道路。循环工业生态园为发展循环经济创造了空间、舞台、机遇和条件。而发展循环经济为循环工业生态园找到了有效的实现形式和着力点。

第三节　我国循环工业生态园区建设的基本思路

发展循环经济，加快工业生态建设，建立循环工业生态园区是实现解决相应环境问题的重要措施之一。循环工业生态园区要实现可持续发展，需要从多方面、多角度加以考虑。本节通过借鉴国外循环工业生态园区建设的经验，以期为我国循环工业生态园区建设提供基本的建设思路。

一、国外循环工业生态园区建设经验总结

（一）国外循环工业生态园区实践现状

国外循环工业生态园区发展比较早，在这里主要介绍国外循环工业生态园区发展的一些基本情况：

1. 卡伦堡共生体系。丹麦卡伦堡工业园区是世界上最早也是现在国际上最成功的循环工业生态园区。卡伦堡工业共生体的主体由发电厂、炼油厂、石膏材料公司和地方农场五家企业和市政当局构成，其他还有十余家小型企业。

卡伦堡工业共生系统是由这些企业在自发的废弃物交换过程中发展起来的，并不存在总体网络的初始规划，对每个参与者来说只是经济意义上的一对一交易，对利益的追求驱使他们走在了一起。这些企业与政府间建立了颇为创新的生态共生关系，他们通过市场交易共享水、气、废气、废弃物等，并实现经济利益的共享。如市政当局为居民提供供暖服务；燃煤火电厂是工业生态系统的中心，对热能进行多级利用，并为制药厂提供所需的全部蒸气，为炼油厂提供40%的蒸气，余热供给养鱼场；鱼场的淤泥作为肥料出售。整个卡伦堡工业共生体系的物质、能量交换的细节很复杂，但是其环境、经济和社会效益已经得到公认，尤其是在减少资源消耗、降低环境污染、废料的再利用等方面具有显著的优势。

2. 美国循环工业生态园区。目前，全美约有20个各具特色的循环工业生态园区，大致可以分为三类，即老工业园区改造型、全新规划型和虚拟工业园区。

老工业园区改造型：典型的例子是 Chattanooga 生态工业园区。Chattanooga 曾是美国污染最严重的城市，大约在 1995 年开始考察发展生态工业园区的可能性。其在旧工业区以杜邦公司的尼龙线头的回收为核心，推行企业零排放改革，减少了污染，带动了环保技术产业的发展。它的主要特点是通过重新利用老工业企业的废弃物，减少污染，增进效益。

全新规划型：例如 Choctaw 循环工业生态园区，基于废旧轮胎的处置、利用。采用高温分解技术可将这些废轮胎资源化而得到碳黑、塑化剂和废热等产品，进一步衍生出不同的产品链，再与辅助的废水处理系统共同构成生态工业网。其主要特点是园区内有丰富的特定资源利用废物资源化技术构建核心链。

虚拟型：如 Brownsville 循环工业生态园区，位于同一地点的工业企业不一定要通过废弃物交换方式联系在一起，能够相互共享物质与能源的各企业就不必进行搬迁，而同样参与工业园区的运作，包括招募新的工业企业与现有企业互补和增强废弃物交换，如溶剂回收厂、热电厂的引入。

3. 加拿大循环工业生态园区。加拿大从 1995 年开始循环工业生态园区的建设规划。加拿大多伦多的 Portland 工业区是加拿大最早建设的循环工业生态园区，这一地区汇集了有着废弃物和能量交换潜力的多种制造和服务行业。另外，成功建设的循环工业生态园区还有 Burnside 循环工业生态园区。其循环工业生态园区所涉及的主要工业组合有：蒸汽发电站、造纸厂、包装业的组合；化学工业，发电厂，苯乙烯、聚氯乙烯、生物燃料制造的组合；发电厂、钢铁厂、造纸厂、刨花板厂的组合；热电站、石油提炼工厂、水泥厂、石油冶炼厂、合成橡胶厂、石化工厂、蒸汽发电站的组合等。

4. 欧洲循环工业生态园区。循环工业生态园区在欧洲的奥地利、瑞典、爱尔兰、荷兰、法国、英国、意大利等国家也正在迅速发展。荷兰的鹿特丹港将建成以石油工业和石油化工工业及其支持行业为主的循环工业生态园区。德国在发展循环经济方面也是走在世界前列，

1996 年德国提出了新的《循环经济与废弃物管理法》，把废弃物提高到发展循环经济的思想高度，并建立了配套的法律体系。目前，英国的 Londonderry 循环工业生态园区正处于规划建设阶段，建立在曼彻斯特机场旁。

5. 亚洲循环工业生态园区。日本是发达国家中循环经济立法最全面的国家，立法的目标是建立一个资源“循环性社会”，已颁布了 7 项相关法律，集中体现了循环经济的 3R 原则。目前在日本大约有 60 个生态工业园区项目在运行和开发，其中有 12 个生态城镇项目。山梨市循环工业生态园区最早采用循环措施，自从 1975 年开始就采用了多样的措施，废纸的收集、再循环作为第一步，此工业园区的目标是成为一个实现零排放的循环工业生态园区，而且此工业园区是完全自我演化和自我管理的，政府没有发挥直接的作用，项目高度突出了合作的重要性。

（二）国外循环工业生态园区建设经验与启示

通过研究具有代表性的发达国家循环工业生态园建设成功运行，为我国建立、管理循环工业生态园区提供了一些值得借鉴的经验：

1. 积极的政策扶持和引导。国外循环工业生态园发展的经验表明，政策的引导和扶持在循环工业生态园区建设之初是特别需要的。为推进循环工业生态园区的发展，美国、丹麦等先进国家都采取了大力扶持的政策。目前，我国的循环工业生态园区建设还处于初级发展阶段，各工业园区缺乏全面统一的规划指导，也缺乏统一的循环工业生态园区建设的法律法规。因此，为推进我国循环工业生态园区的迅速发展，需要政府的大力支持和推动，通过提供各种优惠政策，如金融、人员培训、税收等，推动生态工业发展和鼓励企业进入循环工业生态园区，并提倡在园区内建立生态产业链，形成工业共生网络。同时，还要制订必要的统一政策、法律法规，对循环工业生态园区的发展加以规范，做到有章可循，有法可依。国外成功经验告诉我们，环保等相关政策、法规的强制执行是建立循环工业生态园区的推动力量。从某种意义上来说，循环工业生态园区的出现和发展是环保法律法规实施的一个必然结果。

2. 政府的重视程度。

（1）政府重视生态园的建设，成立专门的研究机构，比如美国总统可持续发展理事（PCSD）专门成立了研究循环工业生态园区的特别工作组，及早预见循环工业生态园区建设中的各种问题。（2）政府认识到循环工业生态园区建设中的资金问题，政府提供了资金支持，比如美国政府给予财政支持，加拿大政府帮助循环工业生态园区内企业进行融资，日本在生态城镇建设中由中央政府给地方政府提供资金上的支持。（3）政府重视循环工业生态园区建设中的支撑技术，鼓励园区建设项目采取产学研合作的方式，帮助企业开展物流和能流的优化工作，促进企业之间的副产品交换及其他合作。（4）各国在建设过程中都充分地考虑了自己国家的特点，选择不同的工业生态园区发展模式，丰富自己的工业生态园区结构，从而达到利益的最大化。

3. 重视循环工业生态园区信息系统的建设。循环工业生态园区的建立与完善是一个长期复杂的过程，在这一过程中需要大量的信息支持，如园区内企业的生产信息、市场信息、可利用的新型清洁生产工艺信息等，然而这些信息又不可能由单一企业或组织完成。同时，为了节省费用，必须建立灵敏的园区信息网络。所以，我国必须建设循环工业生态园区信息系统，将循环工业生态园区各组成单元连成一个整体，通过相互间及时的信息交流，实现各单元间资源相互利用的最优化。建立管理信息系统，实现信息共享，不仅是区域内各园区内部、各园区之间信息的共享，还可以与其他地区的循环工业生态园区进行信息交流，保持我国循环工业生态园区活力和不断发展。

二、循环工业生态园区建设的基本原则

循环工业生态园区是工业生态学在企业群落层次的实践模式，故

在园区的规划和建设过程中，应遵循生态规律，实行合理布局，构建工业生态链，实现环境、经济与社会效益的协调共进。相对于资源与环境问题日益突出的我国而言，进行循环工业生态园区的建设更应考虑可持续发展的要求，在具体的规划和建设过程中把握好以下几个方面的原则。

（一）环境保护与经济发展、社会发展相协调

这就要求环境保护与经济发展、社会发展统筹规划、同步实施、协调发展，实现经济效益、社会效益与环境效益的统一。政府在进行经济、社会发展重大决策过程中，必须对环境保护与经济、社会发展加以全面考虑、统筹兼顾、科学决策，在制定区域开发和资源开发、城市发展、行业发展等宏观规划，调整产业结构、调整产品结构、制定产业政策、进行生产力布局和资源化配置等经济建设和社会发展政策和计划时，应当考虑环境和资源的承载能力，采取有利于环境保护的经济、技术政策，大幅度增加环境保护投资，加强环境保护科学技术的研究和推广，增加对有利于环境保护的产业、产品的支持和鼓励，限制或禁止发展严重污染环境的产业。

（二）工业横向共生，要素纵向耦合

丰富园区工业生态系统多样性，建立包括生产者、消费者、补链消费者和分解者在内的工业生态系统，鼓励生态系统成员在产品、企业、区域等多层次上进行物质、信息、能量的交换，降低物质、能量流动的比率，减小物质、能量流动的规模，构筑工业生态系统框架，建设一体化工业生态链网，形成不同企业之间生态耦合共生和资源共享、物质和能量多级利用、高效产出和持续利用，达到区域生态系统整体优化，实现区域社会、经济、环境效益的最大化，构建面向21世纪的循环工业生态园区。

（三）管理绿色化，运作市场化

园区倡导绿色管理，实施基于ISO14000的环境管理体系、绿色管理和支持服务系统，进行选择性的生态工业主题招商，对入园企业

进行绿色资格核定，引导企业进行清洁生产、废弃物交换、资源综合利用、环境管理体系认证等，完善循环工业生态园区各项物质、能量、信息流动等基础设施，以政策和制度来保证循环工业生态园区的运转。强化市场化运作，政府的作用只局限在制定规划、政策和产业导向，注意园区开发主体的全面发展，把企业化运作机制注入产业园运作全过程。通过土地出让金、地方财政、国际资本、民间资本等投入渠道筹集建设资金，以市场开拓、服务管理、技术信息交流、投资融资、风险投资、股权投资、项目合作开发为主要业务，通过合资合作、招商引资、招投标算方式落实各项目的开发者和经营者，高效运作产业资本、金融资本和智力资本，实施滚动开发。

（四）虚实软硬结合，目标分步推进

在构建核心园区内部工业生态系统时，将与园区企业存在共生关系的外部企业纳入虚拟循环工业生态园区范畴，不以地理位置毗邻的地区为局限，而基于工业生态链条拓展工业生态网络结构关系，维持工业生态体系的健康运行，并使生态工业效益最大化。在全面规划、合理布局的基础上，优先实施一批重点工程，以大力发展主导产业、形成新的经济增长点，实现各项硬件建设开发目标为近期任务，同时通过绿色管理和支持系统的软件建设，持续改进，逐步推动循环工业生态园区可持续发展，实现建设循环工业示范生态园区的总目标。循环工业生态园区建设按照“循序渐进、分步实施”的总体构思，首先以生态工业理念为指导，对大中型企业和传统园区进行生态化改造；其次，以各项生态环境政策为基础，实现园区、企业、产品的立体绿色化，逐步建立各级各类循环工业生态园区，向循环经济迈进。

（五）政府引导与企业自主相结合

我们一方面要遵循市场规律，充分发挥企业自主性和积极性；另一方面还应运用非市场的政府调控手段，调动各地发展循环工业生态园区的积极性，引导地方和企业按照市场的需求发展循环工业生态园区，维护市场秩序。

三、循环工业生态园区建设的发展思路

循环工业生态园区发展整体思路体现在两个方面：一方面按照循环工业生态园区建设的基本内涵及实质，建造不同类型、不同特色的循环工业生态园区；另一方面就是要制定配套的生态和经济评价指标体系，完善循环工业生态园区的生态效益和经济效益评价制度，及时、准确地将有关信息反馈到循环工业生态园区的发展过程中，对循环工业生态园区发展中的不足和问题进行及时调整，从而确保其得以顺利、健康、持续地发展，循环工业生态园区的生存与发展应该紧紧围绕循环工业生态园区的生态属性和经济特征，无论是园区效益评价还是园区改造，均应该把握循环工业生态园区的生态经济功能，把握循环工业生态园区的经济参数和生态参数指标（见图 7-1）。具体而言，循环工业生态园区的建设思路有如下几点：（1）继续推进循环工业生态园区的典型示范，探索循环工业生态园区发展的技术创新、管理创新以及制度保障，以一批具有代表性的循环工业生态园区发展带动工业园区的建设和改造。（2）在全社会加大对循环经济和循环工业生态园的宣传力度。鼓励具有较好生态产业基础的区域或园区申报循环工业生态示范园区；对现有发展较好的经济技术开发区或高新技术产业区，在充分贯彻循环经济理念的同时，要发挥企业孵化器在园区建设中的重要作用；对条件还不是很成熟、或是规模较小的区域或园区，要加强循环工业生态园区的规划管理，设计出可能形成的生态链，并进行绿色招商。（3）鼓励园区走特色生态园区之路，对不同地区、不同类型的循环工业生态园区建设编制不同的技术指南，并完善循环工业生态园区评价指标体系。

四、循环工业生态园区建设的机制与政策导向

加强组织领导，争取政府强力支持；加强工业园生态化实施的组织

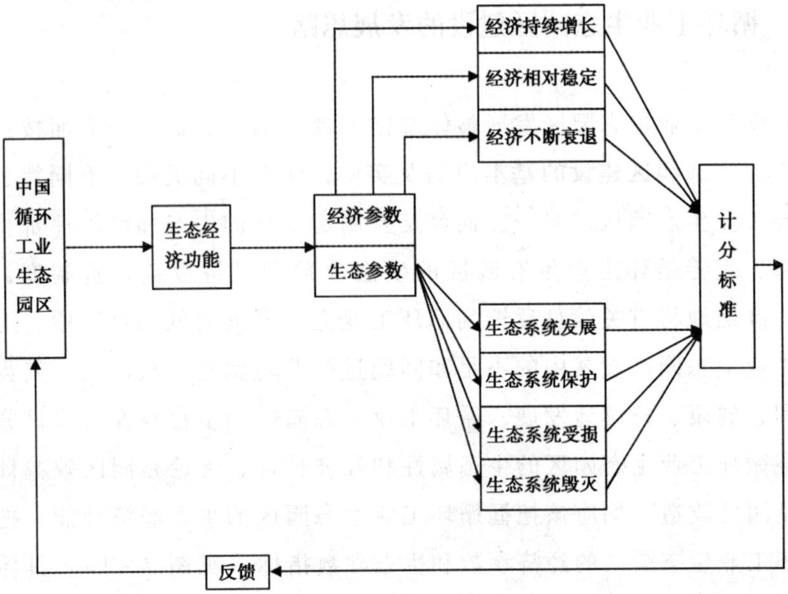

图 7－1　中国循环工业生态园区建设的整体思路

领导，组建有关部门人员参加园区建设领导小组，及时研究、解决园区建设与发展中遇到的问题，争取国家和地方有关部门强有力的支持和政策上的倾斜。

（一）社会驱动机制

1. 优化政府主导的宏观调控机制。政府主导的宏观调控机制的基本含义是：政府是循环经济发展的责任主体，为解决市场缺陷，政府应充分运用行政、法律、经济、财政等手段，保障可持续发展。

(1) 科学制定循环工业生态园区建设的发展规划。根据我国人口、资源分布极不均衡，各地区经济社会发展水平差异巨大的国情，以及生态环境保护必须全国一盘棋的特点，对全国经济发展布局进行大规模统一规划，对各地区在全国发展过程中的功能进行重新定位。对生态脆弱区域限制发展，对资源丰富、生态环境保护能力较强、潜力较大的区域集中发展。

(2) 转变政府职能，加强部门合作。循环工业生态园区的建设是一项复杂的系统工程，需要有各部门、各行业的合作与协调。扭转部门之间相互推诿不合作的状况，必须从转变政府职能入手。当前这项工作的核心，就是改革现行的经济核算体系，从国家到企业都建立一套绿色经济核算制度。在经济核算体系中，要改变过去重经济指标、忽视环境效益的评价方法，开展绿色经济核算，并纳入国家统计体系和干部考核体系。

(3) 加大工业经济结构调整力度，以提高资源利用效率为目标优化产业结构。淘汰和关闭浪费资源、污染环境的工艺、设备和企业，用清洁生产技术改造能耗高、污染重的传统产业，大力发展节能、降耗、减污的高新技术产业。在农业结构调整中，大力发展绿色农业和有机农业，建立有机食品和绿色食品基地，大幅度降低农药、化肥使用量。

2. 完善循环工业生态园区建设的技术体系。

(1) 创造有利于循环工业生态园区规划建设的科研环境。建立工业生态、循环经济的技术支撑体系，是建设循环工业生态园区的基础，包括环境工程技术，废弃物再利用的资源化技术，生产过程无废少废、生产绿色产品的清洁生产技术。政府应为这些技术的产生创造适宜的科研环境，同时通过科学教育、科学知识普及，进一步传播增进大众对科技的理解和参与，形成一个政府、产业、教育、学术、金融、民间组织及个人等共同推动科技创新的局面。

(2) 建立绿色经济核算体系。完善现行经济核算体系，从企业到国家建立一套绿色经济核算制度，包括绿色国民经济核算体系和绿色会计制度。绿色核算体系强调采用绿色国内生产总值（EDP）概念。EDP 等于国内生产总值减去产品资本折旧、自然资源损耗、环境资源损耗（环境污染损失）之值，能较全面地体现环境与经济综合核算的框架。绿色会计将自然资源、人力资源和生态资源纳入企业的会计核算。

(3) 加大对科技品的投资力度。科技品属于高附加值产品，对生态系统的影响较小，有利于循环工业生态园区经济体系的良性发展。但目前我国每年研制的科技成果中，得到应用的较少，大量科技成果被束之高阁。因此，应抓住世界知识经济发展契机，通过财政直接投融资，集中资金办好高科技试验示范区，促进先进技术在循环工业生态园区的应用。以财政补贴的形式对企业降低能耗物耗、减少污染物的技术改造工程进行财政扶持，为企业制度创新和技术创新营造良好的外部环境。

3. 建构循环工业生态园区建设的激励机制。

(1) 要以经济利益为纽带，制定充分利用废弃物资源的经济政策。一方面要通过政策调整，使循环利用资源和保护生态环境有利可图，使企业和个人对生态环境保护的外部效益内部化。另一方面，要大力推进生态环境的有偿使用制度，建立污染者付费、受益者补偿机制。逐步提高各项排污费用，使污水处理厂、垃圾处理单位达到保本或者赢利水平，这样既可以吸引国内外资金和技术，保证其良性发展，也可以促使全社会加快实行清洁生产，减少排污，提高社会产品的循环率。

(2) 对节能、降耗、减污的高新技术企业以及新兴工业生态园的建设要在征地、审批和投资环境方面给予政策倾斜。对采用清洁生产工艺和资源循环利用的企业给予减免税收、财政补贴以及信贷优惠政策，保证其产品的市场竞争力，为社会树立模范企业，做到以点带面。

(3) 实施企业“合格资产”加速折旧的财政激励政策。在我国，企业生产技术落后和设备落后是生态环境污染与破坏的重要因素，因此，重视循环工业生态园区企业技术改造，更新企业在生产经营活动过程中使用的无污染或能减少污染（即能将其他企业的污染转化为资源）的机器设备。

(4) 建立政府主导的风险投资机制。我国循环工业生态园区处于起步阶段，资金短缺是当前较为突出的矛盾。要从我国国情出发，在政府引导下，由政府提供一部分启动资金，支持引入风险投资基金，但真正的主体还是要由民间资金构成。采用信托制度或公司制度，风险企业进行持股并不同程度地参与企业的决策和管理。要允许循环工业生态园区的风险基金通过股权转让和上市买卖进行退出，保护资金持有人的合法权益。

（二）政府引导机制

为进一步建立市场机制下的循环工业生态园区运作机制，建成一批高科技、高质量、高速度、高效益、低污染、生态化的生态园区，应采取以下推进措施。

1. 启动一批有代表性的循环工业生态园区建设，抓好样板园区。广西贵港循环工业生态示范园区，是我国第一个由原环保总局授牌建设的样板工程。国内几个比较成熟且有良好经济基础的工业园区，正在积极酝酿进行循环工业生态园区的规划和改造。这些园区将成为我国开展循环工业生态园区建设试点的示范典型。除此之外，鉴于我国不同地区的生态环境质量和工业体系及特点差别很大，我们还将继续选择并建设一批具有代表性的生态示范区。如选择对农业生态环境质量保护具有重要意义的农业生态园区，选择高消耗、高污染的传统重工业如钢铁、煤矿、发电行业为核心的工业生态园区，选择高新技术发展较快的以家电、电子行业为核心的高新工业生态园区等，争取在主要门类的行业和全国污染比较严重区域内都有工业生态的示范区。同时，不断探索和积累循环经济相关产业的生态园区建设经验，总结成果并进行广泛宣传，为在全国推广打下坚实的基础。

2. 编制针对不同地区、不同类型的循环工业生态园区建设指南。为配合上述具有代表性的示范园区建设工作，应编制相应的循环工业生态园区建设技术指南，从园区的选择开始，到入园项目的筛选、生态链或生态网的设计，物流、能流、水流、废物流及信息流的集成，企业孵化器、教育培训和研究应用，清洁生产技术的应用，以及环境管理体系的建立等方面进行全面指导和帮助。

3. 加强循环工业生态园区统一规划指导。循环工业生态园区的发展具有自身的要求和特点，并不是每个地方都适合建设循环工业生态园区。一个产业的形成与壮大，其依托在于市场的良性发展。为避免各地一哄而上，推进工业生态园区稳步成长与健康运行，就必须对循环工业生态园区的发展进行统一规划和规范。

(1) 要建立循环工业生态园区管理组织。为了对循环工业生态园区进行有效管理与组织，应该专设一个管理全国循环工业生态园区的组织机构，统管全国循环工业生态园区的发展，对工业生态园区进行指导、监管，使其发展有序地推开。各级政府也要建立相应的机构，对各地工业生态园区的发展进行有效组织。

(2) 要建立工业生态发展基金。世界许多发达国家的政府为促进本国幼稚新兴产业的成长与发展，大都设立专门的基金予以支持。因此，有必要建立循环工业生态园区发展基金，其资金来源可以是政府财政划拨，或者可以发行"绿化彩票"，以及其他有效手段来筹集资金，对工业生态企业的产品开发进行直接投资，或用投资控股的方式，对那些和生态环境问题密切相关的企业进行积极渗入，调控它们的生产经营方式，促使走科技进步、保护生态环境与合理开发利用自然资源的可持续发展道路。

4. 建立循环工业生态园区评价指标体系。循环工业生态园区具有高效率、高效益、生态化、低污染的特点，因此，应结合不同区域的园区生产特点，建立一套技术评价指标体系和不同的评价值，科学地评价循环工业生态园区建设水平，推进循环工业生态园区不断完善和进步。指标体系包括清洁生产指标，生态网络指标，环境质量指标，环境管理指标，园区政策、法规、制度评价指标以及生态建设指标等六个方面。

5. 加强循环工业生态园区的培训和宣传工作。循环工业生态园区建设总体来说还是新事物，因此，需要通过加大培训和宣传的力度，提高各级管理者和广大民众的意识，宣传工业生态的有关理论和实践操作知识。加强工业生态园区的信息交流及宣传，召开工业生态研讨会，充分利用国内外相关网站、报刊、电视媒体等各种手段，宣传、交流循环工业生态园区建设的思想、有关知识和最新动态。

6. 建立循环工业生态园区信息系统。通过建立循环工业生态园区信息系统，可以为相关领域工作人员进行资源共享、信息查询和获得网上帮助，包括相关政策、入园项目、园区工业网络设计、物质流集成设计、清洁生产技术、各主要行业关键先进技术、园区环境管理手段、专家名录、主要参考著作等主要内容。特别是其中的工业网络中的相关信息，给出某种行业可以和哪些行业因为物质流动关系建立起配对关系，物质流集成设计可以为某种行业能源、水资源或废弃物查询到最佳的流动渠道和利用技术，为园区设计人员和管理人员提供丰富的、可靠的信息来源。

（三）政策支持机制

1. 以ISO14001实施为中心，建立制度体系。建立和运行环境管理体系，以环境保护法律法规为依据，实施基于ISO14001的环境管理体系、绿色管理和支持服务系统，倡导绿色管理，加强现代企业管理。明确各部门职责，完善园区各项物质、能量、信息流动绿色基础设施，提高环境管理水平，以环境管理、生态管理的各项政策和制度来保证和促进循环工业生态园区运转。

2. 实施优惠政策，提升产业发展水平。根据园区的能源综合利用、产业导向和工业生态链等发展状况，在政策、资金、税收等方面给予积极支持，制定地方性的政策，促进经济效益、环境效益、社会效益三丰收的循环工业生态园区的发展。根据园区企业的生态表现，开展排污交易，征收环境税或减免环境税，对循环工业生态园区建设有贡献的企业实行信贷金融倾斜政策。

3. 建设数字园区，建立对外交流平台。依托工业园原有的网络系统，构建数字园区系统，形成以高科技产业网、废弃物交换网、远程教育网、园区内部局域网为主体的数字园区系统，并由园区信息网络中心作为园区内外信息交流的管理枢纽。

4. 加强宣传教育，提高认识。强化工业生态宣传教育，提高领导和公众对循环工业生态园区建设意义的认识，增强公众工业生态意识，倡导园区生态文化，提高园区的知名度，形成全社会支持园区发展的良好氛围，扩大园区建设的示范意义。

5. 建立健全多元投资机制。坚持“谁污染、谁治理，谁开发、谁保护，谁使用、谁付费”和“保护者、治理者受益”的原则，根据国家和地方的相关政策，发挥市场作用，由政府、社会、企业和个人依据各自的职责义务，共同承担符合社会主义市场经济的环境保护投融资机制。采用包括省（直辖市）政府投资、有关部门投资、银行贷款、社会集资及国外资金在内的多层次、多渠道筹资方式。重大项目应争取在国家、省两级政府立项，并争取各级政府或有关部门的资助和参与。注意运用市场机制及投资和税收优惠等政策杠杆筹集资金，鼓励和引导外国资本和民间资本，尤其是房地产开发商积极参与环境保护建设。对现有工业企业的污染治理资金应由企业自筹为主，并争取从各级政府技术改造资金中解决一部分。

6. 环境监管能力建设。全方位提高环境质量和污染监控监测能力，建立和完善环境质量监测与评估体系，对生态敏感区域、工业集中地区和重点污染源实施在线自动监测，加强应急监测和特殊因子监测仪器的配置，提高环境保护执法、环境保护预警和环境灾害事故的应急处理能力。逐步建立资源共享的环境信息平台，用好各类环境信息资源，提高环境调查、评价和管理的能力和效率，运用现代化信息技术，提高加强环境信息管理与决策能力，建立长效的环境监督管理机制。

7. 加强环境保护宣传，加大公众参与的力度。加大环保宣传力度，形成人人关心环保、人人参与环保的良好氛围。组织环境保护与环境建设规划与实施计划的专题宣传活动，提高公众对环保工作知晓率。通过环境教育，继续提高全民环境保护意识，特别是应提高各级领导干部和各类企业法人发展循环经济的意识。开辟公众参与环境保护的正当渠道，实行政务公开，提高环境信息的透明度。积极引导建设各类环保志愿者队伍，明确公众保护环境的责任和义务。

第八章
循环农业生态园区建设

随着我国经济的高速发展和人口的不断增加，农业已由最初低层次的传统生产方式，逐渐转变为以“高开采、低利用、高排放”为特征的“石化农业”生产模式。这种以牺牲资源环境为代价的工业文明发展中的农业增长方式，一方面促进了我国农业的快速发展，另一方面也导致了我国自然资源的巨大浪费和农业生态环境的不断恶化。转变农业发展方式，走资源节约、环境保护的循环农业之路，是我国农业发展的当务之急。发展循环农业是我国现代农业发展的主要趋势，循环农业生态园区建设是循环农业发展的重要内容。本章主要包括：生态文明发展与循环农业生态园区建设、循环农业生态园区建设与循环经济发展、我国循环农业生态园区建设的基本思路等内容。

第一节 生态文明发展与循环农业生态园区建设

一、循环农业生态园区的含义与特征

（一）循环农业生态园区的含义

循环农业生态园区是循环农业经济发展的先导区域，也是现代农业和循环经济新技术、新模式的推广和应用展示基地。所以，进行农业生态园区建设，是引导我国循环农业发展的一条重要途径。循环农业生态园区不同于一般的现代农业示范园区，它是一种以农业污染预防为出发点，以物质循环流动为特征和以社会、经济、环境可持续发展为最终目标的农业产业发展区域，具有生产流程循环化、经济目标与环境目标相互依存和清洁生产的特点。进入循环农业系统的物质和能量在经过一个生产环节之后，再进入另一个生产环节实现再循环利用，并将实现农业生产经济目标与维护生态环境目标紧密地结合起来，生产过程低污染甚至污染零排放，实现环境污染最小化。①

在世界经济格局发生巨大变化，国际竞争日趋激烈的新形势下，世界各国都把发展现代农业园区作为农业快速持续发展的重要途径，精心组织，统筹规划，投入大量的人力、物力、财力，采取有效措施，建设高水平的园区，以此来带动整体经济的发展，提高在国际市场中的竞争实力。美国为了促进农业高技术的发展，制定了“21世纪生物技术发展规划”，运用生物工程技术来发展种子种苗和畜禽疫苗产业园，以此推动

① 马蕾、吴曼、马锦义：《循环农业生态园区建设规划初探》，《江苏农业科学》，2008年第5期。

现代农业的发展；荷兰通过大力发展设施农业，建立设施农业园，将生物技术、设施栽培、计算机管理等技术融为一体，重点发展蔬菜和花卉产业，用30%的土地创造出60%的农业总产值，成为世界高效农业发展的典范；以色列通过高效节水灌溉技术和设施栽培技术的突破，建立农业科技示范场，在荒漠上创造了人间奇迹；新加坡计划把2000公顷的土地改造成农业高新技术示范园，以此来推动农业的发展。自20世纪80年代以来，在一些旅游业发达的国家纷纷兴起了“观光农业”、“旅游农业”、“园林化农业”、“绿色假期”、“都市农业”，到20世纪90年代，休闲农业已成燎原之势，并向人们展示了其独特魅力。

在我国，循环农业生态园区的建设是近10多年来农业现代化建设中涌现出来的一种新的生产经营模式，是实现农业向商品化、专业化、现代化转变的重要措施，是推动新的农业科技革命的迫切需要，也是实现我国农业新突破的重要途径。通过园区的建设，应用现代科技设施装备传统农业，改善动、植物生长环境，采用先进技术成果提高农产品产量和质量，实现高技术、高投入、高产出的产业化经营。所谓现代农业园区，就是以调整农业生产结构、增加农民收入、展示现代农业科技为主要目标，在农业科技力量较雄厚、具有一定产业优势、经济相对较发达的城郊和农村划出一定区域，以农业科研、教育和技术推广单位作为技术依托，由政府、集体经济组织、民营企业、农户、外商投资，对农业新产品和新技术集中开发，形成集农业、林业、水利、农机、工程等高新技术设施、国内外优良品种和高新技术于一体的农业高新技术开发基地、中试基地和生产基地。现代园区已在常规园区基础上发生了质的飞跃，成为具有鲜明现代特征的农业经济单元。也有很多地方办的新品种新技术实验区、种苗基地、高产高效栽培示范田、农民经营的“大棚”集中连片区等，冠之以“农业科技园”的字样。这类园区虽然也有一定技术含量，但不具备现代园区的六个要素，只能属于传统农业范畴的科技行为。

（二）循环农业生态园区的特征

循环农业生态园区是循环农业经济发展的先导区域，也是现代农业和循环经济新技术、新模式的推广和应用展示基地。所以，建立和建设示范性的生态园区，是引导我国循环农业发展的一个重要途径。循环农业生态园区不同于一般的现代农业示范园区，它是一种以农业污染预防为出发点、以物质循环流动为特征和以社会、经济、环境可持续发展为最终目标的农业产业发展区域，具有生产流程循环化、经济目标与环境目标相互依存和清洁生产的特点。进入循环农业系统的物质和能量在经过一个生产环节之后，又进入另一个生产环节实现再循环利用，并将实现农业生产经济目标与维护生态环境目标紧密地结合起来，生产过程低污染甚至污染零排放，实现环境污染最小化。

二、循环农业生态园区建设的意义

（一）循环农业生态园区建设是全面贯彻落实科学发展观的客观要求

随着改革开放和现代化建设的不断深入，我国经济社会发展取得了举世瞩目的成就。经济发展过程中伴随着资源消耗急剧增加，环境压力不断增大。资源和环境问题逐渐成了制约我国经济发展的最大因素，阻碍了我国经济社会的全面发展。国家以人民利益为核心作为出发点，提出了“以人为本、全面、协调、可持续发展”的科学发展观，强调了经济、生态环境和社会的协调性，要求社会经济系统与生态系统相统一。科学发展观的适时提出解决了我国经济怎样发展的重大问题，明确了增长和发展的关系。以人为本是科学发展观的核心和本质，全面、协调、可持续发展是科学发展观的基本内容。坚持以人为本，就是要把人民的利益作为一切工作的出发点和立足点，不断提高人民群众的生活水平和生活质量，特别是农民的生活水平和生活质量，促进人的全面发展。全面、协调、可持续发展就是要求我们改变过去以单纯追求经济增长为目标的发展观，将人与自然的和谐作为基础，以区域、城乡、经济与社会统筹发展为内涵，以国内国际相统筹为手段。科学发展观对农村经济和环境问题给予了高度的关注。而循环农业就是将循环经济的理念应用于农业生产，在农业生产过程和产品生命周期中延伸产业链条，减少资源、物质的投入量和减少废弃物的排放量，达到生态和经济的良性循环。循环农业是一种追求农业经济、环境、社会效益多赢的农业经济发展模式。所以，发展循环农业是实现农村人与自然和谐的重要出路。它可以将农村人口、资源和环境三者有机地结合起来，防止环境贫困，从而在更高的层次上推进社会公平、缩小城乡生活质量差距。它与科学发展观的指向是完全一致的。

(二) 建设循环农业生态园区是发展现代农业、建设农村“两型社会”的必由之路

我国是一个典型以农业为基础的大国，进入20世纪90年代中后期以来，农业、农村、农民问题日渐凸现出来，尤其是农业资源和生态环境、农业环境污染问题已经成了影响我国农村经济稳定快速发展的重大障碍。“三农”问题已极大影响和严重制约着我国经济社会可持续发展和全面小康社会的建设。解决“三农”问题，只能靠农业自身功能的增强、产业链的延伸和经济增长方式的转变。2005年，在党中央十六届五中全会上提出了“两型社会”的重要发展战略。“两型社会”建设的关键是农村“两型社会”的建设。因此，维持农业生态环境保护，促进农村经济又快又好的发展是我国“两型社会”的核心。2006年中央“一号文件”又明确指出，建设社会主义新农村是当前我国面临的主要任务，“十一五”时期是社会主义新农村建设的关键时期。文件还指出，建设社会主义新农村的目标与要求是：生产发展、生活宽裕、乡风文明、村容整洁、管理民主，其中最重要的内容是促进农村经济发展，增加农民收入。只有农业综合生产能力提高了，才能为新农村建设提供雄厚的物质基础。循环农业是以农业资源循环利用为途径，以保护环境和节约资源、能源为重点，以减量化、再利用、再循环为原则，把农业经济活动组织成一个“农业资源—农产品—再生资源”的反馈式流程的生产模式。发展循环农业生态园区，有利于农业生产从粗放增长向集约增长转变，加快农业产业结构的调整，促进农村的产业升级，提升农村的生产

方式，提高农业生产效率，促进农业生产发展，整合农业资源，以维持或提高农业生态资本存量为宗旨来安排和组织生产，实现经济效益、生态效益与社会效益的统一。发展循环农业生态园区要求农业生产的现代化，实现农产品生产、加工、流通的专业化和规模化，使普通农户转变为多种类型的专业户，进而增加农民收入。循环农业生态园区建设也要求农业生产是产业化的生产，形成一个良性运转的“产业链”或“产业网”，可提高农业生产效率和人力资源配置效率，增加农业就业机会。循环农业生态园区的发展还能扩大劳动密集型的园艺、畜牧、农产品加工等优势产业的规模，可以吸纳更多农村劳动力就业，可以有效解决农民就业问题。循环农业是生态化的农业，发展循环农业是保护农村生态环境和有效利用农业资源的重要手段。发展循环农业生态园区体现了农村“两型社会”建设的本质要求，是建设农村“两型社会”的必由之路。

（三）建设循环农业生态园区是转变农业发展方式，实现农业可持续发展的必然选择

我国是世界上农业资源严重匮乏的国家之一，资源约束与经济发展的矛盾日益突出。我国人均耕地只占世界平均水平的40%，人均淡水资源量仅达世界平均水平的25%，人均森林占有面积仅为20%，已退化、沙化、碱化的草原面积占到草场总面积的1/3。但是，我国农业资源的利用水平并不高：灌溉水的利用率仅为45%左右，比国际先进水平低30%；每年施用的化肥中氮肥的当季利用率仅为30%，每年氮肥损失近400亿元；我国每年产生的6.5亿吨农作物秸秆资源化利用效率不高；80%以上畜禽粪便也没有得到有效利用。同时，大量农村生活污水基本没有处理就被直接排放，化肥和农药的大量使用也没有得到有效抑制。这些问题不仅造成有限农业资源的严重浪费，而且直接导致农村环境恶化，严重威胁人民群众的健康甚至生命安全。循环农业是以科学发展观为指导，把循环经济理念应用于农业发展中，依靠科学技术、政策手段和市场机制，调控农业生产和消费活动，将传统“资源—产品—废弃物”的线性物质流动方式转变为“资源—产品—废弃物—再生资源”的

循环流动方式，最大限度地提高资源利用效率，尽可能地降低污染排放和资源利用损耗，实现经济效益、生态效益和社会效益的统一。因此，面对我国农业资源匮乏、污染日益严重的现实，积极推进和发展循环农业势在必行，加快循环农业生态园区建设，以转变农业增长方式，是实现我国农业可持续发展的必然选择。

（四）建设循环农业生态园区是我国农业应对贸易壁垒的迫切需要

自加入WTO以来，我国农产品的出口不断受到绿色贸易壁垒的困扰，严重影响了我国农产品的出口，并因此遭受了很大的经济损失，仅2003年我国农产品因技术壁垒而遭受的损失就达95亿美元。现阶段我国农产品出口因绿色贸易壁垒受阻的品种不断增多，范围不断扩大，已经成为美国绿色贸易壁垒限制进口最多的国家之一。随着人们对食品质量安全问题的日益关注，各国将会加强对农产品贸易的保护作用，农产品贸易壁垒将会进一步提高，使得我国农产品出口面临更大的困难。鉴于应对贸易壁垒的迫切需要，我国必须加快构建一种安全生产、清洁生产的农业产业模式，以此提高农产品在国内外市场的竞争力。循环农业就是一种低投入、高循环、高技术、清洁型农业，不仅涉及少施或不施化肥农药的技术改进，涉及绿色肥料、绿色农药的开发应用，也涉及农业生态系统物质能量的多级循环利用，外部有害物质的投入控制和农业废弃物的产出限制。循环农业通过农业生产全过程和农产品生命周期全过程控制，预防污染的发生；通过循环农业模式的建立和循环农业技术体系的研究和开发，逐步实现安全食品的生产和出口。

三、我国循环农业生态园区建设与生态文明发展

农业是一个历史悠久的传统产业，它既是人类生存和发展的基础，又随着人类文明的进步而不断得到发展。进入21世纪，科技转化、资源匮乏、环境恶化、食物安全和经济发展等，都面临着新的矛盾和挑战。人类的健康、生存、发展面临着极大的威胁，世界各国政府和人民从来

没有像现在这样关注生态环境问题。为了自身的生存和发展，人们开始重新审视现有的生产和消费方式，并从中认识到：人与自然和谐相处，生态和经济可持续发展是人类迈进21世纪后的历史主题，由此以维护环境、崇尚自然为宗旨的绿色消费浪潮声势日渐高涨，使世界农业呈现出新的发展态势。21世纪将是农业可持续发展的世纪，人类不但要追求农业的经济价值，还应强调农业的生态价值。人类在对自身经济活动长期反思后，提出了以生物技术为基础，通过生物工程推动自然界物质和能量的自然变换与农产品品质提高的农业发展新模式——绿色农业。但我国在发展绿色农业的过程中出现了一些误区，如果不尽快走出误区，就会极大地影响我国绿色农业的健康发展，在国内外农产品竞争中败下阵来，使我国扩大内需和解决“三农”问题的努力严重受阻。

(一) 我国农村生态环境污染严重

现阶段，我国农村环境污染问题非常严重：(1) 乡镇企业造成的环境污染逐年增加。目前，乡镇企业化学需氧量、粉尘和固体废弃物排放量占全国工业污染排放量总量的比重均接近或超过50%，已成为环境保护的突出问题和影响人体健康的主要因素之一。(2) 畜禽粪便污染呈加剧趋势。规模化畜禽养殖场绝大多数没有相应的配套耕地来处理其产生的畜禽粪便，形成了比较严重的农牧脱节。(3) 农村及小城镇生活污染日益突出。城镇生活污水处理设施建设严重滞后，绝大部分生活污水未经处理而直接排入河道，成为农村地区河水污染的主要来源。大多数村镇没有无公害垃圾填埋场，生活垃圾被随意抛弃在荷塘或低洼地，不仅影响环境卫生，而且造成河道淤积，污染水体。(4) 化肥、农药以及地膜污染危害加剧。我国每年化肥施用量高达4100多万吨，占世界总量的1/3，化肥中氮素肥料达51%，其消费量居世界第一。而作物对氮素化肥的当季利用率只有30%或更低，致使70%进入环境。化肥流失加剧了湖泊和海洋等水体的富营养化，造成地下水和蔬菜中硝态氮含量超标，影响土壤自净能力。我国农药年产量居世界第二位。国产农药多以杀虫剂为主，占总量的70%。农药污染破坏生态平衡，威胁生物多样性。农膜残片难以自然降解，影响土壤的渗透性，造成粮食减产。（5）农作物秸秆焚烧或废弃污染严重。大量的秸秆焚烧或抛弃于河湖沟渠或道路两侧，浪费了大量的资源和能源，污染大气和水体，影响农村的环境卫生。

（二）农产品安全问题

粮食是人类生存和发展的必需品，获得充足的粮食是每个人应该享有的基本权利。由于一些长期困扰世界粮食安全的因素依然存在，粮食供给与人口增长的矛盾日益突出，粮食安全问题已经成为各国政府和国际社会高度关注的重大战略问题。联合国粮农组织在一次首脑会议上形成了对粮食安全的共识，即保证任何人在任何地方都能得到未来生存和健康所需的足够食品。之后这一概念多次经过修改，被世界粮农组织确定为确保所有的人在任何时候既能买得到又能买得起所需要的基本食品。这一概念包括三项具体要求：（1）确保生产足够多的粮食；（2）最大限度地稳定粮食供应；（3）确保所有需要粮食的人们都能获得粮食。

我国农业发展与农产品开发经历了快速增长的过程，农业积蓄的增长潜力得到巨大释放，农产品产量显著提高。从 1982 年到 1995 年，水稻产出增长了20%，小麦产出增长了80%，玉米产出增长了95%。无论是农业单产还是总产的提高，都是依靠增加农业生产要素投入强度来实现的。根据一些学者的分析，我国农业产出增长的首要源泉来自化肥投入的增加，其次是机械动力投入的增加。据农业部的统计资料，我国化肥的使用量在 1962 年至 1987 年的 25 年间以每年 17.9% 的复合率增长，尽管 1988 年至 2001 年的 13 年间年均增长率下降到 7.6%，但我国仍然是世界上化肥施用量最多的国家之一。在粮食作物中，每公顷粳稻的化肥用量最高，超过了 300 公斤；玉米的化肥用量相对较低，为 230 公斤左右。化肥用量的增加，对提高粮食单产起着重要作用。但是，随着施肥量的不断增加，化肥对边际产量的贡献已经很低，并且由于过度投入化肥等生产要素，加上土地资源和水资源利用不合理，造成了严重的环境问题，不仅导致粮食等农产品产量下降，也威胁到食品安全。随着小康和富裕型消费结构逐步形成，人们开始关注自身健康和生态现状，对食品质量的要求越来越高。同时，突破技术以及绿色壁垒已经成为我国加入世贸组织后，发挥农业及农产品比较优势、提升食品市场竞争力的主要变革方向和创新动力。在供需双方的推动下，以绿色农业与安全食品开发为代表的食品安全保障与发展研究逐步展开。受国际有机农业运动的影响，我国于1989年加入IFOAM，在政府扶持与国际组织参与下先后开展了有机食品（1989年）与绿色食品（1990年）的开发。其中绿色食品的开发品种和产量从1990年的127个和60万吨，增长到2002年的2729个和2500万吨。特别是2001年后，我国在全国范围内开展了以解决食品质量安全与农业生产环境安全问题为主要目标的无公害农产品开发后，有机食品、绿色食品、无公害农产品的开发轨迹，体现了我国农业可持续发展的轮廓。但我国农业持续发展及安全食品开发同样也面临着开发主体规模小、发展速度缓慢、开发过程出现反复现象等问题。农产品产出增长要求与资源环境保护之间的矛盾，使食物安全（food security）向食品安全（food safety）的战略性转移过程中，面临着多种问题和困难。研究优质食品开发过程中质量安全与生产效率、消费行为之间的关系，引入竞争与激励机制，通过技术与制度等创新将双方的矛盾与冲突逐步转化为互相促进的动力，才是提高食品安全水平、促进农业持续发展的根本出路。

在经济与人口增长的双重压力下，农业自然再生产与经济再生产的特点，使农产品开发与资源环境之间的关系越来越密切和复杂。分工与专业化的发展作为经济增长的重要源泉，通过具体的合作组织形式改善资源配置和环境利用效率，对农产品产出增长与质量控制发挥积极作用。技术与制度作为经济增长的内生要素，通过促进经济发展过程中激励与创新机制的形成与完善，对食品安全的开发与规范化管理产生关键性影响。例如，新型基因技术、清洁生产技术、病虫害防治技术，以及先进的耕种制度、资源管理制度、技术推广制度等，对农业资源环境的改善和食品安全水平的提高已经或正在发挥着突出的影响。在市场经济条件下，政府职能的转变，特别是加强对经济外部性的干预，对市场的监管和规范，对公共设施建设与资源环境维护，以及对产权、交易体系和制度的构建与完善等，为食品安全的有效开发与规范化管理提供了宏观体制与政策环境的保障。

我国是世界上人口最多、粮食消耗量最大的国家。随着经济社会发展、人口增长和人民生活水平的提高，我国不仅对粮食的需求量会相应增加，对粮食的质量、粮食获得的稳定性的要求也更高，而增加粮食产量的困难在加大，耕地资源减少的势头难以逆转，水等资源短缺的压力进一步增大。我国的粮食安全问题一直是政府和社会高度重视的战略问题，也是国际社会十分关注的问题。保障13亿人口的粮食安全，事关我国的稳定与发展，对世界粮食安全保障也具有十分重要的意义。保障粮食安全是我国政府对全世界的庄严承诺，从政策层面提出了确保粮食安全的基本方针：立足国内资源，实现粮食基本自给，保持粮食供求大体平衡；立足保护和提高粮食综合生产能力，稳步提高粮食生产水平；立足调动农民种粮积极性，切实保护种粮农民利益。

生态文明，是人类遵循人、自然、社会和谐发展这一客观规律而取得的物质与精神成果的总和，也是指以人与自然、人与人、人与社会和谐共生、良性循环、全面发展、持续繁荣为基本宗旨的文化伦理形态。循环农业生态园区建设是建设生态文明的重要体现，可持续发展理论、循环经济学理论以及生态经济学理论的基本理论思想是农业生态园区的思想来源。农业生态园区建设是运用农学、生态经济学、系统学、区域经济学与管理学等原理，在保证农业生态环境良性循环的前提下，通过对农村自然—经济—社会复合系统结构的优化设计和农业生态文明建设，实现农业高效、农民增收、农村发展的目标，在顺应可持续发展趋势的基础上，用大系统的观点来看待农业生态问题，以及农村社会诸多问题。农业生态园区建设是推动农村生态文明建设的必要条件和行动方案。①

① 严立冬：《绿色农业导论》，人民出版社2008年版，第3—4页。

四、生态创新在循环农业生态园区建设中的作用

循环农业生态园区以生态学原理作指导，在全园建立起一个良性循环的绿色农业生态系统，使农林牧渔各业科学组合，各种模式物尽其用。由于农业生产的自然属性，循环农业生态园区与生态创新有着天然的内在联系。这里的生态创新是“广义的”生态创新，不仅包括自然生态环境意义上的生态创新，同时也包括生态结构创新、生态功能创新、生态科技创新和生态金融创新等多个方面。在循环农业生态园区发展过程中，生态创新具有十分重要的作用，主要体现在以下四个方面。

1. 开展生态创新有利于提高循环农业生态园区的综合效益。生态创新能大大提高循环农业生态园区的劳动生产率、土地利用率、土地生产率和资源利用率，通过充分合理地利用、保护和增殖自然资源，加速物质循环和能量转化，进而大大提高其综合经济效益。从当前农业发展的现实和国际国内市场趋势来看，农业发展不仅面临越来越严重的市场需求制约，而且面临越来越严峻的资源环境制约。必须改造传统农业，转变增长方式，把发展循环农业生态园区作为建设现代农业的主攻方向，积极推进农业生产经营的规模化、专业化、标准化、集约化、产业化，走出一条科技含量高、经济效益好、资源消耗低、环境污染少、人力资源优势得到充分发挥的现代农业发展路子。生态结构创新是生态创新的重要内容，它通过实施品牌战略，改进生产方式，全力开发无公害农产品、绿色食品和有机食品，塑造品牌形象，能够赢得更高的市场知名度，增强循环农业生态园区的市场竞争力和综合效益。

2. 开展生态创新有利于完善循环农业生态园区的生态功能。生态创新能够在稳固生产功能、保护循环农业生态园区生活功能的基础上，顺应循环农业生态园区向经济型、生活型、生态型、观光型和文化型等方向发展的趋势，注重循环农业生态园区功能的多样化开发，进一步挖掘其生态功能。例如通过种养业的有机结合，积极发展休闲观光、旅游等

能美化生态环境的循环农业生态园区门类，为人们创造很好的休闲场所，并通过市场化运作，实现生态的经济化。又比如，把传统循环农业生态园区精华与现代社会理念结合起来，大力挖掘和弘扬诸如农耕文化、品牌文化、合作文化等，积极开发循环农业生态园区文化产品，提升循环农业生态园区品位。

3. 开展生态创新有利于促进循环农业生态园区的科技进步。实现农业增长方式的根本转变，大力发展循环农业生态园区，必须依靠科技进步，提高资源利用率、劳动生产率和投入产出率。在中国传统农业发展过程中，人们创造了人与自然和谐相处、“天人合一”的朴素循环农业生态园区模式，积累了林农结合、稻田养鱼、桑基渔塘、间作套种、精耕细作等丰富的技术和生产经验，特别是我国太湖地区的桑基渔塘生产模式被认为是世界上最早的循环农业生态园区模式，是传统循环农业和可持续农业的典范，这些技术和经验仍是发展现代循环农业生态园区所必需的，应当很好地继承并发扬光大。循环农业生态园区发展需要依靠高新农业技术，目前我国的农业技术储备与开发的重点仍集中于增产增值方面，而忽视生态环境保护技术的发展，通过开展生态创新，围绕可持续农业体系的建设，积极开发利用良种优选技术、农业信息技术、农业资源重复与循环利用技术、立体种养技术、农作物病虫害综合防治技术和节水灌溉技术等，有利于促进循环农业生态园区的科技进步，进而最终促进循环农业生态园区的稳健发展。

4. 开展生态创新有利于增强循环农业生态园区的金融服务。作为现代经济的核心，金融不能仅仅满足于自身运行环境的外部改善，还必须通过支持生态经济发展，从根本上优化金融生态环境。在循环农业生态园区建设与发展过程中，有必要通过生态金融创新，把人类经济活动造成的自然资源耗费和付出的环境代价，采用评估测算方法，进行经济价值量和环境价值量的计量比较、分析、权衡、决策，并通过金融理念、制度、产品和服务方式的不断创新，来引导各种资源的配置，促进经济增长方式的转变，以支持生态经济的发展来发展生态金融，以发展生态金融来促进生态经济发展，并实现良性互动。通过发展生态金融，将循环农业生态园区中的排污量、资源消耗量、能源使用效率等生态指标进行量化，设计出有使用成本、可交易的生态金融产品，使循环农业生态园区的“外部性效应”内部化，利用金融体系引导市场机制作用，来促使循环农业生态园区自觉地构建和完善符合生态发展要求的内生发展机制，进而促进循环农业生态园区中经济与环境的协调发展。

第二节　循环经济发展与循环农业生态园区建设

一、我国循环农业生态园区建设的现状与问题

从园区系统循环农业的规模上，可以将我国的循环农业园区划分为两大类：一类是在广大农村以家庭为基本单位建立的中小型循环农业园；另一类是大型的循环农业园。这两类循环农业园区的共同特点是，运用现代科学技术和管理方法，把种植业和林业、牧业、渔业以及相关加工业有机地结合在一起，在它们之间建立相互促进和利用、协调发展的关系，不仅能够实现农产品生产的优质、高效、低耗，向人们提供各种绿色食品和其他生物资源，而且其本身就是生态系统的组成部分，发挥着重要的生态调节作用。

（一）我国循环农业的发展过程

我国古代，人们不自觉地遵守生态学原理，形成了重视农牧结合，使用有机肥，通过劳动和选择使农业自然生物种群逐渐演变成为劳动对象和收获物，满足自身的基本生活需要，是一种物质和能量闭环流动的封闭体系，是一种可持续的农业，这其实也是最早期的循环农业模式。

为满足日益增长的人类需求，现代农业打破了封闭的传统农业生态

体系，使农业内部物质和能量循环流动的链条中断，物质、能量大量流失，并造成严重的环境问题。为了解决这一系列问题，我国先后开展了一系列的研究、探索和试点推广工作，并先后提出了生态农业、有机农业、绿色农业等先进模式，逐步实现农业资源的合理利用，延缓资源的枯竭，实现农业的可持续发展。

20 世纪 80 年代初，以生态学家马世骏教授为首的一批科学家和一批农业领导者提出“中国生态农业”概念，主张用现代科技与传统的精耕细作有机结合，按照“整体、协调、循环、再生”的原则，通过经济与生态两个系统的良性循环实现农村经济的高效、持续、协调发展的现代化农业生产体系。

到了 20 世纪 90 年代中期，常规农产品的污染问题已成为制约我国实施农业国际化发展的主要技术障碍。因此，我国在生态农业的基础上积极发展有机农业，着重解决农产品的质量安全问题，逐步实现农业结构合理化、技术生态化、过程清洁化和产品无害化，实现从常规食品到绿色食品再到有机食品的提升和跨越。

20 世纪 90 年代末期，国内外积极开展循环经济建设。2002 年陈德敏等人首次提出发展循环农业的同时，国内开展了一系列循环农业的研究和试点工作，特别是在福建、浙江等 8 个省市，根据当地的实际情况，在已发展的生态农业的基础上进行生态整合、生态链联结、模式转换、试验家庭循环经济等。

（二）循环农业发展的现状

资源与环境问题，已经成为制约农业可持续发展和新农村建设的瓶颈问题。2009 年出台的中共中央、国务院《关于 2009 年促进农业稳定发展农民持续增收的若干意见》（中发［2009］1 号）对此提出要加强农村环境保护，减少农业面源污染，并确定要鼓励发展循环农业、生态农业，有条件的地方可加快发展有机农业。

来自有关部门的数字显示，我国灌溉水的利用率仅为 45% 左右；每年产生 6 亿吨农作物秸秆、45 亿吨畜禽粪便，80% 以上未经资源化利用；农村生活垃圾露天堆放量超过1.2亿吨；大量农村生活污水基本没有处理直接排放。而据农业部有关人士介绍，来自农业生产方面的污染也令人触目惊心：目前全国受污染的耕地约有1.5亿亩，约占耕地总面积的1/10。一些地区由于长期过量使用化学肥料、农药、农膜以及污水灌溉，使污染物在土壤中大量残留，造成农作物减产和农产品质量下降。

农业部2006年开始实施生态家园富民行动，这一行动计划“十一五”期间在500个县（场）建设10000个资源良性循环的生态新村。2009年农业部又确定，农村户用沼气新增量将高于上年，支持养殖场和养殖小区沼气工程建设。支持甜高粱、木薯等生物能源作物的良种繁育和推广种植，开展农作物秸秆生物气化和固化成型燃料试点。加快实施退牧还草工程和京津风沙源治理工程。积极实施水生生物资源养护工程，加强渔业生态环境监测体系建设。

目前，我国对于资源的利用并没有从整体上建立“资源—产品—再生资源”的循环经济体系，经济增长方式依然以粗放型为主，经济活动的总体是一种“资源—产品—废弃物”的单向流动模式，其特征是高开采、低利用、高排放，即创造的财富越多，消耗的资源就越多，产生的废弃物也越多。如何解决好经济发展与资源瓶颈约束之间、经济发展与资源利用效率之间、经济发展与生态环境恶化之间的矛盾，我国的循环农业任重道远。以湖北省为例，湖北作为一个农业大省，其农业的持续发展正面临着人口过多、资源短缺与环境污染的巨大约束，这些对农业的生产和发展构成了严重威胁。目前湖北省人均耕地仅0.056hm^2，正逼近人均耕地的警戒水平；全省大小湖泊面积仅相当于新中国成立初期的近1/3，湖泊调洪能力降低；森林覆盖率低，植被结构不合理，水土流失严重，年均流失表土3.19亿吨，在长江流域各省中，仅次于四川省居第2位；全省目前仍有70%的中低产田未得到有效改造和利用，有机肥使用量占总投肥量的比重不高，化肥的利用率仅为30%；同时，常规现代农业技术中的化肥、农药、农用薄膜等过量和不合理使用，加上工业废弃物排放增加，使得农业环境污染日趋严重，全省遭到不同程度的农业污染的农田达 40 万 hm^2，每年损失粮食 8 亿千克，每年因污染造成农业经济损失 10 亿多元。

令人欣喜的是，这些年来在发展我国循环经济方面，政府围绕提高资源利用效率做了大量的工作，如产业废弃物的综合利用，废旧物质的回收利用，生产和消费中的资源再利用，环保产业的发展等。特别是近年来，国家加大了推进循环经济的力度，增强全民对发展循环经济的认识，并在一些企业和省市进行了试点，推进生态工业和绿色循环农业的发展，也制定了一些相应法律法规和政策。但总的说来，我国循环农业才刚刚起步，还有许多因素阻碍循环经济的发展，因此，探讨加快发展我国循环农业的路径，对促进循环农业的发展显得尤为重要。

（三）我国循环农业的问题

1. 农业生产方式不合理。由于追求高产，有些农民在生产过程中存在着过量播种、过量施肥的现象，主要原因是盲目认为只有高投入才有高产出，对适量播种技术和农作物需肥规律缺乏认识，通过近几年测土配方项目的实施，这一现象大有改观。

2. 为了改善养殖重点村的生态环境，采取划分养殖小区的办法，但对养殖小区的牲畜粪便处理没有采取有效措施，主要是由于技术和资金的问题而导致缺乏粪便处理技术和设备。

3. 近年来，在农村沼气建设数量迅速增加的同时，也暴露出了沼气综合利用效益整体偏低的不足。一方面表现为沼气池建好后，畜圈、厕所、厨房的改造跟不上，导致“三改”配套率不高；另一方面表现为目前沼液的利用仅限于部分农户的自发行为，利用模式单一，没有发挥出沼气项目最大的经济和社会效益。

4. 秸秆综合利用率和畜禽粪便利用率低。例如新疆伊宁县秸秆利用率只为 36%，通过沼气发酵技术的畜禽粪便利用率也不到 1%，这主要是受养殖规模和沼气建设规模的限制。

（四）当前发展循环农业的制约因素

循环农业是 2006 年中共中央、国务院《关于推进社会主义新农村建设的若干意见》（中发［2006］1号）出现的新名词，提出要把加快发展循环农业作为推进现代农业建设的重要内容。在这之前的一段时期内，我国虽然有着生态农业的基础，但是并不系统与完善。这几年加快了循环农业理论和模式的有益研究和探讨，但是在实际操作和发展中仍然存在着一些制约因素，主要有：

1. 耕地资源的制约。我国人均耕地面积不足世界人均耕地的一半，并且呈现出以下几个特点：（1）耕地分布极不均衡。经济发达地区人均耕地面积少，欠发达地区人少地多，经济发展不平衡。（2）耕地质量不高。中低产田偏多，土地产出率低，土壤肥力不足。由于过度开垦导致保水保肥能力下降，耕作时又不注意养地，加剧了土壤肥力的下降。（3）耕地退化严重。全国30%左右的耕地不同程度地受水土流失危害，耕地表层土壤每年由于风沙和耕作的原因流失量巨大。（4）耕地负荷率较高。耕作频繁，不利于耕地的休养生息和培肥地力。这些均直接影响循环农业的快速健康发展，已成为发展循环农业的一大障碍。

2. 农业废弃物污染严重。近年来随着经济社会的快速发展和农业现代化步伐的加快，虽然农业成果、农产品的数量、质量较从前有了飞跃式增加与提高，但其副产品农业废弃物的数量也在急剧增长，其利用率却迅速下降，大量原本是宝贵资源的农业废弃物，因不知如何利用或利用不当反过来成为农村的主要污染源，是农村环境脏乱差的主要成因，并对土壤生态环境、大气质量和水环境均有严重的污染，从而影响粮食、蔬菜、水产、禽蛋和肉类等农产品的质量，这些产品最终进入人的食物链，导致人们的身体健康受到威胁。根据有关数据，我国农业废弃物的年产生量已由1994年的3011亿吨，增至2004年的5318亿吨，但利用率由1994年的49%下降到2005年的32%。秸秆主要采取直接焚烧或者堆弃于路边、水塘边的方式。农户和养殖场养殖的畜禽粪便，有许多未作处理就直接排放至沟渠、河道等水源中。其实，秸秆和畜禽粪便经过适当处理可以作为很好的有机肥料，但目前农业生产仍以使用化肥为主，农业废弃物尤其是秸秆未能作肥料利用，使化肥用量迅速上升，有机肥施用比例不断下降，我国以占世界9%的耕地却用掉了占世界近30%的化肥。另外，大气污染和固体污染也相当严重。

3. 所需资金缺乏。发展循环农业，资金是不可缺少的，尤其是在发展前期，必须有较大的资金投入进行基础设施建设，才能满足发展循环农业最基本的要求。发展循环农业投入多，而回报期较长，不可能很快就有经济效益。而且实施循环农业的主体是农民，对循环农业的优势不了解，信息不畅通，技术比较落后，资金普遍缺乏。不仅在发展初期没有较多的资金投入，而且也难以满足中长期循环农业发展对大量资金的需求。即使是发展循环农业较早的地区，也往往由于短期内没有资金回流，资金投入量有限，难以维持对循环农业的物质保障，从而制约着循环农业的发展。

4. 农民对循环农业认识不足。循环农业的发展要以一定的技术手段为支持，农民的文化素质和技术水平是影响循环农业发展的主要因素。但是我国大多数农民对循环农业经济的意识淡薄，加上循环农业本身的经济效益要经过一段时间后才会有所表现，往往只注重短期是否有回报，对清洁生产带来的经济效益重视不够。因此，要培养农民的市场理性、信息意识，要提高农民对农业科技和新的生产方式的接受能力，不能只重视产量而忽视了质量，对农业资源进行掠夺性使用，否则必将严重制约循环型农业的发展。

二、循环农业生态园区的模式

（一）种植养殖和沼气池配套组合的循环农业园区

在一定面积的土地上种植农作物，同时建立适度规模的家畜养殖场并建沼气池。农作物秸秆和家畜排泄物进入沼气池产生沼气，向农户提供生活能源；沼气池出料口通向农田或建设蔬菜棚，有机物经过发酵成为高效肥料。在这种模式中，农作物的果实、秸秆和家畜排泄物都得到循环利用，输出各种优质农产品，还提供清洁能源，综合效益非常可观。

这种模式在全国各地都适用。

（二）动植物共育和混养的循环农业园区

根据一些动植物之间的共生性和互利性，对它们进行共育和混养，由此建立起一种循环农业园。例如，稻—鸭、稻—鸭—萍等循环农业园区。整个过程不使用化肥农药，大大减轻了农民的劳动强度，并且生产出来的产品可达到无公害食品和绿色食品标准。不仅使水稻增产，品质提高，而且养鸭收入也很可观。

（三）以养鱼为中心的循环农业园区

例如，桑基鱼塘、蔗基鱼塘、果基鱼塘及花基鱼塘等。桑基鱼塘以桑树为基础，桑叶养蚕，蚕沙、蚕蛹喂鱼，塘泥作为桑树的肥料，形成一个良性循环。蔗基鱼塘，是以嫩蔗叶喂鱼，以塘泥作为甘蔗田的肥料。果基鱼塘的果品可以是香蕉、柑橘、芒果、荔枝等。而花基鱼塘主要是茉莉、白兰、菊花、兰花等种植与鱼塘养殖相结合，但其水陆相互作用优越性远不如其他基塘类型。

（四）山林基地种养结合的循环农业园区

这种模式在山区比较适用。山上种植经济林、果树或其他经济作物，同时培育香菇、木耳，放养鸡等家禽或养殖其他牲畜，输出木材、水果、香菇、木耳，以及畜、禽、蛋等产品，输入饲料和一些农用生产资料，资源可以得到综合利用和循环利用。

（五）种、养、旅游一体化循环农业园区

以自然地域范围为系统边界，整个系统包括以下5个部分：（1）农田亚系统：包括稻田、温室大棚和大田3个子系统。稻田子系统是稻蟹混养，水稻种植和蟹苗养殖具有相同的系统边界，但从生态系统营养结构来分，则二者分属生产者和消费者，因此将蟹苗养殖和鱼塘合并为一个系统——水产养殖子系统。（2）养殖业亚系统：包括畜禽养殖和水产养殖2个子系统。（3）沼气亚系统；（4）污水处理亚系统；（5）旅游业亚系统。

三、循环农业生态园区的原则

（一）循环农业生态园区建设的3R原则

作为循环经济核心内容的3R原则同样适用于循环农业生态园区的建设。减量化原则要求在保证农业产量的基础上，尽量不使用对环境有害或影响农产品质量的化学肥料和农药，注重开发可再生能源，减少不可再生能源的消耗；再使用原则要求减少农业系统的外部物质投入量，提高系统内部资源或产品的重复使用率；再循环利用原则要求农业生产的副产品或废弃物通过无害化和资源化以后，作为农业生产的原料重新回到农业系统或转变为其他行业的原料被循环利用。

（二）资源循环与环境改善同步原则

循环农业注重农业资源的多级循环利用，尤其是对农业生产过程产生的副产品和废弃物进行充分利用，通过合理的产业连接，可以使其他产业以及居民消费产生的大量有机废弃物转变成为农业生产所需要的物质和能量，不但能有效地解决大量工业固体废弃物和生活垃圾带来的环境问题，还能增加土壤的营养和提高农业生产力，使资源循环与环境改善同时进行。

（三）经济效益优先和三大效益并举原则

要在注重经济效益的同时，利用有机废弃物的资源化工程解决农村剩余劳动力的就业问题和能源短缺问题，减轻农业面源污染，促进农业系统的物质循环和能量流动，使整个农业生态系统趋于良性循环，实现经济效益、生态效益和社会效益的统一。

（四）因地制宜、逐步推进原则

在实施过程中，要结合不同区域的自然资源、生态环境以及经济社会条件等特征，充分发挥各自的区域优势，以实现资源利用的最大化为目标，在条件适宜的区域开展典型示范工程的建设，总结经验，逐步在更高层次和更大范围推动物质的高效循环和能量的高效利用。

四、循环农业生态园区建设与循环经济发展

循环农业生态园区以农业为基础的循环经济建设，摆脱了单纯发展种养业的农业经济发展模式，强调建立农、林、牧、副、渔多种产业协调综合发展的大农业结构，合理的产业结构增长了农业生态系统的食物链，增加了物质流动的环节，增强了系统的稳定性，提高了农业生产力，同时也提高了农业生态系统物质循环和能量利用效率。特别是大量的循环农业生态园区通过沼气池处理系统的转化作用，在园区内部形成了一个立体循环的生态链，将农业生产和生活产生的废弃物“变废为宝”，既节约了能源和开支，又保护了生态环境。通过系统能流结构的分析，可以看出，循环农业生态园区系统中生产、消费、分解者之间存在着相对稳定和高效的物质交换和能量流动，各子系统形成了在空间上连续、功能上互补的稳定、和谐的关系。

为了推动循环农业生态园区建设，需要加强循环农业载体培植。(1) 建设循环农业园。循环农业园区强调集中化生产，利用农业产业模块之间的连接关系来实现对能量与物质的循环利用。一个园区内往往有多个具有基地效应的农业产业带，在这些农业产业带中，可依据产业链与产业增长的空间集聚状态，选择一些产业带建立循环农业园推广循环农业模式。通过加强设施农业技术的组装配套，注重农产品良种、良法配套，完善农产品高效、优质、高产生产综合技术体系，实现循环农业生态园区规模化、专业化和高效化生产。同时，循环农业园建设可结合发展观光休闲农业。(2) 建立农产品加工园区。根据循环农业的发展要求，实施政策倾斜，建立基础设施配套的农产品加工园区，将具有上下游共生关系的农副产品加工企业集中到加工园区内，形成特色和绿色企业群，实现有害污染物在园区的闭路循环。(3) 加快规模化畜牧小区建设。通过加强基础设施、完善配套服务、规范管理制度、提高生产技术，实行统一规划、统一品牌、统一管理、统一服务、统一治污，把分散经

营的养殖场（户）集中到一个区域内，实现畜牧业专业化、规模化、标准化、生态化的养殖模式。

大量的实践证明，园区经济在农业快速发展过程中起到了极其重要的作用，同时，也涌现出了很多的成功范例，如广东省佛山市农业生态园区、北京安利隆生态旅游山庄等。因此，在循环农业发展方面，也可以借助工业生态园区的建设经验，尝试性开展相关的实践探索。其目的是通过循环农业生态园区建设，充分发挥其示范带动作用、科技与信息辐射作用，以快速推动农业循环经济的发展。

第三节　我国循环农业生态园区建设的基本思路

我国循环农业生态园区建设是解决“三农问题”，特别是增加农民收入的重要途径，其发展水平参差不齐，其原因很复杂，但其中最为核心的是缺乏基本的建设思路，即是编制园区规划时缺乏科学性和方法论。循环农业生态园区的建设始于编制规划，因此，规划编制是否符合当地实际，提出思路是否具有超前性，对循环农业生态园区建设具有重要作用。

一、循环农业生态园区建设的经验与启示

1. 园区建设的理念要创新。循环农业生态园区认真思考如何寻找和利用差异来改造传统农业。通过寻找自然资源、农业产业、区位优势等方面差异点，来营造新的生态旅游景观，打造园区独特的品牌。这样通过理念创新，运用农业高新技术开发新品种，丰富和发展了农业的内容和新领域，找出一条循环农业园区发展的道路。

2. 园区建设的制度要创新。主要表现为科研管理体制创新。(1) 循环农业生态园区打破传统立项方式，不搞纯理论的基础研究。(2) 科研立项与市场供求密切结合，由市场来实现资源的优化配置。(3) 完善对科技人员和项目承担单位的激励制度，发挥课题成果的产业化效益。(4) 建立起课题组成员课题研发的风险金制度，以提高科研经费的使用效率。

3. 园区建设的组织要创新。循环农业生态园内实施的是一种将科研、生产、示范推广、科普教育、观光旅游及贸易紧密结合的战略。因此，在园区的组织结构上也具有其特殊性。(1) 具有科学决策的专家机构。农业园区的运作还必须建立各类专家决策机构，以对园区的重大项目进行咨询、决策。循环农业生态园区采取紧密型的专家依托机构与松散型的专家群体相结合的方式。在重大项目的申报、规划、实施之前，均要征求这些院校专家的意见。而对于一些阶段性或临时发生的问题项目，则采取专家会议或专项邀请专家具体解决实际问题的做法，以取得成效。(2) 科普教育的培训机构。园区一方面采取各种形式对农民和农业技术干部进行专业技术培训，确保各项高新技术措施在生产中得到落实，也负责对来园区学习与实习的学生进行农业知识和技能的培训。

4. 园区建设的科技要创新。科技是园区发展和壮大的动力源泉，园区非常重视科技创新工作。(1) 确立主导产业，发展与之相关的技术和产品，实施自有技术与引进技术相结合、本土品种与引进西洋品种相结合、短期性项目与长远性项目相结合的战略。尽管像组织培养、育种、基因工程等项目投入大、收效慢，但却是园区发展最具生命力和创造性的部分。(2) 完善科研设施，努力创造项目实施的设施条件。要加快形成具有自主知识产权的高新农业技术和品种，就必须拥有与人才、项目相适应的先进仪器设备，以确保项目的高质量、高水平和高效益。(3) 重视信息系统的建立，随时掌握科技的发展趋势。循环农业生态园区要充分利用国际互联网系统搜集国内外科技信息，同时还应建立园区自己的农业科技网站，为科技资源的搜索、电子商务的运作、项目的国际化奠定了信息资源的基础。

5. 园区建设的模式要创新。(1) 宏观调控与市场机制相结合的管理模式。循环农业生态园区在宏观管理上，要注重分析国内政治、经济形势，及时调整经营战略；在重大科研项目上，对人、财、物进行宏观调控，集中有限的资金进行投入。在微观上按照市场规则进行运转，采取目标管理，放权让利，各自经营实体，实施独立核算、自负盈亏、自我发展的政策，充分调动园区企业和员工的积极性。(2) 充分发挥机制灵活的优势。要借鉴民营经济机动灵活、果断决策、管理到位的管理优势，为我所用，提高效率。这一管理模式对领导层、决策者的综合素质要求较高。园区领导们敢于负责，善于拍板，不错过任何机会，给投资者十足的信心和优质服务，有力地吸引众多的投资者。(3) 注重吸收国有企业规范化、科学化的管理优势。在吸取民营企业管理先进经验的同时，注重吸收国有企业好的管理模式与经验。(4) 借鉴台资企业的管理模式。台资企业具有很强的管理优势。他们注重市场调查预测、控制成本核算、保证产品质量、做好售后服务、重视人的作用，这种经营策划的理念值得学习。(5) 充分发挥领导集体或个人的人格魅力。要管理好一个园区，还应强调领导或领导集体的个人魅力和人格化的管理，即领导政治上的成熟、业务上的精通、懂得领导艺术、率先垂范、关心同事、以人为本。只有这样，才能形成一个整体，进行循环农业生态园区建设。

二、循环农业生态园区的发展战略

根据循环农业生态园区可持续发展战略，结合园区的优势和特点，确定农业生态园区规划的指导思想：以市场需求为导向，以科技为依托，以经济效益为中心，以现代农业生产示范为主体，兼顾旅游观光，综合利用园区内现有的农业、生物等各种资源、技术优势，保护和改善生态环境，不断增强可持续发展能力，将示范园建为现代农业和技术的示范点和推广中心，由资源密集型和劳动力密集型向资本、知识、技术密集型转变，不断提高劳动生产率，实现产业化经营，建立新型经营机制，不断提高科技含量和经营者素质，加快经营改革步伐，同时也为区域农业改革探索新路。（1）协调规划用地所在区域的各级规划，充分利用现有各项基础设施；（2）遵照生态经济学原理，充分利用资源，合理开发，尽量减少对自然环境的破坏，保持循环农业生态园内小区域生态环境的相对稳定，实现可持续发展；（3）明确功能，合理布局，做到陆地和水体相结合，水面陆地相兼顾，科技运用与科技推广并举，使循环农业生态园区成为集生产、科技推广、科普教育、多功能协调统一的有机整体；（4）远近结合，量力而行，滚动发展，按照各项目的不同特色及投入产出的效益评估，确定合理的开发时序。灵活把握不同开发阶段的主题，继承、开发、创新相结合；规划要遵循边开发、边建设、边积累的滚动式发展原则，集中有限资金进行重点突破。做到投资合理，收效显著；（5）统一协调，步调一致。循环农业生态园区规划与建设的各项基础设施建设，应与各功能区及各项目系统的建设协调同步进行，同时留有一定的发展余地，为下一个开发时段打下基础；（6）抓住特色，创造丰富优美的空间景观。规划既要体现农业生态园区的特色，又要结合本地资源，突出地方特色。在布局上，功能区建设应与自然环境协调一致，并符合园林艺术布局的原则。即在保护生态环境的同时，充分利用自然景观要素及农业生产等特色景观要素，建设各具特色的景区、景点，形成良好的农业生产环境。（7）调整生产关系和发展生产力相结合。自中央提出建设社会主义新农村以来，农业生产进一步向规模化、产业化、市场化方向发展，农业生产力水平已经进入一个新的发展阶段，但与此相适应的生产关系，如土地流转制度、畜牧业规模养殖用地制度、农民专业合作经济组织制度、农村金融制度等还很不适应，需要进一步调整和完善。（8）要提高农业市场化水平。要运用现代经济管理方法和手段，对农业进行成本核算和经济效益核算，使期货市场和电子拍卖市场成为农产品销售的重要渠道，农户和农业企业的生产决策逐步做到市场化、科学化。

三、循环农业生态园区建设的基本思路

循环农业生态园区应当要科学定位，避免盲目投资，形成园区特色。

首先，要充分发挥区域比较优势，根据各农区的自然资源状况、农业生产特点和社会经济科技水平，围绕提高区域性农产品市场竞争力，发展当地名特优新产品，建设带动区域主导农业发展的园区。如江苏省的苏南地区毗邻上海，要发挥交通、经济和太湖地区的资源优势，培育地区性的优质粳米产业带，建设现代高效设施园艺业、养殖业；沿江丘陵地区低山丘陵资源优势明显，应重点建设以花卉苗木、特色林果、竹业、双低油菜为主的园区；里下河地区以种养结合、水生作物及淡水生态养殖为主，重点建设“四水”开发园区；沿海地区以高效经济作物、特种粮及特种养殖为主；淮北地区以蔬菜、果品、经济林木为主，重点建设出口创汇特色园区。

其次，除了区域特色，是根据各地农业发展的总体要求，结合各行业的发展特点，建设一批代表行业发展方向、科技含量高、产业优势明显的专业性单项园区。种植业围绕优质高档香米、优质“双低”油菜、高品质棉花、特种粮等市场竞争力强的产品，以种子繁育和名优农产品的生产、加工经营为主；园艺业着重高档设施园艺，以花卉、苗木、特色蔬菜、时令鲜果等及其相关种子、种苗生产为主；畜牧、水产业实施规模化、工厂化养殖，突出优质特种种畜禽的引进、选育、开发。林业突出以发展名特优新经济林、工业原料林、速生丰产用林的种子、种苗产业为主。

第三，围绕新一轮农业科技革命，要加快技术创新步伐，瞄准国内外最新科技成果，加快生物技术、海洋开发技术、信息网络技术、现代工程设施技术等高新尖技术的引进、转化和应用。突出技术的集成与配套，加强种子种苗、组织培养、高效施肥技术、设施化技术、工厂化立体种养、无公害农产品的标准化生产等高新技术的研究开发、推广应用，

使园区的技术水平在全国处于领先。

最后，要高起点、高标准抓好循环农业生态园区的规划，坚持做到“规划先行、适度超前、一次规划、分步推进”，切实发挥规划的导向和规范作用。循环农业生态园区规划要与农村工业化、城镇化规划结合起来，与落实基本农田保护区结合起来，选址要具有资源条件好、环境质量佳、连片规模大的特点，并要有长远发展眼光，避免与工业园区及城镇建设用地发生矛盾，确保循环农业生态园区用地的科学性和稳定性，确保循环农业生态园区经济可持续发展。要明确循环农业生态园区的发展定位，把循环农业生态园区建设与调整产业结构、构建优势农产品基地、发展农民专业合作经济组织、培育农业龙头企业有机结合起来，多功能配套完善，将循环农业生态园区建设成为具有生产、加工、销售、教育、培训、示范和科技成果转化等多种功能的农业现代化基地，发展成为农业科技现代化、运作机制市场化、农业经营产业化、农业生产专业化的农业现代化载体。

循环农业生态园区的基础设施建设主要包括农业基础设施和配套设施建设。农业基础设施建设以农田（鱼塘）排灌系统、交通道路、低压电网等为主，以作业运输方便、排灌自如、旱涝保收、高产稳产为目标，并根据各功能区的需要，建设温室大棚，应用滴灌、喷灌、增氧等现代化设施和生产技术，用现代装备和技术武装农业。通过建设高标准、配套完善的农业基础设施，改善生产条件，推动农业规模化、集约化、机械化生产。同时，要抓好教育、培训和服务等配套设施建设，通过建设完善的配套设施，建立农业教育和培训基地，加强农民素质教育，利用现代信息手段收集、整理和发布农业生产和市场动态信息，为循环农业生态园区的生产和生活提供后勤服务。

四、循环农业生态园区建设的对策措施

循环农业生态园区建设虽然在过去发展中已经取得一些成绩，但在

未来的发展中，特别是要成为循环经济生态创新实现形式的主要载体，就离不开政府政策支持。循环农业生态园区建设的对策措施主要有以下几点：

1. 增加财政对农业的投入。要调整农业投入核算口径。中央财政对农业的投入应实行"一项改革、两个分开"。"一项改革"，就是明确《中华人民共和国农业法》关于中央和县级以上地方财政每年对农业总投入的增长幅度，应当高于其财政经常性收入的增长幅度，深刻理解财政经常性收入的内涵，同时将这一增量指标改为比例指标，即分别规定中央和县级以上地方财政对农业的投入比例。"两个分开"，即将现行中央财政对农林水气的投入分开；将财政对农业的投入和对农业社会事业发展的投入分开。同时，要开辟新的农业投入资金来源。根据建设用地税费提高后新增收入主要用于"三农"的精神，建议明确用于"三农"的比例要高于60%，可发行新农村建设特别国债，重点用于农业和农村基础设施建设。

2. 建立和完善农业风险防范机制。农业受自然、市场风险影响越来越大，建立由政府主导的农业风险防范机制迫在眉睫。通过工程、非工程措施，加强重大动植物病虫害预测、预报和预警体系建设，开展农业政策保险制度，保障农民增产增收。

3. 推进农村金融体制改革和创新。加快培育新型农村信用合作组织，建立覆盖面广的政策性农业保险制度。调整农产品加工增值税政策，对龙头企业购买的农产品原料，增值税进项抵扣率应从13%提高到17%。更新策划理念，走企业化、市场化发展之路。循环农业生态园区应根据自己的地域优势和产业优势以及园区所拥有的有利条件，在主导产业上选择合适的设施生产，在策划的理念上注入旅游、休闲、示范、教学、培训、商贸等其他概念。通过现代农业的新品种、新栽培模式与传统农业的不同显示出其差异，达到开拓市场的目的。

4. 重视发挥循环工业生态园区对循环农业生态园区的推动作用。这将会带动农村生产力、生活方式的重大变革。循环工业生态园区推动循环农业生态园区建设能使农村生产方式发生重大变革，能够将先进的经营理念、管理方式、物质装备、生产技术等要素引入农业领域，并为劳动力向非农就业开辟了广阔的道路。

5. 以科技为本，优化资源配置。循环农业生态园区在技术定位上应实施自有技术与引进技术相结合的战略，注重开发具有自主知识产权的技术。在主导产品上发展本土品种与引进西洋品种相结合，即既要不断培养具有地方特色的本土品种，又要不断从国外引进新品种，为园区设计独特的生态旅游景观提供技术支撑；发展规模化养殖与发展大型沼气项目相结合。这不仅能够增加农民收入，减少环境污染，而且还能解决一家一户的能源需要，也是新农村“村容整洁”建设的重要内容。

6. 发展循环农业生态园区建设要与全面繁荣农村经济相结合。据估算，有相当部分地区第二、第三产业占农村经济的60%以上，农业所占比重不到40%。实践表明，循环农业发展比较好的地区，几乎都是第二、第三产业比较发达的地区。农村第二、第三产业既是循环农业建设的主要资金来源，也是农村劳动力的重要转移渠道。没有农村经济的全面繁荣，就建设不好新农村。

第九章
循环经济生态产业发展

现代经济发展过程中，生态产业是循环经济生态创新的产业形式与实现形式。在全球人口快速增长和生态环境日益恶化的今天，生态产业的发展有利于提高人类的生活质量，促进人们向与环境友好、自然和谐、社会融洽的生态观念转变。生态产业的发展是现代产业经济发展的方向，是21世纪产业革命的主导潮流。本章主要包括：循环经济与生态产业发展、生态产业结构优化与产业政策、循环经济生态产业发展的对策思路等内容。

第一节　循环经济与生态产业发展

一、发展生态产业是建设生态文明的基础

物质生产是要解决人和自然的关系，而进行物质生活资料的生产是任何社会、任何文明生存与发展的基础。我们认为生态文明的物质生产就是进行文明的生态产业建设，所以，生态产业文明是生态文明建设的

物质基础和关键环节。我国资源与环境状况的区域分布不均，西部地区相比东部和中部地区来说，没有获得性优势，先天优势地位也因客观环境变化在下降。但应该看到，随着收入水平的提高，其将更加需要生态环境服务。整个经济社会的发展将更加依赖于我国自存的巨大生态资产。我国的水土流失、风沙灾害等都不仅局限在一个区域内部，这会阻碍整个国家的经济社会发展。如果说自然资源的优势可以随着产业结构的调整和国际市场的变化会有所下降，那么，生态环境对于整个社会经济的巨大作用则是不可估量的。

生态环境建设对于经济社会可持续发展具有至关重要的意义。所以，人们汲取历史上的经验教训，普遍开始关注国家的生态建设问题。在经济社会发展过程中，生态建设和经济建设应该并重，这无疑比只重视经济建设而忽视生态建设是一个巨大的进步。但问题在于，这种“并重论”毕竟还是把经济建设和生态建设看作不同的东西。当二者发生矛盾时，就存在一个取舍问题：或者牺牲经济建设，或者牺牲生态环境。而这个两难选择对于整个经济社会发展都是无法接受的。实际上，这种思路仍然是把经济建设与生态建设割裂开来。国家为了恢复生态系统，实施退耕还林工程，具体做法是“退一（亩）植三（亩）”。中央的政策受到了农牧民发自内心的拥护。但是，退耕还林等政策所要解决的毕竟只是地区的生态问题。如果不进行产业替代，从传统生产模式中走出来的农牧民没有新的发财致富的机会，人民没有真正富裕起来，经济仍然落后，那么，生态环境即使获得一时恢复也还会再一次遭到破坏。

因此，要把生态建设与产业发展、经济建设融为一体，必须实现生态建设产业化、产业发展生态化。具体来说，就是要发挥比较优势，利用我国巨大的生态资源优势，依靠高科技和实用技术的有力支撑，加大其不可替代的生物资源的开发和利用，使之形成特色产业。把生态建设作为产业来发展，不仅是为了恢复生态环境，它实质上是要把产业发展融入生态建设中。这既可以保护和恢复生态环境，也可以增加当地城乡居民的收入，使当地经济得到发展。对于我国大多数地区来说，在大开发中应该利用自己的优势，通过生态产业的发展来改变传统的产业结构，也通过生态产业的发展来占据国内市场和国际市场，进而实现本地区的经济发展。①

一个地区只有产业获得发展，才能带动整个地区经济的发展，也才能扩大就业，增加城乡居民的收入。只有培育特色产业，发挥比较优势，才能在市场竞争中取得主动；只有把产业发展、经济建设与生态建设结合起来，实现生态建设产业化、产业发展生态化，才能真正形成自己的特色产业，才能在改善生态环境的同时发展经济，或者说，才能在发展经济的同时改善生态环境，实现“治沙”与“治穷”的统一；也只有发展这种具有特色的产业，建立能够发挥自身优势的产业结构，才能在提高西部经济竞争力的同时，形成国内优势互补的地区分工格局。

二、生态产业的形成、含义及其组成

（一）生态产业的形成

经过了漫长的渔猎时代后，原始农业大约在一万年前诞生了，这标志着农业文明时代的到来。200 年前的工业革命使人类进入现代工业文明时代，工业代替农业成为社会中心产业，同时工业革命推动工业技术改造农业和装备农业，使农业发展走向农业技术工业化和农业产品商品化。农业耕作机械化、电气化、水利化和化学化首先在发达国家完成，并形成了所谓的石油农业，即以大量使用化肥、农药（以石油为原料生产）和使用农业机械（以石油驱动）为特征的农业，给传统农业的发展带来了诸如植被破坏、水土流失、地力衰减等不良后果。现代农业的高投入、高成本、高污染和生产专业化、集约化的特点，一方面导致了土地污染、板结、质量退化等问题；另一方面，种植的单一化减少了物种的多样性，从而削弱了农业调节自然的作用，且降低了农产品的安全性

① 史培军、刘学敏：《生态建设产业化，产业发展生态化》，《求是》，2003 年第 4 期。

和营养性。工业革命大大地促进了社会生产力的发展，以煤、天然气、电力、核能等为驱动力，使工业进程不断加速，这也标志着人类利用资源的范围，由农业社会主要利用地表资源发展到工业社会主要利用地下资源即矿产资源，而矿产资源是不可再生的资源。生产力的空前发展也带来了诸如资源破坏、环境污染、生态危机等全球性的问题。社会生产从自然界取得的物质中，被利用的仅3%—4%，而其余96%左右则以有毒物质和废弃物的形式被重新抛回到自然界。发达工业国家每人每年要消耗大约30吨物质，其中仅有1%—1.5%变为消费品，而剩下的则成为对整个自然界极其有害的废弃物。工业革命虽然创造了巨大的社会财富，但却是以牺牲自然资源和环境质量为代价的。社会生产是为市场而生产，为了刺激市场发展，采取一种高消费、超前消费与高淘汰、高报废的生活方式，形成一种“原材料—生产—消费—废弃物”的线性过程，造成资源过度消耗，废弃物的过量堆积，从而产生严重的环境污染问题。显然以上的农业产业、工业产业与消费方式的发展是不可持续的，因为它们破坏了人类赖以生存的资源环境基础，可以说是人类自掘坟墓，因此，寻找一种既发展经济又保护资源环境的人与自然协调发展的产业模式就成为当务之急，于是生态产业便应运而生，它的诞生与发展必将使人类迈入一个新的社会形态，从而形成一种新的文明——生态文明。

生态产业规模不断扩大①：(1) 从生态资源占有来看，我国现有林业用地面积28493万公顷，草原面积40000万公顷，森林面积17491万公顷，森林覆盖率达20.36%。特别是1999年国家推行退耕还林政策以来，我国生态资源占有量得到很大提高，截至2005年底，全国共完成退耕还林2993万公顷，荒山造林1260万公顷，封山育林133万公顷，使大面积的宜农、宜林荒山荒地得到有效利用，从而为我国生态产业化发展打下了坚实的基础。(2) 从生态产品市场需求来看，随着人们生活水平的提高和消费观念的转变，有利于人们健康的无公害食品、绿色食品、

① 李伟、张彩彩：《论生态产业发展对经济社会的影响》，《经济问题》，2008年第9期。

有机食品越来越受到人们的青睐，生态产品已经具备了深厚的市场消费基础，开发潜力巨大，我国近年来一些地区的生态产品生产已初具规模，显示出强劲的发展势头。(3) 从生态产业基础来看，一是在生态资源基础上，种植业、畜牧业、水产业等产业初步形成了集生产、储藏、深加工、包装、销售为一体的产业链条，成为新阶段解决“三农”问题的突破口和带动地方经济发展的新动力；二是龙头企业带动作用日趋明显，截至2005年底，全国各类农业产业化龙头企业达61268个（其中销售收入亿元以上的龙头企业达4010个），实现销售收入18447亿元，净利润1182亿元，农户从产业化经营中增加收入总数达到1166亿元，参与产业化经营的农户比普通农户平均增收1336元；三是生态旅游业蓬勃发展，已成为引领未来旅游的一股新潮流。从生态示范区建设来看，在政府的重视和关注下，全国生态示范区建设发展迅速。(4) 从国家政策支持来看，为了保护生态环境，支持生态产业的发展，我国政府先后出台了一系列政策及措施。如退耕还林政策、大力发展循环经济政策、推进社会主义新农村建设政策等。(5) 从生态产业的带动效应来看，一方面，生态产业在“公司+农户”的产业化经营基本模式上，逐步衍生出“公司+基地+农户”、“公司+中介组织+农户”、“专业市场+农户”、“合作社+农户”等带动模式，拓宽了农民的就业渠道，提高了农民的收入水平，成为解决“三农”问题的有效途径；另一方面，生态产业及生态旅游产业成为落后地区新的经济增长点，成为一些市、县的支柱产业，促进了当地经济的快速发展，缩小了区域贫富差距及促进了区域协调发展。(6) 从生态产业发展的技术条件来看，“十一五”期间，把增强自主创新能力作为科学技术发展的战略基点和调整产业结构、转变经济发展方式的中心环节，把技术研究与试验发展经费支出提高到国内生产总值的2%等措施，提高了我国原始创新能力、集成创新能力和引进消化吸收再创新能力，特别是在环境、农业等领域启动了一大批关键技术攻关项目，将为我国农业生态化、生态产业化提供强有力的技术支撑。

（二）生态产业的含义

生态产业是按生态经济原理和知识经济规律组织起来的，基于生态系统承载能力，具有高效的经济过程及和谐的生态功能的网络型进化型产业。生态产业的本质特征，是利用生态技术体系，通过物质和能量多层次分级利用或循环利用，把投入生态系统的资源尽可能地转化为生态产品，实现废弃物最小化，并保证生态产品能够创造更多的物质和能量，即不断地产出更多的生活资源和生产资料，促进生态与经济良性循环，实现生态环境与经济社会相互协调和可持续发展。因此，生态产业的实质，不仅是现代产业结构演变的生态化，而且是现代经济发展的生态化。生态产业追求经济和生态效益的统一，强调资源的综合利用、技术的系统组合、学科的边缘交叉和产业的横向结合。生态产业要求在发展生产的同时，保护好生态环境，取得经济与环境的“双赢”目的。生态产业的发展还要求企业必须运用生态学规律指导生产，处理好经济增长与环境保护的关系，改变经济发展模式，调整经济结构，走循环经济的发展之路。

生态产业的实质①。(1) 产业结构的绿化。它包含新兴的生态产业产生与崛起，这将促使农业革命和工业产业革命在衰退之后的生态产业革命迅速崛起，使传统工业文明的“黑化”产业日趋减少、传统第一、第二产业和新兴的第四产业日趋于绿化。(2) 消费结构的绿化。长期以来，人们只是追求物质和文化精神的消费。但随着生态危机的加深，使人们对生存与生活质量提出了更高要求，生态需求即绿色需求的满足已成为提高生活福利水平的重要内容，使当代人为生态需求所形成的生态消费的满足超过以往任何历史时期，绿色消费已成为一种新的时尚。(3) 技术结构的绿化。当今生态与环境科学的迅速发展开拓了生态技术全新的科技进步，出现现代科技的绿化趋势。它包括旨在克服生态危机的生态技术创新，使生态技术、非生态技术的各种技术也趋于绿化，尤其高新技术的绿化趋势明显。随着生态革命的深入发展，逐步实现有害生态环境的生产技术向无害并能保护建设生态环境的生产技术的根本转

① 刘思华：《创建五次产业分类法，推动21世纪中国产业结构的战略性调整》，《生态经济》，2000年第6期。

变，现代科技必须围绕着保护环境、改善生态、建设自然而发展，这是现代科技进步和经济发展的正确方向。因此，以知识与信息技术为核心的高新技术也必须服从和服务于产业结构绿化以致整个国民经济发展的生态化趋势。(4) 产品结构的绿化。它包括：一是生态生产与再生产提供生态产品（充足的阳光、新鲜的空气、安静的环境、清洁的淡水等），不仅直接构成全体社会成员的消费对象，即人口生产与再生产的基本条件，而且直接构成社会的生产要素，直接成为社会再生产扩大的必要条件。二是环保产品的技术服务（第二类生态产品）。三是为物质和精神生产与再生产提供绿色产品（绿色食品与生态饮料、绿色纺织品与生态服装、绿色洗衣机、绿色电脑等）。对于物质产品和精神产品的绿化，被称之为绿色产品，从产业分类的角度来说，绿色产品符合生态经济的本质，适应可持续消费的要求，可定义为准生态产品。(5) 就业结构的绿化。在就业结构上，劳动者队伍中从事生态环境科学研究、技术开发、环保设备生产、制造、咨询、服务、管理人数将会日益增加。同时，第一、第二、第三、第四产业部门中从事生态环境管理、研究、技术开发、服务的绿色劳动者所占比例将会逐渐上升。

（三）生态产业的组成

生态产业的组成概括起来主要由三部分组成，即生态环境科学技术产业群、生态产品生产产业群、生态环境服务管理产业群。①

第一大部门为生态环境科学技术产业群，是生态环境技术生产部门。它主要包括：(1) 生态环境科学研究，是以发明、发现、生产、销售和设计技术为主的科学技术群。(2) 生态环境技术产业，是以生产生态环境硬技术（生态环境保护与建设设备制造、生态环境监测仪器制造等）和生态环境软技术（生态环境咨询策划、绿色设计与绿色管理系统开发等）为主的生态环境技术群。

第二大部门为直接生态环境保护与建设部门，是直接生产生态产

① 严立冬：《经济可持续发展的生态创新》，中国环境出版社2002年版，第61—62页。

品的产业群。它主要包括：（1）“熵”处理产业群，即工业、水、气、渣的处理产业、农业生态循环产业、各种垃圾的处理、利用产业等；（2）资源综合利用产业；（3）再生资源回收、加工与利用；（4）直接创造生态环境产品与收益的产业群，主要有林业、草业、江河整治与防洪防旱工程建设、防治水土流失、生态农场、生态养殖场等；（5）自然生态保护业；（6）生态环境监测与自然灾害的预报及防治产业；（7）生态环境文化教育产业群，是以生产、传播生态文化和环境知识的智业群；（8）生态环境信息产业群，它包括生态环境宣传、报道、出版产业等。

第三大部门为间接生态环境保护与建设部门，它的性质和作用与直接生态环境保护与建设部门相同，但它的生产活动组织形式都是包含在第一、第二、第三、第四产业内。因此，它在农业、工业、服务业和知识业的大中型企业内部具有与直接生态环境保护与建设部门同等的地位，其产品和服务在企业内部生产并在其内部使用。

三、生态产业的基本特征

生态产业以协调社会进步、经济发展和环境保护为主要目标，最终达到生态效益、经济效益和社会效益的统一。生态产业的本质是利用生态技术体系，通过物质和能量多层次分级利用或循环利用，把投入生态系统的资源尽可能地转化为生态产品，实现废弃物最少化，从而保证生态产品能够创造更多的物质和能量，促进生态与经济良性循环，实现生态环境与经济社会相互协调和可持续发展。从生态产业的本质看，其主要有以下几个特征：[①]

（一）生态产业是现代经济社会发展的基础产业

生态环境是人类生存和经济社会发展的基础，这是人类社会发展的

① 刘思华：《创建五次产业分类法，推动21世纪中国产业结构的战略性调整》，《生态经济》，2000年第6期。

普遍规律。因此，我们必须把现代经济发展建立在生态系统的良性循环的基础上，这是实现21世纪现代经济社会与生态环境相协调的可持续发展的必由之路。有些学者提出环境产业是第一产业，并指出应该把传统意义上的环保产业与环境产业区分开来，环保产业是环境末端处理性产业，而环境产业则是对可能产生的污染从源头就加以严格控制，即把环境的管理和保护作为一个系统来涵盖从生产到消费的整个全过程，是一种可持续发展的经济模式。从整体上说主要有三点：其一是现代生态产业中，占主导地位的生态环境建设部门的根本任务是帮助或加速自然再生产即生产生态产品（包括共享生态产品和共享生态资源两部分），从而维持和巩固人类生存和经济社会发展的生态基础。其二是环境产业不仅要对可能产生的污染从源头方面就加以严格控制，以保障生态资本的非减性，而且还要建设环境、改善生态、增加生态资本的存量。这是因为环境保护和生态建设是相互渗透、相互交织的并行发展。其三是传统意义上的环保产业是环境末端处理性产业，即发现或发生了环境污染，才采取相应的对策加以治理。由此我们可以肯定地说，生态产业是战略性的基础产业。

（二）生态产业是一种渗透性极强和跨度极大的产业

由于生态环境问题的普遍性和生态技术应用的广泛性，决定了生态产业是一种渗透性极强和跨度极大的产业。它不仅渗透于社会和产业的各个部门，跨越第一、第二、第三、第四产业部门，而且融合于生态环境技术生产部门、直接生态环境部门和间接生态环境部门，跨越物质产品再生产总过程的领域和精神产品再生产总过程的领域，成为物质、精神、生态生产与再生产的高度统一与融合发展的典型。然而，在实际工作中的确存在一个问题，这就是间接生态环境部门包含在第一、第二、第三、第四产业内，其价值未计入生态产业产值，而是计入相关行业的产值之中，成为国民生产总值的一部分。如何具体计量间接生态环境部门的产值，有待深入研究。

（三）生态产业是能产生极大生态效益、经济效益和社会效益的产业

生态产业提供的生态产品中，最主要的部分是属于共享产品和共享

资源，其生态价值极高，满足生态需求具有极强的公益性，产生的社会效益极大。世界银行的报告认为，投资于环境和环保产业的经济和社会总回报要高于任何公共投资的效益。国外经济学家估算表明，每投入1元的环保产业投资，可带来10元的社会外部收益。生态产业的产出增值效益高，不仅在于自身，而且在于通过生态产业渗透与服务于经济社会的各个领域，可产生巨大的生态效益、经济效益和社会效益，提高国民经济发展的整体效益水平。

（四）生态产业是综合了多个学科、多种技术的边缘交叉型产业

由于生态产业经济的运行，使生态、物质、精神再生产的相互交织与协调发展，使生态产业系统不仅具有生态系统的特点与功能，而且具有经济系统的特点与功能，还具有社会系统的一些特点与功能，形成综合的边缘交叉型产业，使它向物质、精神、生态多功能服务的综合方向发展。生态产业的综合性还表现在它不仅在微观企业内部要以综合的生态技术为基础，而且在宏观社会也要以综合的生态技术为基础。在知识经济迅速发展的条件下，它越来越朝着智能化的方向发展，使人工智能越来越多地植入生态技术，不断提高高技术的信息处理能力。生态产业是一种高新技术产业，是综合了多个学科、多种技术的边缘交叉型产业。

（五）生态产业是物质文明、精神文明、生态文明高度统一的产业

当今的现代文明最基本的、最主要的是物质文明、精神文明和生态文明的三大文明格局。这三项文明的高度统一与协调，才是真正的现代文明。可是，长期以来，人们只把高度物质文明作为衡量工业化、现代化建设的唯一尺度与最高标志，不仅放弃了生态文明建设，而且是以惨重的生态恶果和精神代价换取物质文明发展，导致人、社会和自然都呈现出种种病态，因此，生态产业应该是社会主义的物质文明、精神文明、生态文明高度统一的产业。

四、生态产业发展是循环经济现代化的支撑和基础

生态产业与循环经济之间具有十分密切的关系。从理论联系的角度来看，循环经济、生态经济等理论与产业生态学有着密切的关系，它们都是从经济与环境可持续发展的角度研究经济与自然生态环境关系的理论。生态经济学、循环经济理论关注的是协调人与人、人与自然等方面关系的软措施，并对影响人行为的制度和组织进行创新和评价。清洁生产理论关注的是诸如工艺技术这样的硬措施。产业生态学则不仅强调企业之间在副产品利用和能量的梯级利用等方面展开合作，更注重人类生产系统（包括人类社会）与自然的协调关系，是内容更广泛、更具兼容性的学科；又由于产业生态学研究的对象是产业，研究重心是经济，且产业共生系统体现了规模与竞争共存的企业集群生产模式，因此，产业生态学的经济学内涵就是解决规模经济与竞争活力冲突之道。产业生态学作为生态经济学、产业经济学共同研究的对象，是循环经济理论的具体化。从经济实践活动来说，生态产业不仅是生态经济的重要内容，而且是循环经济的实现形式，是循环经济在产业系统中的应用形态。从现有的标准产业分类来看，生态产业不是一种独立形态的产业，而应该是产业发展的一种特征。与传统产业发展具有机械性特征不同，它具有生态性特征，即将生态学有关生态链原理运用到产业发展的各个链条上，使产业生态化、绿色化，在产业经济的发展中，体现天人合一的自然观和整体、协调、循环的生态思想。实现产业生态化，就是要使传统的产业系统向生态性回归，使物质资源、能源资源被循环地、分级地有效使用，使资源使用效率最大化，资源消耗最小化，并最大限度地减少产业活动对生态环境的不利影响。企业是产业经济发展的基本单元，产业生态化的核心当然是企业生态化，而生态国民经济系统又是由诸多生态产业组成。因此，发展循环经济，建立循环社会，需要以生态产业的发展作为产业支撑和产业基础，发展生态产业是推动循环经济发展和循环社

会建立的主要途径。①

生态产业是人类在对自身与自然关系认知的基础上逐步深入而产生并发展起来的生态文明的产物。传统的工业转型形成由清洁生产企业、生态工业园、资源再利用的生态工业网络所构建的生态工业产业体系；以绿色变革所形成的绿色服务业（第三产业）、绿化食品业及环保产品、替代产品等所构建的服务消费产业体系；以生态环境建设为目的所形成的生态农业、生态林业、生态畜牧业、生态渔业所构建的大农业产业体系等；这些都属于生态产业。生态产业的意义不仅在于恢复生态循环和减轻环境压力，更在于能确保人类物质支持系统的可持续性。我国发展和建设生态产业的目的就是为了促进人与自然和谐，经济与环境协调发展，实现经济社会和生态环境效益的统一。

五、发展循环经济是生态产业化的必然选择

循环经济是一种运用生态学规律来指导社会经济运行、增长和发展的生态经济活动。其特点是：新投入的不可再生资源和能量最小化；回收利用后排出的废弃物最小化；资源能源的使用效率最大化，保持环境良好状态。循环经济按照自然生态系统物质循环流动方式组织生产，物质和能源可以在不间断的经济活动中得到梯次利用和最合理使用，使整个经济活动中不产生或只产生很少的废弃物，生产、消费过程对环境影响小，是一种低投入、高产出、低污染的经济。其在环境方面表现为废弃物梯次减小，污染低排放甚至零排放的经济运行模式；在经济上表现为与环境和谐发展的经济增长模式；在生产、消费、废弃物处理等方面特别注意减量化、再使用、再循环原则，对资源充分利用；在管理上依靠科学技术手段和市场机制，实施减量化、资源化和无害化调控；提高经济活动的生态效率，达到资源、能源低

① 舒建玲、杨艳琳：《以生态产业推动我国循环经济的发展》，《生态经济》，2008年第6期。

消耗、经济高产出、污染低排放，实现经济效益、社会效益和环境效益的统一。

循环经济已作为经济生态化或生态型经济发展的实践模式得到重视。无论是生态省（市、县）建设、东北老工业基地振兴、资源型城市转型，还是清洁生产、生态工业园、可再生资源综合利用、生态工业、生态农业、绿色农业以及绿色服务业等一切有利于环境的经济活动，都把发展循环经济作为努力方向。

我国的生态环境形势相当严峻，具体表现为：工业污染排放远远超过环境自净能力，新旧环境问题呈现复合型和压缩型特点，解决难度增大，生态环境退化趋势尚未得到有效控制。严重的生态环境问题已开始制约我国经济可持续发展，传统产业向生态产业转型已是必然趋势。提高科技含量，提高整体、综合效益，降低资源消耗，减小环境污染，以人为本、以科学发展观促进生态产业经济增长已成为共识，并成为衡量产业是否生态化的基本标准。对于国家发展战略来讲，建设生态文明，发展绿色经济、低碳经济与循环经济，必须以生态产业作为支柱，在生态省（市、县）创建过程中必须大力发展生态产业。为实现发展目标，一方面要加大产业结构调整和优化的力度；另一方面要转变经济增长模式。生态产业确立了生态经济的增长方式，其主要内容就是推动和发展循环经济。①

循环经济是一种经济发展的新理念，它首先由环保部门倡导、实践，并发展成为指导我国社会经济发展和环境保护的重要原则和战略。在传统产业向生态产业转型的过程中，循环经济成为生态产业经济增长和经济可持续发展模式，被继续倡导和实践，并在我国生态建设和生态产业发展中作为经济发展的载体受到重视。生态产业和循环经济紧密相连，相互发展，随着社会经济的发展，二者的战略地位将更为凸显。以可持续发展理论为指导，稳步发展生态产业，积极推广循环经济模式，努力

---

① 薛达元、郭泺、张丽荣：《论生态产业与循环经济》，《环境保护》，2008 年第 12 期。

构建生态文明的和谐社会。

第二节 产业结构优化与生态产业政策

一、产业结构优化与模型

（一）产业结构

产业结构是指生产要素在各产业部门之间的比例构成和它们之间相互依存、相互制约的关联方式，反映一个国家或地区生产要素的比例关系及其变化趋势，也是衡量一个国家社会经济发展阶段和水平的重要标志。产业结构既包括三大产业之间的比例关系，也包括产业内部各部门之间的比例关系。产业结构在整个经济结构中居于主导地位，它的变动对经济增长有着决定性的影响。产业升级是指产业由低层次向高层次的变迁过程，不仅包括产业产出总量的增长，而且包括产业结构的优化。

（二）产业结构优化

产业结构优化是指通过产业调整，使产业结构效率、产业结构水平不断提高的过程；即在实现国民经济效益最优的目标下，根据本国或本地区的资源条件、经济发展阶段、科技水平、人口规模与素质水平以及国际经济关系等特点，通过对产业结构的调整，使得产业结构向着协调发展、技术进步和效益提高的方向演化。

调整和优化产业结构，是实现宏观经济发展目标、提高经济增长质量的重要手段。调整产业结构的目的主要有两个：一是消除结构性短缺或结构性过剩，实现市场供求的平衡，保证产业以及国民经济协调发展，减少和避免经济运行过程中的剧烈波动，实现经济的持续稳定增长，不断满足日益增长的社会需求；二是促进生产要素向效率更高的部门、地区和企业转移，提高资源配置效率，增强产业竞争力。

(三) 生态产业结构优化

生态产业结构优化的目的不仅是促进经济的增长，而且必须促进经济的可持续增长。产业结构的优化和经济的可持续发展，应考虑到除了各种原有影响因素外的产业发展所需的自然资源和环境的承载能力约束，建立产业系统中“生产者—消费者—分解者”的生态产业经济链，而不是仅考虑生态产业对经济的带动作用，甚少考虑生态产业及生态产业结构的可持续发展。2005 年 9 月召开的国务院常务会议通过了《促进产业结构调整暂行规定》和《产业结构调整指导目录》，明确指出了今后我国产业结构调整的八大方向和工作重点，其中明确提出要大力发展循环经济，加快建设资源节约型和环境友好型社会。同时强调，根据调整和优化产业结构的新要求，进一步完善和严格技术、质量、安全、环保等行业准入标准，提升产业素质，加强资源节约和环境保护。

生态产业结构优化可以界定为：按照生态经济学的原理，考虑自然资源和环境的承载力因素对生态产业结构优化的制约条件，提高单位资源能源和环境消耗的产出系数，促进生态产业结构高度化和合理化，实现经济的可持续发展。在生态产业结构高度化中，考虑基于循环经济的高度化影响要素的改进，以及高度化区域主导产业选择基准的改进；在生态产业结构合理化中，正确选择并提升具有区域优势的产业素质，加强资源能源节约、有效利用及保护环境，疏通由于生态产业结构不合理所造成的资源能源短缺型产业。在生态产业结构系统优化过程中，始终将提高资源能源利用效率和环境保护的高新技术贯穿其中，将资源消耗的方式转变为以技术开发为先导的方式，在资源消耗不增加或增加较少的前提下实现供给结构产业的优化与升级，最终实现在资源能源可持续供应能力和环境可承载能力基础上的整个社会经济可持续发展。

自然资源和生态环境的约束已经成为我国经济可持续发展的瓶颈，也是我国产业结构调整升级不能回避的问题。无论是来自中国经济社会可持续发展的内在要求，还是来自经济全球化的外部竞争压力，调整产业结构，转变经济增长方式，改善经济增长质量，都对我国社会经济的可持续发展具有十分迫切的意义和深远的影响，而实现这一目标的可能性在于对产业结构演进的生态发展路径的选择。从系统观念的角度看，产业生态发展就是要把社会经济系统纳入自然生态大系统之中，在生态系统承载能力内，对自然系统、产业系统与社会系统进行组合优化，从而将自然资源、生态环境转变为社会经济系统的内生要素，遵循自然生态有机循环机理开展社会经济活动，充分利用资源，消除环境破坏，使自然、社会与经济协调、持续发展。

（四）生态产业结构优化模型

在产业经济已高度发达的今天，市场机制的缺陷、政府政策效应的强势，已使人为演进模式占据了主导地位，一国或一地区的产业结构优化更多地依赖于当地政府产业政策的促进。产业结构优化的过程，实质上更多的是通过政府产业政策调整或影响产业结构变化的相关因素，实现资源的优化配置与再配置，推进产业结构的合理化和高度化发展，在充分发挥产业结构优化效应的基础上，实现国民经济持续快速的增长。主流产业经济学者认为产业结构的优化主要包括两个方面内容：产业结构的合理化和产业结构的高度化。产业结构合理化要求在一定的经济发展阶段上，遵循社会再生产过程对结构性比例的要求，根据消费需求和资源条件理顺产业结构关系，使资源在产业间合理配置和有效利用，追求产业规模适度、增长速度均衡和产业联系协调。产业结构高度化，是指产业结构从低水平状态向高水平状态的发展，向着产业的技术结构和产业内部的综合生产率提高的方向演进，也可称为产业结构的升级。在生态产业结构优化的全过程中，把合理化与高度化问题有机结合，以产业结构合理化促进产业结构高度化，以产业结构高度化带动产业结构合理化。实现产业结构高度化，取决于产业结构转换能力，其关键在于创新，创新是产业结构推进的主动因；实现产业结构合理化，取决于产业结构聚合能力，其关键在于协调，协调是产业结构完善的精髓。综合以上分析，生态产业结构优化模型见图 9－1。

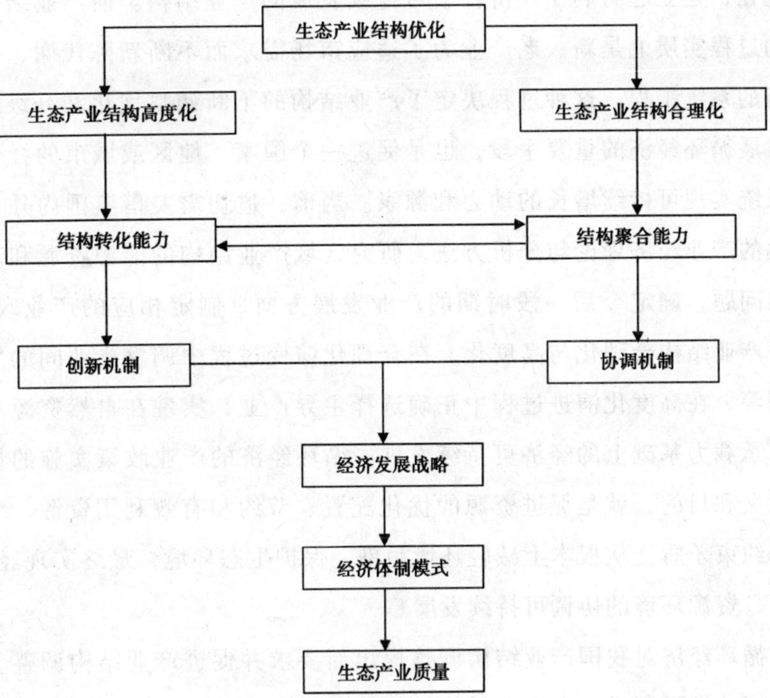

图 9－1　生态产业结构优化模型

二、循环经济与生态产业结构优化之间的关系

在循环经济发展模式下，生态产业结构优化与循环经济有着深刻的内在联系。一方面，循环经济对产业结构提出了新的要求，促进产业结构调整；另一方面，产业结构调整是发展循环经济的重要手段，是国民经济可持续增长的动力和源泉。选择循环经济背景下的生态产业结构优化研究，分析能源资源瓶颈约束和环境生态容量的限制，对促进产业结构的可持续优化，实现资源与环境对经济建设的持续支撑具有重要的意义。

循环经济的发展模式要求生态产业结构优化必须遵循经济效益好、资源消耗少、环境污染小的可持续发展原则，通过高新技术产业化等有效途径，建立起有利于经济社会可持续发展的产业结构。而产业结构调整的过程实质上是新、老产业为了适应市场需求而不断新陈代谢、推陈出新的系统工程。这种过程决定了产业结构的不断调整优化和升级，既是发展循环经济的重要手段，也是促进一个国家、地区或城市的社会经济系统实现可持续增长的动力和源泉。当前，迫切需要借鉴国内外比较成熟的产业经济理论与分析方法，研究区域产业结构的能源资源和环境约束问题，确定今后一段时期的产业发展方向，制定相应的产业政策，促进产业结构合理化与高度化，在合理化演变过程中调整产业间的发展比例等，在高度化演进过程中正确选择主导产业，实现在自然资源和环境可承载力基础上的经济可持续发展。循环经济的产业政策实施的最本质意义和目的，就是促进资源的优化配置、节约和有效利用资源、缓解资源约束矛盾，从根本上减轻环境污染，保护生态环境，最终实现经济、社会、资源环境的协调可持续发展。

循环经济对我国产业结构调整提出新要求并促进产业结构调整。循环经济的发展模式要求产业结构的优化必须遵循经济效益好、资源消耗少、环境污染小的可持续发展原则，通过高新技术产业化等有效途径，提高经济增长的质量和效益，建立起有利于经济社会可持续发展的产业结构。循环经济的发展模式对我国产业结构调整提出的新要求主要包括以下几方面：（1）循环经济发展模式下的产业结构要能为社会经济发展提供新的动力。应该使以信息技术为主体的高新技术产业在产业结构中逐渐占据重要地位，为我国的经济发展提供强大的动力和支撑，实现经济增长、社会进步和环境质量协调、持续、稳定地向前发展。（2）循环经济发展模式下的产业结构要能为经济腾飞提供新的空间。应该发展现代生物技术，生产高质量、高附加值、无污染的健康食品，为第一产业创造新的腾飞机遇。（3）循环经济发展模式下的产业结构要能为国际竞争开辟新的天地。应该发展环保技术和环保服务等绿色产业，积极参与到全球化的绿色市场中，实现环境、社会和经济领域的显著效益。经合组织（OECD）的研究表明，建立在循环经济理念基础上的环保产业必将作为新的经济增长点，与信息技术、生物技术并列成为当代最具发展潜力的三大领域，是21世纪世界性的主导产业。国外经验表明，环境污染治理投资只有达到国内生产总值的1%—5%时，环境恶化的趋势才能得到基本控制。从我国的实际看，由于历史欠账过多，要有效遏制生态环境恶化的趋势并保持环境的良性化运行，用于环境保护的投资将会远大于这个比例。综上所述，发展高新技术产业和环保产业已经成为实施经济结构战略性调整的重要方向，成为培育国民经济新的增长点的重要内容。我国正处于压缩型工业化阶段。所谓压缩型工业化，就是发展中国家用几十年的时间完成早期发达国家经历了几个世纪完成的工业化进程，其标志是与发达国家相比，发展中国家的工业化过程显著缩短。压缩型经济社会的典型特征是工业化进程超速发展、产业结构急剧转变和环境问题的复杂性。因此，综合评价循环经济的产业结构高度化的指标，还需要考虑高新技术产业占工业总产值的比重和环保产业占GDP的比重指标。

三、生态产业政策

通过产业政策对生态产业发展进行支持，是政府进行调控的重要手段。规划新的产业链，对现有产业进行生态化改造，大力发展环保产业，模拟自然生态建立起绿色的产业系统。产业政策由产业结构政策、产业组织政策、产业技术政策和产业布局政策组成。

（一）生态产业结构政策

产业结构政策能直接促使结构的高级化和经济的现代化，对生态产业的构建与发展的影响很大。通过产业结构政策的重点实施，使得不同产业在国民经济中的比例被调整成合理的结构，污染水平呈现下降趋势，经济也将呈现出可持续发展的态势。

1. 采取各种措施大力发展环境产业。可以采取的措施有：一是发挥财政、税收政策的导向作用。环保产品中的公共物品具有社会效益，能直接减少重大环境损失，财政应为具有公共品性质的环境治理项目和环保产品提供所得税、增值税、进出口关税等税收优惠政策和财政补贴。二是鼓励和扩大企业投资并提供银行信贷支持。对于技术先进、经济效益较好、具有市场需求的环保产品，包括城市垃圾集中处理设施、城市污水集中处理设备、节水灌溉设备等，可建立环保专项贷款，与世界银行等国际金融机构合作，建立国际间合作贷款机制，提高资金使用效益。三是建立环境保护专项基金，发行环保财政债券等，支持财政投资及其他非财政投资。四是实行政府绿色采购政策，建立政府绿色采购目录，推动环境产业的发展。五是实行投资信贷优惠政策。支持环保产业投资，对投资资金给予优先考虑，提供低息或无息贷款。六是应更多地通过资本市场直接融资，鼓励更多的环保企业发行债券、股票，以吸引民间投资者，扩大投资。

2. 大力优化各种类型环保企业的比例。首先，把发展环境保护服务业放在首位，优化产业内部结构。环境保护服务业的快速发展，将带动环境产业企业的重组和结构调整，极有利于提高我国环境产业的规模效益和优化产业结构，使我国环境产业分工更加明确，使一些非环保企业能将其业务外包给专职的环保企业，从而促进环境保护服务业的专业化发展。其次，推进环境产业结构升级。政府应作适当的指导，引导企业按照客观实际进行结构的升级转化，优化产品品种和品质结构，向生产的深度和广度进行调整。最后，也要注意把结构调整与发挥企业优势、解决实际问题结合起来，努力搞好劳动密集型、资金密集型、技术密集型和知识密集型环保企业的合理搭配。一方面把技术水平搞上去，另一方面创造更多的就业机会。

3. 提升企业作为结构调整主体的各种能力。结构调整最终要靠微观企业来落实，环保企业是否有活力对于结构调整目标的实现至关重要。因此，一方面要抓紧进行环保企业改革、改组和改造，建立规范的现代企业制度；另一方面要支持、鼓励和引导私营、个体企业尤其是科技型中小企业的健康发展，为环保企业的发展创造平等竞争的环境。

（二）生态产业组织政策

产业组织政策的制定与实施，能够通过调控产业的规模以协调产业内企业间关系，促使产业内资源的优化配置，处理实现资源的有效利用。生态产业系统只有以一定规模构建，才能实现规模经济达到节约材料、能源，降低污染，提高经济效益的目的。通过产业组织政策的运用，从市场结构入手调整市场行为，并直接针对企业的生态化进程，以不同的形式缔结组织、发展规模、实现效益。

1. 完善市场的进入和退出机制。要塑造合理的产业组织结构，必须首先调整环境产业的壁垒状况。基本思路应该是对进入进行管制，降低退出壁垒。对于进入壁垒，具体措施是：制定最低经济规模标准，对厂商规模进行限制，严格控制新投产企业的规模水平，从而达到控制整个产业规模水平的目的；制定各种规模的环保企业所应达到的技术水平标准，以法律的形式限制新进入企业的技术水平，从而达到杜绝技术落后、质量低劣的企业进入；制定并严格实施环保产品的标准，这一方面有利于环保产业的发展，同时也有利于各种类型环保企业之间的平等竞争。市场退出壁垒包括技术性壁垒和制度性壁垒，我国多为制度性壁垒。对环保企业来说，由于资产的专用性，使得正常退出面临极大的困难，因而需要对环保企业退出实施援助，降低退出壁垒。目前应解决的主要问题有：企业职员的再就业问题和退休职工的养老保险问题，克服地方保护主义造成的障碍，破除市场分割，建立全国统一市场，让市场功能充分发挥作用；建立健全产权交易市场，促进市场条件下的自由产权转移。

2. 鼓励企业扩大规模，提高市场集中度。政府应当鼓励环保企业扩大规模，加快提高企业经济规模水平，加速产业集中。重点扶植规模较大的环保企业，支持环保企业间的改组、联合与兼并，培育有国际竞争力的环保大企业，提高它们在产业中的带动作用和辐射作用。与此同时，对一些科技水平低、成本畸高、长期亏损、扭亏无望的企业，应采取相应措施，使其顺利退出市场，以提高环境产业总体上的资源配置效率。并且积极发展中介组织，推动广大中小企业向集约化和专业化协作方向发展。在大、中、小环保企业间形成分工协作体系，共享规模经济，并通过专利保护、政府订购、进口限制等措施，促进形成生产集中，从而扩大环保产业的市场集中度。

3. 规范企业行为，维护市场秩序确保环境产业竞争性市场结构，引导环保企业的价格竞争行为、非价格竞争行为和企业组织改进行为的规范化、有序化。首先，市场的条块分割和统一有效的市场竞争规则的缺乏限制了环境产业的集中，因此提高环境产业的绩效水平，必须打破市场条块分割，建立统一的全国大市场，使经济资源在市场内自由流动；其次，确立环保企业独立的商品生产者和经营者的地位，割断企业同各级行政管理部门之间存在的依附关系，使之成为市场的平等竞争者；再次，加强对环保产品质量监督管理，尽快形成有利于企业公平竞争的市场环境；最后，对环保企业的某些企业行为进行控制和监督，比如，禁止和限制竞争者的共谋及不正当的价格歧视，对卖方价格、质量进行监督，对欺骗、行贿、中伤竞争者的各种行为进行控制等。

（三）生态产业技术政策

生态产业技术政策可通过对科技的促进，调整产业结构来促进生态产业系统的构建。生态产业技术的选择，应紧紧围绕环境保护和降低资源消耗而建立，这种新技术的重点集中在对消除污染物的环境工程技术、废弃物再利用的资源化技术、生产过程无废少废的绿色产品的清洁生产技术的研发与推广上。政府应通过对耗能大、污染重的产业的严格限制和对节能、高效的高科技环保型产业发展的扶持实施生态产业政策；在对已有的产业进行生态化改造时，还应加强对新构建的生态产业链的技术政策的扶持，通过搭建平台、提供信息、帮助孵化等，促使链网的形成与稳定的运行。建立生态产业的技术支撑体系是实现产业生态化的根本保证。政府在积极推广这些技术的同时，还应为这些技术的产生创造适宜的科研环境，通过科教向公众传播普及科教知识，促进其科技的理解和参与。在此基础上形成一个政府、产业、教育、学术、金融、民间组织及个人等多维主体共同参与的科技创新局面。

1. 制定国家生态产业技术创新战略。根据不同发展时期的技术需求特点，制定不同的环境技术创新规划。当前我国重点发展的生态技术有：大气污染控制技术、水污染控制技术、固体废弃物污染控制技术、噪声与振动污染控制技术。

2. 重视生态科技人才的培养。随着生态产业的发展，企业需要越来越多高素质的环境技术人才。要制订相应的政策，增强各个层次的环境科技人才培养力度，吸引更多的专业人员到环境产业中来，抓好人员的培训，吸引优秀科技人员进入环境科技新体系，调动他们的积极性，把他们的巨大潜能释放出来，激励他们为环保事业创造出更多的成果和财富。

3. 加大政府的研发和产业化投入。健全各种保障机制，用法律、法规、政策来保障环境科技投入的不断增长、机构队伍的稳定和职能的正常运行。国家应适当增加对环境科技的投入，国家部委和地方财政在三项费用中应适当增加环境技术产业化的专项经费，同时组织社会资金、环境科技部门自筹资金用于环境技术研究开发和产业化工作。

4. 注意技术引进与吸收创新相结合。目前，我国的一些环境产业技术落后于发达国家，严重制约着环境产业的发展。只有通过多种方式和途径引进国外先进技术、设备，加以消化，为我所用，才能推进我国生态产业上档次。但是，我国不能单纯靠引进设备来解决我国的环境问题，同时也要加快实现关键技术国产化，创立自己的产品，这样我国生态产业才能有出路。

5. 鼓励企业开展环境技术研发。由于环境技术具有研发周期长、风险高且具有经济和环境双重外部性的特点，使得企业缺乏环境技术开发的积极性。对此，除了采用各种环境政策来刺激企业开展环境技术研发以外，国家还应采取各种优惠措施，如对环境技术开发项目给予财政补贴，对环境技术创新项目低息贷款、折旧优惠等；鼓励和支持各种创新行为，利用奖励制度，即对开发新工艺、新技术企业进行资助来引导和提倡环境创新活动，直接激励企业开展环境技术研发。

6. 强化生态技术产业化激励机制。长期以来，环境技术成果无偿转让，政府部门习惯于对科技人员实行精神奖励。市场经济体制下，应制定和实施必要的优惠政策，鼓励环境科技人员从事环境技术开发、推广工作，提高在环境技术产业化战线卓有成效者的政治、社会、经济地位，重奖有功人员，真正体现尊重知识、尊重人才。

（四）生态产业布局政策

产业布局政策与产业发展的关系也是密不可分的。政府通过对不同区域的自然资源、生态环境和人文地理等诸多因素的结合，制定出不同的区域发展目标并制定相应的战略部署，并通过综合应用资源要素和人文条件，进行国土规划，以在不超出当地的环境容量和生态承载力的前提下，因地制宜地构建和发展生态产业系统。

1. 合理布局全国环境产业分布。首先，针对当前我国环境产业分布不均衡集中在东部地区的现状，应采取优惠措施鼓励中西部地区的环境产业发展，同时鼓励东部地区有实力的环保企业投资西部，实现环境技术和产业的良性转移，弥补地区之间的产业差距；其次，因地制宜，不同的地区应发展不同类型的环境产业，避免产业趋同。西北地区要将生态恢复和建设放在首位，要有连续的政策和资金投入，保证在开发中的植被恢复、生态保护和资源综合利用。在经济比较发达、技术力量比较强的地区，要打破条块分割，实行企业优化组合，组建环保产业集团，向专业化方向发展，带动国内环保产业向高水平发展。

2. 大力发展环保产业园，发挥环境产业的集聚效应和扩散效应。组织建设一批优质高效的环保产业园，通过创造良好的投资环境，吸引国内外资金、技术、人才到环保产业园，从事环境信息、环境教育、环境服务、环境管理等活动，逐步形成环境技术中心、环境信息中心、环境教育中心和环境服务中心，实现环境产业的市场化和国际化。

3. 改革“三同时”制度，实现环境产业的规模化和专业化经营。对我国当前的“三同时”政策应作适当修改，也就是将“同时设计、同时施工、同时投产”转变成在“同时设计、同时施工、同时投产”与“工程设计与联系环境服务企业同步、工程施工与签订委托处理协议同步、工程投产与委托处理实行同步”之间进行选择。这有利于鼓励企业通过与专业环境服务企业签订协议，通过委托环境治理的方式，来实现环境产业的规模化和专业化经营。

第三节　循环经济生态产业发展的对策思路

一、循环经济生态产业发展总体思路

生态建设产业化，产业发展生态化，立足点是为了在增加城乡居民收入的同时恢复和保护生态环境，在恢复和保护生态环境的过程中增加城乡居民收入，这是新时期生态产业建设的新思路。

在产业发展上必须要冲破小、散、低的产业发展模式，树立其全新的大企业、大产业发展思路。加快企业和产业的整合，集中资源支持优势产业、大企业和大产业，培育发展优势产业；以提高企业的国际竞争力为目标，推动大企业、大集团的建设发展；依靠技术、产品和管理创新提升产业水平，打造一批国家级和世界级的产品品牌。生态产业实施过程中，各地要从实际出发，有针对性地正确选择和确定发展思路与适宜的推进模式。以农业和农村发展为例，绝大部分地区适宜的目标模式是实现绿色农业与农业产业化的完美结合，这是属于发展道路范畴的模式。实践证明，生态产业既能满足当前发展生产的需要，又能做到合理利用资源和优化生态环境，把经济效益、生态效益和社会效益三者有机地结合起来，遵循“整体、协调、循环、再生”的基本原理，科学合理地组织生产。它追求社会经济的整体性，以发展大农业为着眼点，不断调整和优化产业结构，按照物质循环和能量转化定律，组织无废弃物、无污染生产，在提高生态产业综合生产力的同时，创造一个良好的生态

环境。生态产业化是生态产业的后续和延伸，是生态产业向前发展的必然和需要。生态产业化需要围绕支柱产业和主导产品，实行规模化生产，一体化经营，社会化服务，企业化管理，培育一批具有较强拉动能力的龙头企业。龙头企业是生态产业化经营的核心，要坚持把培育和扶持龙头企业作为一件大事来抓，通过市场运作手段，培育发展了龙头企业，推进了生态产业化经营进程。

二、我国循环经济生态产业发展的对策措施

(一) 构筑合理的生态产业布局，建立生态产业体系

发展生态产业需要做好规划。生态产业不仅是一个方向，而且是一个过程，更应该是县、市、乡镇区域经济发展中首先确定的重中之重的大问题，可以说，一个没有规划的产业，是不可能真正实现产业化的。生态资源环境和生态适宜度是生态产业化的基础，科技项目的选择是关键，利益合理有效分配是保证，经济管理和技术人才是内在动力，资金是外在动力。产业规划也是无形资产形成的过程，它可以为有形资产积累奠定基础。要以循环经济理论为指导，选择典型的产业，对生态系统进行全面规划，建立高效的生态产业系统、生态产业园与循环社区，进行典型示范，分步实施，实现经济效益、社会效益和生态效益的统一。要在生产过程、企业之间、园区之中、区域之内，通过产业链、物流网，形成共生互动的生态产业体系，推动循环经济的发展。

1. 要选择企业相对集中，通过分析能找出可以共生相互利用废弃物的企业群体进行试点，使之有利于废料和资源的交换形式，其间不需投入较高的运输成本。如武汉钢铁集团公司的综合利用，河南南阳酒精厂酒糟发酵生产沼气和清液的综合利用，广西贵糖集团以蔗田、制糖、酒精、造纸、热电联产、环境综合处理等高效利用等。

2. 要利用经济杠杆连接不同企业。众所周知企业是以利润最大化为目的，要使企业密切合作，互惠互利就要找到他们的利益分割点。当一

个生产厂家的废弃物或副产物可以用做自己的原料而且价格适中时，企业会优先考虑使用这种替代物。在我国，由于法律、产权等方面的原因，废弃物宁愿花国家的钱去处理，一旦有另外的企业用做原料，不是要收费就是不能保证供应，这样难以形成合作关系，因此，除了法律保证外，也应明确企事业的产权，以有利于按市场规律交换，其方式有直接销售、以货易货、甚至友好协作交换。这反映企业按照经济规律办事，从最小成本角度选择生产中投入的原料，从而实现了物料的循环使用。

国家实行的优惠政策是诱导企业开展清洁生产的重要推动力，清洁生产必须是在政府指导鼓励下的企业自觉行为才有生命力，才能大规模地开展起来。单纯依靠施加外来的压力，采取法律强制的办法，没有企业的充分理解和配合，清洁生产是难以发展起来的。我们应当认清形势，改变传统的认识，按客观规律办事，适应市场经济的要求，充分运用经济调控的手段，建立起一套完整的引导、鼓励企业开展清洁生产的经济政策体系，完善清洁生产的技术服务规范和技术服务体系，为企业自觉自愿开展清洁生产提供有利的政策环境和全方位的技术指导和服务。通过试点，总结经验，在全省逐步建立起企业自觉实施清洁生产的有效机制，促进工业污染防治由末端治理向预防为主和生产全过程控制转变。

（二）开发生态产品

生态产品是从原材料采掘到产品制造、运销、使用和最终报废的整个生命周期中对总体环境影响最小的产品。生态产品概念的提出已有20多年的历史。在其发展过程中，人们根据各自的理解下给出多种定义，但到目前为止还未形成一个公认的、权威的定义，但这并不影响人们对这种产品的追求和认可。生态产品风靡全世界，从“绿色食品”到“绿色用品”、从“生态时装”到“生态住宅”、从“绿色汽车”到“绿色飞机”等不胜枚举。生态产品具有很强的市场竞争力，要设计生产包括洗涤剂、纺织品、皮革、建筑装饰材料、家具器具、包装、办公用品、个人用品、汽车（燃油）、家居用品等符合绿色环保要求、保护消费者身体健康的产品，除开发新产品外还应考虑以下几个方面的问题。

1. 考虑用非物质产品（信息）或服务替代有形产品，目的在于减少生产商对有形产品的生产和使用，同时也减少消费者对有形产品的依赖（如电子邮件替代普通邮件）。提倡产品共享，以利于提高产品的使用效率，降低原材料和能量消耗，降低产品的运输成本。能够共享的产品很多，如复印机、洗衣机、建筑机械以及很多电气、电子产品等。另外，生态产品的开发应从设计开始，设计产品时应致力于产品体积的最小化和产品重量的最轻化，以减少原材料及能源的消耗，当然这不应影响到产品的技术寿命。这样可以减少原材料在采掘和生产过程中的能耗，最大限度地减少资源投入成本。例如，哈尔滨工业大学和哈尔滨四达家具实业公司合作，开发了相当廉价、美观且易于生产的成套办公室家具，在产品的设计和材料的使用上具有一系列的优点：布局灵活，所有的单元都可以单独使用或连接使用且容易组装和拆卸；人体工程学性能更好，尤其考虑到计算机的使用，隔墙具有半透明和吸音特性。与相关竞争产品相比，其重量降低46%，生产能耗降低67%，脉醛树脂用量减少36%。

2. 要大力发展服务经济，促进生产者实现从推销产品到推销服务的转变，从强化物质的消耗到强化产品的使用转变，推动高新技术产业和第三产业的发展和升级，这是摆脱经济增长严重依赖资源的重要措施。以提供服务代替提供产品，人们真正需要的是产品所提供的功能（服务）。当企业更多地考虑为消费者提供与产品相关的服务时，同样可以从出售这种服务中获取商业利益，而且有时可能获利更高。

（三）完善投资渠道，解决资金投入问题

培育生态产业体系最大的困难就是缺钱，多渠道筹措资金，建立稳定的投入保障机制，是保证生态产业目标实施的关键，坚持政府、企业、个人一起上的思路，通过招商引资、银行贷款、吸引民间投资等方式多渠道、多层次、多方位筹集建设资金。按照全新的经营理念，以产业开发投资公司为载体，以市场运作为主，除了投入少量的初始启动资金，大量的建设资金通过积极争取国家对生态园产业项目的资金支持以及银行贷款、民间投资等各种方式筹集。要按照“谁投资，谁经营，谁受益”的原则，广泛吸引和鼓励社会上各类投资主体，积极向生态环境建设投资。要逐步建立林业、牧区育草、改善生存条件等生态公益基金，并切实用于生态环境建设上。要扩大改革开放，积极争取利用外资，开展国际合作。同时，选择一批生态、社会、经济效益俱佳的工程项目上市，募集社会资金。从事生态产业的龙头企业，包括民营企业，是引导农民从事生态建设、走向市场、调整农村产业结构的引路人。对于这样的企业，政府应该给予足够的重视和大力扶持，进行重点培育，帮助企业建设生态基地，延长产业链，提高技术含量，发挥企业的示范和引导作用。有关部门应将工作重点转向促进银行与企业联手合作，通过银行信贷获得资金，作为补充企业流动资金不足的主要途径之一。政府及有关部门应在银行与企业之间牵线搭桥，为企业步入良性循环助力。各地、各有关部门要划分职责，对生态环境建设的投入作出长期安排和规划。各级财政部门要将生态环境建设资金列入预算，与基本建设投资、财政支农资金、农业综合开发资金、扶贫资金等统筹安排，并逐年有所增长。金融部门要增加用于生态环境建设的贷款，并适当延长贷款偿还年限。各地方要完善劳动积累工制度，利用农村剩余劳动力和农闲时间组织群众开展生态环境建设。

（四）完善市场体系，充分发挥市场推动力

完善的市场体系是发展生态产业的必要条件，要充分发挥市场机制对经济发展的推动作用。首先是做好经济主体的培育工作，没有具体的企业和其他经济单位（如家庭经营户）就谈不上产业。国家要求县域经济要以个体、私营经济为主体，因此，经济主体培育的主要任务就是在市场的引导下建立产权明晰、结构规范的个体私营企业；积极改革农村经济体制，搞活土地使用流转，将分散经营的农户与企业和市场对接起来，使广大农村与后续第二、第三产业形成产业循环。其次，政府的经济管理工作要适应市场要求，建立规范的市场管理和服务机制。要在WTO框架下取消所有阻碍和不适应市场经济发展的规定、审批事项和习

惯做法，运用市场机制实现资源的优化配置，提高经济运行的效率和质量。同时，也要切实履行政府的管理工作和监督职责，依法打击破坏市场秩序的行为，控制企业生产对环境的破坏和污染。

发展生态产业不仅仅是技术上的资源配置问题，必须以市场为导向，不然就会走弯路。例如，绿色农业主要是市场上的农产品需求结构动态变化诱导出来的，如果没有国民经济的高速发展和人民生活水平的迅速提高，就不可能有商品率极高的绿色农业的快速发展。价格扭曲对产品的生态技术的开发与应用有较大影响。在现实中，资源耗竭性利用和浪费通常是和价格扭曲联系在一起的。尽管存在价格扭曲的情形，仍可以通过政府扶持诱发生态技术创新，但市场价格准确反映资源稀缺程度的变化，毕竟是将替代技术创新的机会充分诱发出来的必要条件。如果这一必要条件不存在，必然会丧失许多替代技术创新的机会。

（五）建立健全技术体系，进行技术创新

在生态经济建设过程中，发展经济与保护生态的矛盾相当突出，在现有财力状况下，不可能走通过大规模的投入来补偿生态的道路。最可行的途径是大力发展技术体系，通过提高劳动和要素生产率来解决这种矛盾。（1）要推广同生态产业密切相关的技术种类，重点加强对节能技术、节水技术、链接技术、新材料技术、生物技术，矿产深加工技术等的研究开发，促进技术进步和科技成果转化，降低能耗、水耗，用高新技术和先进适用技术改造传统产业，提高资源节约利用的整体技术水平。（2）拓宽技术供给渠道，改革现有生态技术推广体系、引进市场机制，并给予应有的补贴和扶持，充分发挥其网络和技术人员的作用，为广大农村提供技术服务。通过与高校、科研机构和大企业联合开发的形式，解决一些关键的高新技术问题，比如，农产品加工业应该考虑同相关高校、研究所和大型生产厂商联合，解决高质量生态产品加工技术问题。（3）要高度重视人才的培养工作。技术问题从根本上讲是人才问题和体制问题，要引进和培养技术型、管理型人才，并为他们提供较好的发展环境，激发技术战线的活力。（4）要高度重视教育，提高劳动者的科技文化素质，以实现技术与生产的广泛结合。技术创新是实现可持续发展的关键，然而现有的生态技术创新还远远不能满足可持续发展的要求，要积累起引发生态革命的技术储备，生态技术自身必须升级。生态技术有能力与其他类型技术竞争，是企业和农户采用生态技术的前提，政府要扶持具有市场竞争力的生态技术的研究工作，而不是急于推广不成熟的生态技术。技术创新要以“自利”为切入点，实现“自利”和“利他”的统一。除了技术创新外，还要有制度创新和组织创新。

（六）加强政府支持，制定规范的法规，为生态产业提供坚实保障

政府应出台一系列与发展循环经济相关的生态环境保护、资源保护和综合利用、清洁生产等法律法规和激励政策，为发展循环经济提供良好的制度环境和条件。除了在法律法规中体现出对循环经济的扶持外，也应该体现在税收、信贷、征费等其他方面，引导企业自愿发展循环经济，例如：（1）逐步提高各项排污费用，使污水处理厂、垃圾处理单位达到保本或赢利水平，这样既可以吸引国内外资金和技术，保证其良性发展，也可以促使全社会加快实行清洁生产，减少排污，提高社会产品的循环率。（2）对采用清洁生产工艺和资源循环利用的企业给予减免税收、财政补贴以及信贷优惠政策，保证其产品的市场竞争力，为社会树立模范企业，以点带面。另外，对上述企业以及新兴生态工业园的建设要在征地审批和投资环境方面予以倾斜。要在完善、贯彻执行现有行政法规、规章的基础上，进一步制定和实施有利于生态产业发展的政策，建立健全生态产业建设的法规体系。完善行政监察制度，建立健全监督机制，加强对执行有关生态产业建设的法律规章情况的监察监督。严格审批程序，依法履行生态环境影响评价手续。要加大行政执法力度，对各种破坏生态环境的违法行为要及时、严肃查处。

（七）培育生态产业的微观主体

要重视培育企业这个生态产业发展的微观主体。企业是现代国民经济的细胞，是现代社会的基础单位，只有实现现代企业的可持续发展，才能有整个现代经济社会的可持续发展。因此，从实施生态产业发展的

行为主体看，关键在于企业，这就要求企业实施一种无废无污或把不良成分、副作用降到最低点的生产模式。同时作为发展中国家的企业，要想跨越绿色壁垒进入国际市场，就必须完成企业的生态转换，构建生态发展模式。首先，企业要建立起生态经营理念，更好地理解和执行国家制定的环保政策，将企业的生态效益、社会效益及经济效益统一于企事业的经营目标中。其次，加强企业生态技术的研究开发，为清洁生产提供技术上的保证。只有持续不断地推进以生态技术创新为核心的技术进步，企业才能不断地增强市场竞争力。再次，建立符合生态与经济一体化的现代企业制度，具体包括管理制度、营销策略、核算制度、包装制度。培育生态产业微观主体，促进生态产业建设，要加强对领导干部和群众进行生态经济、生态产业知识的教育和培训，围绕生态产业建设，开展形式多样、丰富多彩的宣传教育活动，培养人们珍惜资源和保护环境的自觉性，树立新的生态经济观、价值观、资源观、生产观、消费观，调动广大群众参与生态建设的积极性，形成人人关心环境、保护环境的良好社会风尚，从微观层面营造为生态建设作出贡献的氛围，以此推动生态产业的发展。

第十章
循环经济生态创新发展战略

进行循环经济生态创新是转变经济发展方式，调整产业结构，建设资源节约型和环境保护型社会，从根本上解决经济社会发展面临的资源约束和环境压力，实现全面建设小康社会目标，促进人与自然和谐发展的战略举措。循环经济生态创新有利于建设资源节约型社会，使追求低代价发展的赶超战略成为可能。本章主要包括：循环经济生态创新能力与生态创新发展战略，循环经济生态创新发展战略制定的意义、原则，循环经济生态创新发展战略的激励制度，循环经济生态创新发展战略构想与实施等内容。

第一节　循环经济生态创新能力

循环经济使资源从简单的单向流动转变为循环流动，使资源利用效率最大化，保护了环境，是一种有利于生态建设的经济发展模式。生态创新作为发展循环经济的重要组成部分，体现了对微观主体生产活动各个环节生态学思想的转变，是发展循环经济的重要体现。循环经济发展模式改变了“高投入”、“高污染”、“低产出”的非持续经济发展方式，是基于生态赤字下发展方式的反思，是现代经济发展模式的一项重要创新，它为可持续经济发展提供了持久动力，是可持续经济增长的源泉。经济可持续发展的保障就是生态资本存量的非减性，循环经济发展就是协调经济发展与生态资本之间矛盾的可行发展模式。然而，循环经济发展模式目前也存在着许多局限性，这就要求通过循环经济生态创新来改善循环经济发展模式的缺陷。循环经济生态创新主要体现在其生态创新的能力上。在竞争日趋激烈的21世纪，一个国家是否能实现高质量的经济可持续发展，将取决于它的生态环境基础和循环经济生态创新能力，并通过提升循环经济生态创新能力来维持生态资本存量的不变或增长，促进经济可持续增长。因此，循环经济生态创新能力是经济可持续增长或绿色经济增长的不竭源泉，是按照循环经济生态创新的目标要求，促进经济可持续性增长和发展的动力，是实现经济可持续性增长的重要条件和可靠保证。循环经济生态创新也是我国“两型社会”建设的关键，通过循环经济生态创新为经济可持续发展积累充足的生态资本，为“两型社会”建设提供动力。保持生态资本存量的非减性的关键在于循环经济生态创新能力，只有不断提高循环经济生态创新能力，才能真正保证循环经济创新的活力，才能有效地解决“两型社会”建设的困境。

循环经济生态创新能力的确立与提升，并非一蹴而就，而必须通过一定方式来进行。循环经济生态创新能力的高低，决定了循环经济生态创新的水平，同时也影响经济社会健康稳定发展。循环经济生态创新能力主要包括循环经济生态创新生产力、生态环境持续发展能力、生态资源持续利用能力和循环经济生态创新综合管理能力四个方面（如图10－1所示）。①

① 严立冬：《经济可持续发展的生态创新》，中国环境科学出版社2002年版，第258—263页。

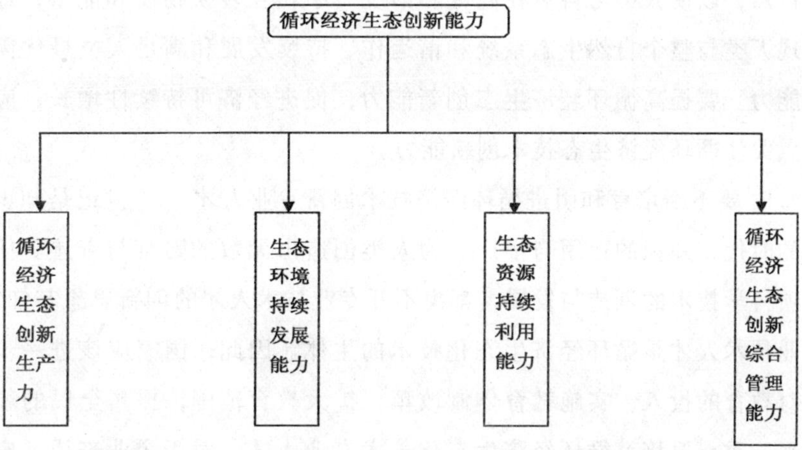

图 10－1　循环经济生态创新能力构成图

一、循环经济生态创新生产力

循环经济生态创新作为发展循环经济的一种重要方式，它是基于经济可持续发展的重大理念而提出来的，是实现经济与生态环境和谐发展的根本途径。循环经济生态创新从新思想和新概念出发，通过生态技术的革新、绿色制度的形成、生态观念的改变，不断地解决经济可持续发展过程中的各种生态问题，其目的就是要增加生态环境系统运转的生态资本，增强生态环境系统的转化功能，提高自然物质和经济物质转化效率，从而提高生态环境系统适应现代经济发展的供给能力及其对现代经济社会发展的支撑能力。循环经济生态创新，实际上是一个生产、分配、流通、消费等社会再生产各个环节的生态化过程，是生态与经济一体化的过程。循环经济过程本身包含着生态创新的全部内容。这一过程体现在循环经济在生产的开端就要求对资源尽可能小的投入，体现了其减量化原则，也包括了生态技术创新这一要求。循环经济生态创新生产力是循环经济生态创新体系中人与自然之间关系的具体体现，主要是指循环经济生态创新体系中，人类在认识自然、尊重自然和保护自然前提下利用自然，以使人类与自然在高度和谐统一中相互转换物质和能量，最终实现人类与整个自然生态系统和谐运作、持续发展和满足人类最优需求的能力。要提高循环经济生态创新能力，促进经济可持续性增长，应该重点关注循环经济生态技术创新能力。

1. 要不断培育和引进循环经济技术创新专业人才。21 世纪是知识经济的时代，知识的运用与推广，为人类创造出无数的财富与奇迹。任何一项科学技术的创造与发展，都离不开专业技术人才的创新思想与知识。专业技术人才是循环经济生态化技术的主体。因此，国家应该进一步加大对教育的投入，实施教育体制改革，扩大教育范围，提高全民的教育水平，重点要培育循环经济生态化技术专业人才。对于企业来说，应长期坚持对员工生态知识的培训，不断更新他们的知识，以适应循环经济生态技术创新与生态革命发展的要求。

2. 要不断更新循环经济生态技术创新观念。当今，生态技术已被越来越多的人所认识，并且以较快的速度发展，使生态产品的生命周期大为缩短，生态企业要保持不灭的生态技术创新活力，就必须有追求超越、打破旧体制、冲破体制限制和文化束缚的独创精神，不断地进行技术创新。在当前经济全球化的大趋势下，企业的生态技术创新必须站在全球的角度，学习、借鉴、利用别人的智慧结晶，建立起新的循环经济生态技术创新管理体制，为循环经济生态技术创新者提供自由空间和各项支持，以确保他们的创新想法变成现实。

3. 要不断营造更加宽松的循环经济生态技术创新环境。循环经济生态技术创新环境是指在生态创新环境体系中，人们能够成功地进行新技术、新产品的研究与开发并使之生态化与商业化。学习鼓励冒险并允许失败的硅谷精神，使循环经济生态技术创新人员得到足够的鼓励，建立风险资本机制，做到政府基本不干预，使一些生态企业家能够放开手脚，为循环经济生态技术创新造就一种无精神压力、研究开发资金相对充足、研究比较自由的环境。

二、生态环境持续发展能力

生态环境持续发展能力是指循环经济生态创新体系中，生态改善与环境缓冲能力和由生态平衡规律所制约的生态环境平衡自我调节能力。它主要包括生态改善与建设能力、环境污染吸收和净化能力，生物多样性保护能力、生态系统平衡的自我维持和稳定能力。

生态环境的持续发展能力，要求我们应该重视对环境自净能力与自然生态净化能力的保护。所谓环境自净是指污染物在环境中，因大气、水、土壤等环境要素的扩散稀释、氧化还原、生物降解等作用，其浓度和毒性自然降低的现象，它通常包括物理净化、化学净化和生物净化三方面。环境容纳量既然是环境对生物制约的具体体现，那么只要生物或环境因素发生变化，环境容纳量也就会发生相应的变化，它是环境资源状况（数量、质量、分布和波动等）、生物对资源的利用状况（数量、形式、效率和波动等），以及生态调节机制（种内、种间关系等）等共同作用的结果。也就是说，环境容纳量是一个动态的变量，体现全球或区域复合生态系统综合服务功能，而不是资源数量的指标。依照环境容纳量动态变化的原理，我们可以能动地改善和提高环境容纳量，为经济与社会的发展提供更大的空间。比如，通过恢复和保护自然生态系统和生物多样性、控制和消除全球变化等措施改善生态服务和环境质量；通过强化水土保持、严控土壤沙化、保护和扩大有效耕地等措施保障地球净初级生产力规模；通过建立循环经济体系，提倡适度、适量消费，改善资源结构，提高资源效率，消除循环阻滞等措施，实现资源的可持续利用和经济的持续发展等。在循环经济生态创新体系中，要提高生态环境持续发展能力，必须充分利用环境自净能力，做到人工治理与自然净化相结合。为此，（1）要在制定区域经济规划和环境规划时，充分重视生产力的合理布局，了解和掌握区域的环境特征，污染物的稀释、扩散等自净规律，使污染源合理分布，将污染严重的工厂企业安排在环境容量较大地区，并将原有的生产工艺改为生态工艺，控制污染源密度。只有这样进行全面规划、合理布局，才能合理利用环境自净能力。(2) 要依据地区环境特征，大气、水体、土壤的自净能力，确定经济合理的污染物排放方式。污染物排放标准应充分考虑到地区的地形、气象条件、水文条件等环境特征，污染源密度，以及地区或水域的功能，合理地加以确定。既要合理利用大气、水体、土壤的自净能力，又要保证环境质量不会下降并能有所改善，还要考虑扩大林地面积、选择抗污树种，改善大气质量，或将水利工程与水污染控制结合起来，调节枯水期流量，增加水环境容量。(3) 要进行人工治理措施与利用环境自净能力相结合，选择最优或较优的方案。(4) 要进行生物工程与技术工程相结合，即利用生态规律，将污染物的处理过程纳入生态系统的物质循环，或在设计人工生态系统时，将一个地区视为一个相对独立的环境单元，采取各种措施使输入的资源、矿物能源和能量的流动合乎生态规律，取得较好的经济效益，这是生态工程的任务。但是生态工程必须与技术工程相结合，要以技术工程为基础才能实现，即要把生态系统自身的调节能力与人类投入的技术力量结合起来，组成合乎规律的人工生态系统。

三、生态资源持续利用能力

生态资源持续利用能力是循环经济创新体系中，生态资源生产与再生产过程所体现出的生态资源的可持续利用能力。它主要包括生态资源的可持续利用再生能力，可再生的生态资源与非再生资源的相互替代能力，生态资源的数量和质量对经济可持续性增长的支撑能力。

生态资源主要是指包括水、土壤、空气及森林生态系统，草原生态系统，水域生态系统，和包括土地、森林、草原、水产等在内的自然环境和自然资源。提高生态资源的持续利用能力，(1) 应该注意生态系统中再生性资源的再生能力。(2) 对某些特定再生性资源的利用暂时超过它们的再生能力的，要采取行动保护资源，寻找其替代物，或者至少要用其所产生的效益进行资源补偿。(3) 对处在灭绝或不可持续开发危险之中的特殊再生性资源，例如野生动植物等应遵守自然、道德所规定的原则，提倡不使用或非消耗使用，同时应提供可供选择的方案，使它们恢复其正常的再生可持续利用能力。(4) 对非再生性资源的利用应遵循最小消耗的节约原则，在增加资金投入的基础上，尽可能地运用高科技手段寻找其替代物，并使其使用不应超过替代物的产生速率。(5) 要严格地控制人口增长，保持人口与生态资源的动态平衡，要根据区域生态资源承载力的状况，进行生态资源的动态平衡，要根据区域生态资源的有效配置，用以维持与提高地区性的生态资源程度与发展需要的支撑能力。

四、循环经济生态创新综合管理能力

循环经济生态创新综合管理能力是指生态创新体系中，对经济可持续发展所进行的人口、经济、社会、资源、生态、环境等统筹兼顾、综合平衡、科学决策的综合性管理能力。

提高循环经济生态创新综合管理能力，促进经济可持续性增长与可持续发展，应做好以下几个方面的工作：(1) 运用行政手段进行循环经济生态创新管理，即要加强各级政府对生态创新管理的领导，组织制订循环经济生态创新规划，对循环经济生态技术创新、循环经济生态制度创新、循环经济生态金融创新、循环经济生态观念创新过程进行指导与检查；要运用行政权力，对循环经济生态创新管理采取必要的措施；对不利于生态创新行为采取必要的行政制约，重点支持生态技术创新项目建设，鼓励企业进行清洁生产，达到改善生态、消除污染、实现经济可持续性增长与可持续发展的目的。(2) 运用法律手段进行生态创新管理。有关法律法规是搞好生态创新管理的重要措施。为此，要建立循环经济生态创新管理的法律体系，并在现行已有的生态保护与环境改善方面的法律法规的基础上，制订有利于循环经济生态创新管理的法律作保障。(3)运用经济手段进行循环经济生态创新管理。要采取鼓励政策，对在循环经济生态创新、实行清洁生产的过程中有较大贡献的生态企业或个人给予减税与免税；对破坏生态资源、污染严重的企业或个人，要实行经济处罚。只有这样，才能防止生态资源的掠夺性开发，提高生态资源可持续利用率。(4)运用宣传教育手段进行循环经济生态创新管理。要采取报刊、杂志、电影、广播、电视、幻灯、文艺，举办报告会、座谈会、专题讲座等各种形式，进行生态意识与生态观念方面的宣传普及教育；要重视学校与在职人员的生态环境知识的教育，特别是要长期坚持对生态企业、单位或民营企业家的生态技术知识更新培训，以使他们适应不断变化的循环经济创新的高科技技术。

第二节　循环经济生态创新发展战略激励制度建设

循环经济生态创新的发展是我国维持经济可持续发展，保持经济社会稳步发展的保证，同时也是我国实现“两型社会”建设，实现发展战略的重要条件。但是循环经济生态创新的出现，其本身就是一新生事物。因此，如何保持循环经济生态创新健康顺利的进行，这就必须要有相关的激励制度作保证，以维护经济社会稳定、健康地发展。循环经济生态创新激励制度主要包括经济激励制度、政府激励制度和法律激励制度。

一、循环经济生态创新发展战略的经济激励制度

发展循环经济生态创新特别要注意充分利用经济激励制度。经济激励制度主要是综合运用市场经济手段，通过产业政策、税收政策、财政政策、金融政策、产业布局政策、规模经济政策以及价格政策等经济手

段，对循环经济项目和以循环经济模式进行生产的项目予以扶持，对不符合循环经济生态创新要求的项目予以限制或禁止。①

（一）循环经济产业政策

1. 国家对于循环经济所涉及的领域在产业政策上给予了一定的倾斜，提供产业结构政策对各产业部门间比例关系进行调解，加大循环经济产业在国民经济中的比重。产业政策还通过以上的多个政策的支持来实施，如通过优惠贷款、津贴以及对可再生能源生产者给以较高标准的固定补贴等方式给予产业政策一定的支持。

2. 政府通过产业技术政策确定循环经济相关产业合理的产业技术结构、生产结构和产品结构以及技术选择的方向。如制定吸引外商投资环保产业的计划，引进国外先进的垃圾处理和环境管理技术。

3. 政府通过产业组织政策解决在发展循环经济的过程中产业内部、企业之间资源合理配置问题、竞争活力问题或规模经济问题。政府在产业聚集方面，将不同的工厂联结起来形成共享资源和互换副产品的产业共生组合。

循环经济产业政策可以分为两类。第一类是直接针对循环利用资源和废弃物再生产业（静脉产业）的政策。第二类是针对所有产业内的资源循环利用和清洁生产的政策。

1. 废弃物综合回收再生与安全处置产业（静脉产业）发展政策。静脉产业是循环经济的主导产业。大力发展静脉产业不仅有利于环境保护，而且可以增加短缺资源的供给和能源替代，增加就业，促进经济增长。发达国家无一例外地对于静脉产业的发展给予了支持。（1）要明确规定废弃物处理的优先顺序。要遵循再制造—再利用—再生利用—循环利用绝对优先，无害化处理第二的原则。（2）要加快制订静脉产业和循环经济产品的行业标准和技术标准，把静脉产业纳入国家重点支持的产业之中，规范静脉产业发展。（3）要制订对静脉产业的支持政策。支持政策

① 吴大华：《中国循环经济的政府引导及激励政策》，《管理现代化》，2007 年第 4 期。

应包括：土地利用优先、税收减免、财政资助、贷款优先和政府贴息、产品市场准入优先和政府采购优先以及政府给予技术开发资助。

各级政府应该尽快针对静脉产业制订优先发展的产业领域和产品目录，并对具体支持政策作出量化规定。这里必须指出，目前我国的静脉产业基本处于无序的混乱状态。由于我国劳动力成本低廉，在经济上具有直接再生利用价值的废弃物和旧产品基本得到了回收和再生利用。但是，这些废弃物的收集、运输和分类主要由数以百万计的农民工承担，废弃物的再生产业布局分散，规模小，技术简陋，存在着严重的二次污染。也就是说，大量作为循环经济核心产业的静脉产业，没有按照循环经济的原则进行组织和规制。更为严重的是，没有直接经济价值的废弃物没有得到很好的回收和无害化处理。大中城市基本采取最简单的填埋处理，这既占用了大量土地，又对地下水形成了严重的污染。中小城市和农村的废弃物基本没有有效的管理，这也是必须通过静脉产业政策进行管理和规制的重要内容。因此，静脉产业政策不仅应该包括支持政策，也应该包括限制和禁止内容。例如，限制静脉产业的经营方式，禁止使用落后技术进行资源的再生处理，防止二次污染。

2. 企业内的资源循环利用和清洁生产政策。（1）规定企业建立物质流核算制度，为废弃物管理提供基础数据信息；（2）广泛开展清洁生产审核，到2010年争取在重点产业内把清洁生产审核的范围扩大到80%以上；（3）借鉴欧盟的经验，对企业开征废弃物排放和处理税，逆向激励企业循环利用资源，减少废弃物产生；（4）对企业用于资源循环利用和清洁生产的技术开发、专利和设备投资给予税收抵扣和加速折旧等优惠。

（二）循环经济税收政策

税收政策是落实循环经济产业政策的最重要的手段之一。对此，我国经济学家厉以宁教授指出，中国环境税收改革应被作为一项影响重大的环境—经济综合手段加以考虑，税收可采用排污税、产品税、税收差别、税收减免等方式，对水污染、煤炭、汽油和柴油、木材、化肥、废弃物等征收环境税。循环经济要解决的主要问题是资源短缺和环境污染问题，中央政府应该考虑提高初始资源税，提高初始资源的成本价格，以发挥循环利用资源的成本优势。对于循环利用资源的企业，应该在营业税、关税、增值税等方面给予一定的减免优惠。考虑到现实中税收制度的复杂性，为防止税收的流失，可以采取先征后退的方法。(1) 将资源税税率普遍提高 20%；(2) 对静脉产业免征增值税和企业所得税；(3) 对进口资源适度征收关税，以保证国产资源的竞争力；(4) 全面停止高能耗产品的出口退税；(5) 对循环经济企业进口技术和设备免征关税；(6) 对循环经济产品出口全面退税；(7) 对节能和节约资源的技术和设备投资全面推行税收抵扣，促进节能和节约资源技术的推广和扩散；(8) 对节能节水类的建筑给予核减相应税收的优惠；(9) 加快从增值税向消费税的转轨步伐。

这里应该特别指出两点：(1) 我国现行的增值税制度，对于循环经济中的资源消耗减量化和静脉产业都具有负面作用。因为它是按照资源在企业内的增值比例纳税，越是节约和高效利用资源，企业的增值比例就越高，也就必须交纳更多的税。从这一角度来说，增值税制度激励浪费资源，抑制资源的循环利用。因此，国家有必要重新审视增值税制度，加快由增值税向消费税制度的过渡。因为消费税可抑制过度消费，像过度包装等问题可以得到一定程度的抑制。(2) 尽快全面停止资源与能源密集产品的出口退税政策。从我国的资源禀赋条件和能源供需矛盾出发，除个别品种需要和结构调整外，不应鼓励资源和能源出口。

（三）循环经济财政政策

财政政策是政府为达到一定社会发展目标而采取的主要宏观调控政策，主要有财政直接投资、财政补贴包括为特定项目和特定企业贴息、政府采购支出和财政转移支付等。国际经验表明，当治理生态环境污染的投资占 GDP 的比例达到 1%—1.5% 时，生态环境污染恶化的趋势有可能得到控制，环境状况大体能够保持在人们可以接受的水平上；当其比例达到 2%—3% 时，环境质量可有所改善。目前，世界上一些发达国家污染治理投入占 GDP 的比例已经达到 2% 以上。而我国“九五”以前在生态环境保护上投资比例仅占GDP的0.8%左右；“九五”期间和“十五”期间比例也尚不足1%。污染治理投资总量不足是造成我国经济发展高环境成本的主要原因之一，财政对环保投入的不足，很难遏制生态环境质量不断恶化的趋势。① 对于发展循环经济来说，财政支持政策应主要限制在财政补贴、政府采购等方面。对于财政直接投资要相当小心，应该主要限定于循环经济基础设施建设、共享技术的研究开发等领域。应尽快制订循环经济财政补贴政策，对于重要的静脉产业和重要资源的循环经济项目，在发展初期，政府财政可以对市场风险比较大的产业项目进行扶持。例如，政府提供一定比例的投资参股，进行贷款贴息等，以便减小市场风险。制订循环经济产品政府优先采购的政策。政府采购政策是发达国家常用的对特定产业和特定产品的支持政策。它一方面可保证循环经济产品具有比较稳定的市场；另一方面可以起到示范和导向作用。循环经济基础设施和静脉产业网络的财政投资政策。为了加速循环经济的发展，对于单个企业无法承担的大型循环经济基础设施，例如，对于大型废弃物集散设施，危险废弃物和有毒废弃物的收集与存储设施，废水网管建设等，各级政府应该像对待城市基础设施一样，纳入政府的财政投资计划，进行投资建设。各级财政要加大对节约资源和能源的重大技术研究与开发的投入，尽快研究制订对国家和地区重点生态保护地区生态补偿政策，加大财政转移支付的力度。

导致污染治理投资不足，除了与经济发展水平直接相关外，更重要的原因在于：（1）重视不够。这从政府预算科目设置体系中可略见一斑。在当前反映政府活动范围的财政预算的科目设置上，环境保护投资并非像基本建设支出、文教科卫支出等那样作为一个独立的支出科目，而是被寄托在基本建设支出、科技三项费用专用支出等科目之下。这种预算设置机制的结果是各级人大很难对政府在环保方面的投资情况进行监督，财政的环境保护投资数量得不到保证。（2）民间环保投资的积极

① 程瑜：《促进循环经济发展的财政政策研究》，《中国人口、资源与环境》，2006年第6期。

性没有得到很好的调动。环境保护正外部性的特点使得私人资本不愿积极主动地介入该领域。这时政府的作用就是采取政策培育、引导、利用市场力量。然而我国现行的环境政策却存在某种程度的失效，政府尽管对于进行污染防治的企业给予一定的优惠政策，但这些优惠措施方式单一且多属于事后鼓励，不能从根本上激发企业进行环保投资的积极性。此外，我国目前尚未发行环境债券和社会环境彩票，因而也无法像某些发达国家那样，通过给予购买者一定的利息减免来吸引社会闲散资金介入环保事业。

（四）循环经济金融政策

循环经济金融政策包括信贷政策和融资政策。信贷政策主要包括通过政策性贷款，支持循环经济的发展。政策性贷款主要由国家发展银行来实施，用于对循环经济产业和项目的间接融资支持。投融资政策的范围较为广泛，包括以下几个方面：（1）通过优惠政策，鼓励民间资金进入循环经济领域，尤其是静脉产业领域；（2）政府财政提供“种子”基金，补贴循环经济项目；（3）通过资本市场直接融资，需要得到政府的特殊许可和优惠政策，成立上市公司，发展循环经济产业；（4）建立循环经济基金，通过发行专门政府债券、面向社会发行循环经济彩票、排污费按比例投入、资源税按比例投入、大宗产品的回收抵押金、民间资金捐助和国际援助资金等，用于支持循环经济技术研究与开发、资助重大循环经济项目等。

（五）循环经济产业布局政策

循环经济发展与产业布局密切相关。布局政策主要包括两方面内容：

1. 以国家生态和环境保护为目标，进行国土整治和分区域功能规划。对于生态敏感区域和涉及国家环境与资源安全的重点区域，应该坚决限制特定产业的发展，集中推进循环经济发展模式，以解决经济增长和环境保护的矛盾。

2. 必须坚决改变过去的分散发展乡镇企业的产业布局政策，与城市化建设相结合，积极推进企业集聚。城镇的工业发展应该全面采取生态型工业开发区的模式，按照循环经济思路，分门别类地规划好开发区的建设规划，使得企业布局按照物质循环利用网络要求进行，有利于静脉产业的配套发展。

（六）规模经济政策

为了从基础上节约资源，提高效率，应该强化企业的经济规模效应。规模经济政策包括三个层次：第一层次的政策是鼓励单个生产企业以最佳规模进行生产经营。只有达到经济规模，才能实现单位产出的成本最小化。因此，应该通过严格执行环境保护法和行政控制双重手段，实施强化限制“五小工业”的政策。第二层次的政策是促进企业在空间上的集聚规模效应，也就是要推进产业布局的专业化和集聚化。因此，要结合循环经济产业布局政策，开展生态工业设计和工业生态园建设，积极鼓励小企业向开发区集聚。第三层次的政策是推进循环经济静脉产业的规模化，防止二次污染，提高废弃物再生和循环利用技术水平。发展循环经济应该避免“蜂拥”现象，应该研究制订静脉产业的市场准入标准。

（七）循环经济价格政策

循环经济价格政策主要是通过调整资源和能源价格的手段，达到促进节约资源和能源，积极回收利用资源和从废弃物中采集能源的目的。完善自然资源价格形成机制，调整资源型产品与最终产品的比价关系，通过提高资源使用的成本来促使企业尽可能节约使用和循环利用资源。调整水、热、电、气等的价格，积极推进居民生活用水用电的阶梯式价格制度，对国家淘汰类和限制类项目及高耗能企业实行差别电价，鼓励企业和居民节约用水和用电。合理确定再生水价格和回收能源价格，既要考虑回收处理企业的收益，也要考虑利用再生资源和回收能源的企业和居民的成本。对于二者难以平衡的回收资源和产品，国家应考虑实行价格补贴。对于提高电价和水价可能给低收入居民带来附加支出的问题，可以通过提高各种低保户的生活保障金或价格补贴的办法解决。

二、循环经济生态创新发展战略的政府激励制度

近年来从政府所实施的各项政策来看，国家比较重视对技术创新和制度创新的支持，而对生态创新由于人们缺乏认识，尚未引起足够的重视。政府的支持在经济社会发展中起着举足轻重的作用，任何事物的发展，离开政府的支持，都难取得成功。政府作为经济社会的主要主体之一，其在循环经济生态创新中起着不可或缺的作用。从整体上来说，循环经济生态创新的政府激励制度主要包括以下内容：

（一）建立环境资源产权与交易制度

节约原材料是实现清洁生产的重要环节。通过上一节的分析我们得知，企业能否自觉节约原料的投入，与资源价格有很大关系，因此，建立环境资源产权制度，使资源价格真正体现市场供求关系至关重要。同时，企业进行技术创新和设备的改造重构也与资源价格相关，如果通过资源的重新定价，企业将资源成本纳入生产成本，就将使其不得不考虑进行原料替代，从而减少原材料的投入，增加对废弃物的循环利用。只有再生资源销售出去，静脉产业的经济价值才能得到实现，社会价值才能得到认可。目前，由于我国的资源定价系统存在缺陷，原生资源的价格较低，再生资源的优势无法显现，社会上对再生资源的需求较少，再生资源的经济价值得不到实现，企业经营的积极性就得不到调动。通过建立环境资源产权制度，使资源价格真正体现市场供求关系，促使企业将自然资源纳入生产成本，使再生资源的成本优势得到显现，企业的经营积极性将随之得到增强。

另一方面，要增强激励的针对性。（1）支持废旧物资回收技术的研发及引进。大循环最重要的是产品进入消费过程后产生的废旧物资的化解回收利用。现阶段，我国静脉产业面临的一个主要问题就是企业没有充足的资金或者没有足够的动力研发技术。这就需要政府进行政策扶持，对相关研发项目给予一定的支持，并建立回收再利用的产品市场，以刺

激企业去投资和进行相关的技术研发。（2）为废弃物建立市场交易平台。经济合作与发展组织（OECD）的成员国通过实施严格的“污染者付费”政策，使废旧物资回收和综合利用的企业可以得到废弃物生产者的资金补助。我国的情况与其完全不同。我国企业一旦使用了其他企业的废弃物，如工业废渣、粉煤灰等，原来的废弃物生产者不仅不付费，而且要向使用者收费，使综合利用企业无利可图。因此，政府应该为废弃物的再生利用建立市场交易平台，例如建立再生资源的交易市场和信息网络。

（二）培育绿色产品市场

绿色消费是重要的循环经济理念之一，是一种适度消费、节俭型消费、健康消费、安全消费和无污染消费。绿色消费要求在满足人类的基本需求、提高生活质量的同时，使自然资源的消耗最少，消费过程中产生的废弃物和污染物最少，从而使消费的结果不致危及人类后代的需求。

消费者对产品和服务的选择主要受经济利益的驱动。如果仅靠环保意识，绿色消费就无法成为社会大众消费的主流行为。因此，需要采取切实可行的措施，引导和促进绿色消费。政府是最大的消费者之一，对各种产品和服务的绿色采购具有很大的引导和示范作用。所谓政府绿色采购，就是在政府采购中引入对资源能源与环保的要求、方法和程序，在条件相当的情况下优先选择符合绿色标准的产品和服务。政府采购的绿色标准不仅要求末端产品符合资源节约、环保标准，而且要求产品研发、生产、包装、运输、使用、再利用和再循环、处置的整个过程都符合相关标准。

政府绿色采购是一种重要的环境经济手段，涵盖的内容非常丰富，几乎涉及政府办公的所有方面和环节，如室内办公用品，各种车辆、小型船舶等室外办公用品以及办公建筑等。《中华人民共和国政府采购法》第9条要求：“政府采购应当有助于实现国家的经济和社会发展政策目标，包括保护环境，扶持不发达地区和少数民族地区，促进中小企业发展等。”同时《中华人民共和国清洁生产促进法》第16条规定：“各级人民政府应当优先采购节能、节水、废物再生利用等有利于环境与资源保护的产品。各级人民政府应当通过宣传、教育等措施，鼓励公众购买和使用节能、节水、废物再生利用等有利于环境与资源保护的产品。”这为我国建立政府绿色采购制度提供了立法依据。其后，国务院相关主管部门制定了一些有关政府绿色采购的政策、规章，逐步在全国范围内开展相关的实践。

一些地方政府已颁布或正在制订地方的政府绿色采购法规。随着政府绿色采购的概念日益深入人心，一些行业、企业也开始主动地实施绿色采购。另一方面，我国政府绿色采购还存在以下一些问题：(1) 相关法律制度不完善。虽然《中华人民共和国政府采购法》和《中华人民共和国清洁生产促进法》对政府绿色采购义务做出了明确规定，但相关条款仅仅是原则性的政策宣示，而没有详细具体的可操作性条款，没有对绿色采购的主体、责任标准和清单进行准确界定。《节能产品政府采购实施意见》和《关于环境标志产品政府采购实施的意见》虽然较为明确、具体，但效力层级较低，权威性较差，而且实践中随意性和不规范性较大，还存在着各自为政的弊端，冲突、衔接问题较为突出。(2) 绿色产品的定义模糊，标准和清单不一，使得采购者往往无所适从。目前，我国不仅有全国性的“节能产品政府采购清单”、“环境标志产品政府采购清单”以及某些地方政府制定的地方性“政府绿色采购清单”，还存在着多种正在使用的节能、环保标志。这些清单和标志既相互独立、各有侧重，又相互重叠、互不相属，不利于政府绿色采购义务的落实。(3) 政府绿色采购清单范围过小，占政府采购的比例很低，无法有效推动政府绿色采购进程。(4) 国务院有关主管部门对政府绿色采购产品的标准以及认证机构确定还存在分歧。

为此，需要进一步完善《中华人民共和国循环经济法》，并将有关政府绿色采购内容纳入其中，实行有利于循环经济发展的政府采购政策公共机构用财政性资金进行采购，应当优先采购节能、节水、节材产品以及环境标志产品和再生产品，并达到国务院财政部门会同有关部门规定的比例。

（三）构建循环经济生态创新的协调制度

中央政府有强烈的意愿来促进循环经济发展，并且已经构建了一系列激励机制。但在现阶段由于企业所在地的地方政府没有或缺少相配套的激励机制，企业并不能享受政策优惠，打击了自觉发展循环经济的积极性。因此，中央政府应通过制定详细的政策、法规来促使地方政府积极构建与中央政府相配套的激励机制并予以实施。现阶段，循环经济仍是中央政府“一头热”的意愿，尽管中央政府构建了相应的促进大循环发展的激励措施，但地方政府是该激励措施的直接实施者，如果地方政府的积极性不高，那么，循环经济激励机制的实施效果将大打折扣。因此，在构建激励机制时，需要中央政府对地方政府有所作为，约束其与中央政府实施循环经济的意愿相协调。在各级政府相互协调的基础上，对实施清洁生产的规模型大企业进行技术支持。由于传统经济条件下的工艺不能满足循环经济模式下清洁生产的需要，因此技术创新对实现清洁生产来说至关重要。现阶段，我国大部分企业没有自己的研发机构，有研发机构的企业其研发资金也明显不足。研究表明，越是大企业越有能力进行技术研发，利用自己研发的技术进行清洁生产取得的效益越明显。也就是说大企业有足够的经济实力进行技术研发，并且能通过规模化生产，充分利用新技术获得较好的收益。一般地说，只有规模足够大，排放的废弃物“足够多”时，企业才具备独立对其进行循环利用的经济可行性。如果循环利用废弃物的规模达不到成本最小化，与利用资源相比就没有经济优势，循环经济的发展就没有动力。例如，中国神华神东煤矿煤炭分公司自主研发出无岩巷布置技术，取消了煤岩石的堆积，减少了固体废弃物的产生；自主研发保水开采技术减少了废水的排放。该公司通过技术创新实现了井下保护性开采和增强地面生态环境保护双重目标，并且取得了显著经济效益和生态效益。因此，政府在构建激励机制时，要有针对性地对规模型企业进行技术研发支持，鼓励规模型企业首先发展循环经济，起到示范作用。

（四）培育生态消费机制

马克思认为，生产的目的就是为了消费，而资本家要实现惊险的一跳，就必须使产品得到消费者的认可。但消费者在进行消费时也要进行成本收益的比较分析，因此并不是所有的消费都是符合循环经济的消费。所谓绿色消费是指接近原生态无污染的符合自然循环的一切消费行为方式。绿色消费包括的内容非常宽泛，不仅包括绿色产品，还包括物资的回收利用、能源的有效使用、对生存环境和物种的保护等，可以说涵盖生产行为、消费行为的方方面面。绿色消费倡导消费者在消费时选择未被污染或有助于公众健康的绿色产品；它在消费过程中注重对垃圾的处置，不造成环境污染；它引导消费者转变消费观念，崇尚自然、追求健康；在追求生活舒适的同时，注重环保，节约资源和能源，实现可持续消费，尽量选择无污染、无公害，有助于健康的绿色产品，把购买绿色产品视为一种时尚。绿色消费可从供给的方面来促进生产领域的良性循环发展，它引导企业采用绿色技术，提高资源利用率，采用生态工艺，大力开发可再生的绿色产品。

（五）实施绿色 GDP 核算体系，激励政府积极发展循环经济

从 20 世纪中叶开始，经济学家和统计学家就从环保与可持续发展的角度，提出绿色 GDP 的概念，绿色 GDP 力求将经济增长与环境保护统一起来，综合性地反映国民经济活动的成果与代价，包括生活环境的变化。实施绿色 GDP 核算体系对于我国发展循环经济是一种激励也是一种约束，绿色 GDP 的实施将引起政绩核算的变革。因此，我国要实施绿色 GDP，发展循环经济，可使政府与各科研单位联合探索地区绿色 GDP 的核算，将各种用地、水、空气、土壤和森林列入环境经济核算范围，再将这些自然资产及其变化编制成实物指标数据，最后通过估价将各种自然资产的实物量数据转化为货币数据，得出木材、地下水的耗减成本和土地转移引起的损失成本，再进一步得出了环境退化成本。同时可在资本形成概念基础上再形成两个净积累概念：即经济资产净积累和环境资产净积累。政府要加大宣传力度，积极鼓励市民对政府的监督，疏通监

督渠道，健全监督法规，让市民的监督有法可依，并且要注意保护公民的合法权益，加大媒体舆论对政府实施绿色GDP的监督。①

（六）循环经济生态技术创新制度建设

发展循环经济，核心是必须依靠科学技术，尤其是高新生态技术的发展。而发展以生态技术为基础的循环经济，应遵循以下原则：②

1. 重新构建生态技术创新体系。发展循环经济，必须建立起与之相应的生态创新体制，形成富有活力的创新体系和激励创新的政策环境。目前，我国有关部门在知识创新工程中确立了农业高新技术、人口与健康、信息与自动化、能源、新材料、资源环境、空间科学与技术、基础和重大交叉科学八大子系统，并以此为基础进一步发展科技目标，分别从重点研究领域、战略方向和重大项目三个层次上加强布局和组织重大项目预研，进而促进生态技术创新。

2. 依靠生态技术调整资源发展战略。当前的环境污染和生态破坏在很大层面上是因为科学技术的广泛应用导致的。解决环境问题、促进经济持续增长，也只有依靠科技进步。发展循环经济，非常关键的就是调整资源发展战略，发现新资源，而这些都需要依靠科技进步。

3. 加强循环经济方面的科技合作。当前人类面临着全球性人口激增、粮食短缺、资源耗竭、能源匮乏、环境污染五大危机越来越严重的困扰，应该在国家间采取广泛的合作寻求解决问题的途径和方法；大力开展国际间的科技合作，依靠国外先进的技术和管理手段，发展循环经济，走可持续发展的道路。

三、循环经济生态创新发展战略的法律激励制度

政府应转变立法理念，制定、完善符合循环经济发展的法律法规、

① 曹媛媛、胡天翼：《促进西安循环经济发展的激励机制浅析》，《西安财经学院学报》，2007年第4期。

② 丁同玉：《发展循环经济的科技策略的探讨》，《科学管理研究》，2003年第6期。

部门规章。政府应切实转变污染治理的立法理念及视发展经济为首要价值的立法目的，以循环经济理念为指导，实施污染预防与废弃物循环利用的方法，以实现经济与环境和谐发展为目标。

1. 完善《中华人民共和国循环经济促进法》，奠定我国循环经济基本法的地位。《中华人民共和国循环经济促进法》在十一届全国人大常委会第四次会议表决通过，已经于 2009 年 1 月 1 日开始实施。《中华人民共和国循环经济促进法》第一条规定：“为推进循环经济发展，提高资源利用效率，保护和改善环境，实现可持续发展，制定本法。”由此可见，制定循环经济促进法的立法宗旨是通过推进循环经济的发展，提高资源利用效率，保护和改善环境，实现可持续发展。这与以往经济增长至上的立法宗旨已产生了根本不同。本法律明确了循环经济的概念和调整范围，共分为七章，规定了循环经济规划制度、抑制资源浪费和污染物排放的总量调控制度、循环经济评价考核制度、以生产者为主的责任延伸制度、对高耗能、高耗水企业的管理、产业政策的规范和引导、激励措施、法律责任制度八项制度；还明确规定了发展循环经济与环境保护之间的关系，即发展循环经济必须服从于环境保护的目标，必须接受环境保护主管部门的监督管理；并特别强调：新建和改造各类产业园区，必须进行环境影响评价，并采取生态保护和污染控制措施，确保本区域的环境质量达到规定的标准。另外，该法一方面对违法行为规定严厉的法律责任，如对违反本法规定的企业针对不同情况，除没收设备、材料和产品外，还要赔偿损失、没收违法所得甚至责令停业、关闭、吊销营业执照；另一方面通过激励政策引导企业自主自愿地发展循环经济，如建立循环经济发展专项资金、对循环经济重大科技攻关项目给予财政支持、对有关循环经济项目实行投资倾斜等。这些规定对于保障循环经济沿着正确的方向发展具有重大意义。

2. 修订《中华人民共和国宪法》和《中华人民共和国环境保护法》，明确循环经济在我国法律体系中的应有地位。宪法是我国的根本大法，具有最高法律效力。循环经济作为我国今后经济发展战略，应作为我国的一项基本国策写入宪法。目前我国宪法仅以简单的条文对自然资源的保护作了规定，并未对循环经济作相关规定。如能在宪法中对循环经济的法律地位予以明确，将循环经济作为国家发展战略给予法律规定，将会对循环经济的发展产生深远影响。同样，现行的《中华人民共和国环境保护法》也只在个别条文中提到应对资源提高利用率，未确立发展循环经济的思想。因此，在其总则中要对循环经济作出原则性规定，确立发展循环经济的基本原则，从而为生态环境单行法的制订提供总方向和法律依据，并且对分则中与循环经济理念不符的部分章节、条款进行修改和删除，同时补充循环经济相关内容。

3. 修改环境保护方面的专项立法，并制定具体的实施细则，以推动循环经济的顺利发展。对《中华人民共和国清洁生产促进法》、《中华人民共和国环境影响评价法》、《中华人民共和国节约能源法》、《中华人民共和国水污染防治法》等专项立法中不适合循环经济发展的内容进行修改，使之与循环经济法相衔接。制定专门针对具体行业的循环经济专项立法，如《中华人民共和国建筑材料循环法》、《中华人民共和国容器与包装循环利用法》、《中华人民共和国资源综合利用条例》、《中华人民共和国废旧汽车回收条例》、《中华人民共和国包装条例》，对资源的回收、再生利用作出具体规定，使循环经济立法形成一个体系。同时在现有法律的框架内制定专项实施细则，有利于具体法律法规的实施，如主要耗能行业节能规范，以及强制性能效标识制度与再利用品标识制度。

4. 对较低层次的立法进行彻底清理，删除、废止与上位法相抵触的法条规定。原国家环保总局（今环境保护部）2007 年颁令对《水污染物排放许可证管理暂行办法》等 7 个规章和规范性文件予以废止或者修改。如废止《水污染物排放许可证管理暂行办法》（1988 年 3 月 20 日国家环境保护局［1988］环水字第 111 号）、《污水处理设施环境保护监督管理办法》（1988 年 5 月 9 日国家环境保护局［1988］环水字第 187 号）、《放射环境管理办法》（1990 年 5 月 28 日国家环境保护局令第 3 号）、《核电厂放射性废物管理安全规定》（1991 年 8 月 29 日国家核安全局令第2号)，删除《国家重点环境保护实用技术推广管理办法》(1999年6月21日国家环境保护总局令第4号)的第六条、第七条、第八条，删除《化学品首次进口及有毒化学品进出口环境管理规定》(1994年3月16日国家环境保护局、海关总署、对外贸易经济合作部环［1994］140号)的第九条、第十条、第十一条等。

第三节　我国循环经济生态创新发展战略思路

一、我国循环经济生态创新总体战略思路

坚持以邓小平理论和“三个代表”重要思想为指导，全面贯彻落实党的十六大和十七大精神，围绕“三大基地”建设的目标，坚持“以人为本，全面、协调和可持续”的科学发展观，坚定不移地走新型工业化道路，认真贯彻落实可持续发展战略和环境保护基本国策，培育和发展循环经济，积极转变经济增长方式，注重节约资源，节能降耗，提高效率，减少污染，以环境保护和资源综合利用的高标准、严要求来促进经济转型；坚决实行从污染末端治理为主向源头预防、全过程控制为主，末端治理为辅的道路转变；提倡科学消费观，提高全民环保意识；通过完善市场运营机制和环境监管体系，依靠科技创新、体制和政策创新，依法治理环境，以改善生态环境、促进经济良性发展和提高人民生活质量为目标，把经济发展和资源永续利用紧密结合起来，立足长远、宏观和全局。实施可持续发展战略，以经济结构调整为主线，以提高资源利用效率为核心，以构建和谐社会，实现经济、资源、环境的协调发展为目的，建立以区域产业循环体系、基础设施体系和生态建设体系为核心的循环经济基本构架，遵循系统性原则、功能互补原则、资源约束原则、

集群发展原则、动态性原则和可持续发展原则，从企业、产业、区域、社会四个层面分步骤地建设循环经济型企业、生态工业园区、国家环保模范城市群和资源循环型社会，重点推进生态技术、生态产业、绿色制度、生态观念、政府职能五大创新战略，建立一套完整的循环经济政策法规体系、有力的科技支撑体系和完善的指标评估核算体系，提高全民绿色消费意识，努力构建新型的经济发展模式，促进经济社会又快又好的发展。

二、我国循环经济生态创新发展战略制定的原则

（一）以发展生态产业、构筑循环经济模式为中心

发展生态产业、建立循环经济模式是发展循环经济的重要内容。循环经济的3R原则（减量化、再利用、再循环）应全面贯彻在生态产业的建设过程中，按照经济规律和物质、能量、信息流动的生态规律构筑新型循环经济发展模式，充分体现地区的区位和资源优势，把经济活动组织成一个“资源—产品—再生资源”的反馈流程，纵向整合延伸、横向关联结合产品产业链，形成生态产业链网体系，达到物质、能源、资源和废弃物的梯级、循环利用，构筑具有中国特色的循环经济型产业体系。

（二）将清洁生产作为优先行动领域

清洁生产促使人们思想和观念发生转变，它是环境保护战略由被动的末端治理转向主动的全过程预防，以污染物削减为目标，通过工艺改进、技术进步、过程优化、设备更新、废弃物循环利用和科学量化管理为手段，提高能源资源的利用率，削减污染物的产生与排放量，增加经济效益。各地应借鉴国内外发展循环经济成功地区的经验，以企业单位和区域的清洁生产工作为切入点和优先行动领域，逐步实现以资源循环利用为基础的清洁生产体系，建立企业和区域内部的物质、能量的高效循环利用和基础设施、信息的集成共享机制。

（三）统筹规划、突出重点

发展循环经济是一项宏大的系统工程，要科学规划，明确近期、中期、远期目标，采用点、线、面结合的模式，分层次推进。与国民经济社会发展规划相衔接，根据生态功能分区合理布局，突出近期工作重点，优先抓好重点区域、重点行业和重点企业循环经济示范建设，选准重点建设项目，建立循环经济发展模式，发挥示范带动作用，并辐射至各个行业，使整个经济社会的循环经济发展逐步深入并取得明显成效。企业是发展循环经济的“点”，园区是“线”，城市是“面”。国内外发展循环经济成功的经验表明，只有实现企业层次的小循环、园区层次的中循环，才能实现整个城市的大循环。因此，要把建设生态企业作为发展循环经济的基础工程来抓，引导现有企业加快技术改造步伐，积极推行清洁生产，加强环境管理，使污染防治逐步由末端治理为主向全过程控制转变；加快发展生态产业，建立完善生态工业园和循环经济园，形成园区产业循环链网，进一步构筑整个社会资源、能源循环利用和信息、基础设施高度集成与共享模式，形成全社会的大循环。

（四）政策引导、市场调节、体制创新和公众参与相结合

发达国家发展循环经济给我们的重要启示是：必须明确政府、企业和公众的责任，要充分发挥政府、市场和企业三方面的作用，鼓励多方共同参与循环经济。政府要发挥制定规划、支持服务和政策导向的作用，引导各产业向循环型、生态化的方向转变。发挥市场的资源配置作用，以经济规律为指导，推行市场化运作方式，采用优胜劣汰的竞争机制，淘汰资源、能源消耗高的落后产业，促进集约型、循环型和生态型产业的发展壮大。运用生态管理的理念，加强政府、园区和企业的绿色管理，实施 ISO14000 环境管理体系，建立和完善支持服务系统，以先进的体制和管理来保证循环经济的快速发展。强化公众参与机制，调动全社会的主动性，培育生态文化，广泛争取国内外的支持与合作，形成全社会支持、参与循环经济的良好氛围。

三、我国循环经济生态创新发展战略实施的基本思路

（一）宣传理念、提升地位、注重合力、推动发展

要大力宣传循环经济理念、提升循环经济生态创新的战略地位，实现政府、企业、公众合力，推动循环经济生态创新的发展。实现循环经济生态创新需要更新人们的观念，没有崭新的发展理念指引，也就难有循环经济生态创新的实践。有什么样的理念就会有什么样的发展思路、发展模式和发展结果。发展理念不转换，循环经济就难以有效实现转型。领导缺乏对循环经济生态创新的重要性和紧迫性的认识，就容易滋生片面追求 GDP 的发展观。对于决策者来说，需要树立把发展循环经济作为走新型工业化道路、建设节约型社会总战略的理念，加速构建资源—产品—再生资源的经济发展模式。实现生态与经济两个系统的良性循环和经济效益、生态效益、社会效益的统一。社会公众缺乏上述认识就会产生循环经济生态创新的被动。因此，要加强对公众循环经济理念和有关知识方面的教育。政府可以通过多种宣传媒介，倡导生态价值观和绿色消费观，把循环经济理念渗透到民众的日常生活中，促使广大民众由生态觉醒到生态自觉转变。要将树立资源节约和环境保护意识的相关内容编入教材，在中小学中开展国情教育、节约资源和保护环境的教育。要组织开展相关管理和技术人员的知识培训，增强意识，掌握相关知识和技能。编写消费行为导则和资源节约公约，引导合理消费，规范消费行为，开展多种形式的实践活动，逐步形成节约资源、保护环境的消费方式，开创使循环经济在广大民众心灵深处生根发芽，实现人人主动参与循环经济、关心循环经济的良好局面。

企业是循环经济生态创新的主体，企业应该把循环经济理念纳入到企业文化和企业发展战略规划中。具体来讲，要做到把循环经济生态创新与企业文化建设结合起来，把发展循环经济生态创新阶段目标的实现与企业战略有机结合起来，把循环经济生态创新与资源开发再利用结合

起来，把循环经济生态创新与清洁生产理念结合起来。通过对循环经济生态创新理念的宣传，促进企业自觉把循环经济生态创新与转变经济增长方式结合起来，实现企业向生态企业转型。这样，无论生产观念还是消费观念就会逐渐向有利于循环经济生态创新的方向转变，引导全社会逐步树立生态价值是第一价值的观念，树立起整体、循环、共有的生态观和绿色消费观。这就要求政府做出适当的制度安排来大力推进循环经济生态创新的理论研究与知识传播。

要把循环经济生态创新在我国经济建设发展的地位提高到战略高度来认识。它不仅关系到我国改革开放的成败和经济发展的可持续性，而且关系到我国未来能否占领世界经济科技战略制高点。向循环经济转型并非是解决污染问题、实现经济增长等方面的一种简单线性转换，既是我国经济未来发展的迫切需要，也是全面建设小康社会的必然要求，更是落实科学发展观的必由之路。总之，循环经济生态创新的战略地位已经逐步凸显，我们需要把向循环经济生态创新提到议事日程上来，观念要先行，行动要跟上。要动员社会各方面力量，大力开展形式多样的节约资源和保护环境的宣传活动，提高全社会对发展循环经济重大意义的认识，把节约资源、保护环境变成全体公民的自觉行为。

（二）将发展循环经济生态创新的政策纳入到发展战略体系之中

无论一个企业、一个园区，还是一个省市，向循环经济转型都要循序渐进、科学规划，要有重点、有步骤的进行。需要确定循环经济转型发展的优先领域和相关重点领域，实行渐进发展和跨越发展相结合的循环经济推进策略，也就是说要规划在先，有一流的规划指导才会有卓有成效的转型。为此，各地、各个企业都应该结合因地制宜的原则以及国家总体战略的部署，制定出切合实际的循环经济转型方案和规划。将循环经济转型的重要企业或产业超前做出安排，循序渐进地推行循环经济转型。要根据本地的环境容量和资源承载力等方面来安排经济发展规模，可以在东南沿海城市和中西部地区设定不同的循环经济转型目标和任务，把发展环境保护产业、资源综合利用的产业转型、绿色农业作为不同的重点，培育新的经济增长点。把循环经济转型的指标纳入各地的专项规划、区域规划、城市发展规划和地方国民经济规划之中，明确目标，确定重点，制定有效的政策措施。如北京市于2006年1月制定了“发展循环经济，推进节约型社会建设主题实施方案”，从几个方面论证了循环经济转型的重要性和转型推进方法和步骤，很值得各地借鉴。规划方案把发展循环经济、建设节约型社会看成是全面贯彻落实党中央国务院科学发展观的重大举措，是区域可持续发展的根本出路，也是实施循环经济区域战略构想的重要保障，是坚持以人为本，实现人与自然和谐的必然要求，其目的是着力解决循环经济发展的制约瓶颈，以此推动循环经济的快速发展。实际上，这种规划本身就是一种国家宏观政策的融入和发展，也是循环经济转型的战略设计和统筹安排。

由于我国宏观经济调控政策，以及国家发展战略与循环经济发展之间，在一定程度上缺乏一致性。尽管中央政府把发展循环经济提到了很高的地位，但在地方各级政府和综合经济管理部门的相关政策中，却没有把发展循环经济作为整体政策中的一个环节进行具体化落实，导致发展循环经济边缘于主体经济政策之外。因此，将发展循环经济的政策纳入到国家宏观经济调控政策体系和国家全面建设小康社会的整体战略和可持续发展大战略中，使之与自主创新战略、投资与消费协调拉动战略、新农村建设战略、资源节约与环境友好战略、区域协调发展等与此相关的战略群以及其他政策和相关战略相配套，就显得极为迫切和重要。要把发展循环经济放在国家经济管理职能的突出位置，将其纳入国家发展的战略体系之中，利用财政政策、税收政策和货币政策等支持循环经济转型发展，利用国家总体战略来指导、规划和规范循环经济发展工作。

（三）倡导绿色消费，促进绿色生产

绿色消费是指消费者从节约自然资源、保护生态环境以及承担社会责任出发，而采用的一种在消费过程中减少资源浪费和防止污染的理性消费方式。组织公众积极参与绿色消费运动，倡导公众树立合理消费、适度消费的观念，在全社会形成健康文明的消费模式。

1. 进行绿色意识教育，引导绿色消费行为。所有政策执行效果都和公众的参与密切相关。为了提高循环经济政策的实施效果，需要加强对公众绿色消费意识、资源节约意识、环境保护意识的培养。通过学校教育、培训和大众传媒等方式进行循环经济意识教育，使循环经济成为公众的共识，形成良好的社会氛围，公众自觉按照循环经济的要求安排生产和生活。消费在经济过程中占有重要的地位，产品或服务只有在被最终消费之后才能真正实现其价值。因此，倡导绿色消费是构建循环经济的重要环节。进行绿色消费应做到：一是倡导消费未被污染或者有助于公众健康的绿色产品；二是在消费过程中注重对垃圾的处理，节约资源和能源；三是注重环保，不造成环境污染，改变公众对环境不宜的消费方式。倡导绿色消费一方面可以创造新的消费热点，另一方面可以反作用于绿色生产。提倡公众自觉选择包装物较少、耐用和可循环使用的物品，购买和使用节能、节水、再生利用的产品，引导公众减少一次性用品使用，提倡自备购物袋购物。公众应当按照规定分类投放生活垃圾，投放废弃家具、电子仪器、电器及其他大件废旧物品。在引导绿色消费中的一个重要环节是政府应当带头购买经济型实用型，而又减轻生态环境负荷的产品，客观上能够起到示范作用，对社会公众消费观念的更新起引导作用。通过在生活领域提倡3R原则和避免废弃物产生的原则，把个人的消费行为提升为理性的消费和清洁消费，把消费过程纳入循环系统。

2. 促进绿色生产方式。绿色消费能够驱动发展循环经济的内在动力，其原因是绿色消费的深层作用在于引导和促进绿色生产。消费者选择未被污染或有助于公众健康的绿色消费品，在消费过程中注重对废弃物的处置、节约资源和能源，注重环保、不造成环境污染等。所有这些绿色消费观念和绿色消费行为的转变，将导致人类的消费结构发生重大变革，消费结构的改变必将导致社会的生产方式、产业结构、技术结构和产品质量的调整与升级，形成绿色消费需求与经济增长之间的良性循环，从而推动循环经济的发展。

（四）鼓励民间组织的建立和开展活动

在发展循环经济中，非盈利性的市场中介组织可以起到独特的作用。目前，虽然我国已经建立了一些进行环保宣传的民间组织，但与13亿人口的庞大基数相比还是太少了。据中华环保联合会的调查，目前我国共有民间环保组织2768家，因此，应当重视公众参与的非政府组织、民间团体、中介机构的组建工作，特别要加强对环保非政府组织（NGO）的支持。要发挥中介组织在连接生产者与消费者之间的纽带作用，建立相关的中介组织和服务制度。中介组织不是指垃圾处理等企业，而是一些具有媒介性质的组织机构。通过中介组织的作用，促进有回收产品和包装废弃物意愿的企业联成网络，并发布废品回收信息，从而使个人、企业、政府结为一体，加强交流，调剂余缺，推动废弃物的减量化、资源化和无害化。公众参与也是民主管理的一种方式，随着社会的进步，公众参与的深度和广度都将扩大。此外，公众参与不能只停留在中央和省市的层次上，而是要进一步地进乡村、进社区。要把保护生态环境和节约回收利用资源的民间组织扩展到全国，如果每一个乡村、每一个社区都有类似于“环境议事会”这样的民间团体的话，就会行使执法监督、政策参与和绿色生活的权利，这样才能将公众参与机制落到实处。要鼓励和支持各种民间组织开展各种环境保护社会监督和公益活动，并与政府建立起友好的伙伴关系。发展各种引导民间生产和消费行为的制度和机制，包括各种环境保护自愿认证制度和自愿协议方式，通过民间各种自愿行动，引导市场供求向着有利于环境保护的方向变化。

参考文献

1. Lucas, E. Robert, On the Mechanism of Economic Development, *Journal of Monetary Economy*, 1988 (1), p. 22.

2. Romer, Paul, Increasing Returns and Long Run Growth, *Journal of Political Economy*, 1986 (10), pp. 1002 – 1037.

3. 大卫·罗默:《高级宏观经济学（第三版）》，上海财经大学出版社 2009 年版。

4. 艾志红、章俊:《绿色技术创新与企业可持续发展研究》，《湖北经济学院学报》，2006 年第 1 期。

5. 安达、冯流、曹东、杨金田:《包钢工业生态建设的生态工业网络设计》，《环境保护》，2005 年第 1 期。

6. 曹如中、彭福扬:《技术创新生态化转向研究》，《西安电子科技大学学报》，2003 年第 9 期。

7. 曹媛媛、胡天翼:《促进西安循环经济发展的激励机制浅析》，《西安财经学院学报》，2007 年第 4 期。

8. 陈鹏、孙国兴:《天津市循环农业发展模式分析与对策建议》，《农业科技管理》，2009 年第 3 期。

9. 陈启杰、田圣炳:《论从消费者主权到可持续消费的转型》，《上海财经大学学报》，2008 年第 5 期。

10. 陈锡钦:《试论循环经济的支撑体系》，《经济师》，2007 年第 3 期。

11. 陈效兰：《生态产业发展探析》，《宏观经济管理》，2008 年第 6 期。

12. 程绪平：《我国资源稀缺性与资源产业的发展选择》，《经济研究》，1991 年第 9 期。

13. 程瑜：《促进循环经济发展的财政政策研究》，《中国人口、资源与环境》，2006 年第 6 期。

14. 戴星翼：《生态服务的价值体现》，科学出版社 2005 年版。

15. 邓南圣、吴峰：《工业生态学——理论与应用》，化学工业出版社 2002 年版。

16. 邓伟根、陈林：《工业生态构建的思路与对策》，《工业技术经济》，2007 年第 1 期。

17. 丁玲华：《发展循环经济的金融支持研究》，《科技和产业》，2007 年第 8 期。

18. 丁同玉：《发展循环经济的科技策略的探讨》，《科学管理研究》，2003 年第 6 期。

19. 方时姣：《论绿色企业的制度创新》，《中南财经政法大学学报》，2003 年第 1 期。

20. 冯之浚：《树立科学发展观促进循环经济发展》，《上海大学学报》，2004 年第 5 期。

21. 冯之浚：《循环经济导论》，人民出版社 2004 年版。

22. 傅家骥：《技术创新学》，清华大学出版社 1998 年版。

23. 高玫：《工业生态：我国发展循环经济的战略选择》，《江西能源》，2007 年第 4 期。

24. 龚晓宁、钟书华：《工业生态区内工业链特征分析》，《中国农业银行武汉培训学院学报》，2003 年第 11 期。

25. 谷曼：《我国循环农业发展的实证研究》，《河南农业科学》，2007 年第 2 期。

26. 顾海波：《中国循环经济法律体系的构建》，《学习与探索》，

2005 年第 6 期。

27. 顾丽、彭福扬：《面向循环经济的企业技术创新》，《科学学与科学技术管理》，2005 年第 2 期。

28. 郭彬、张世英、郭焱、冷永刚：《循环经济激励机制设计研究》，《工业工程》，2005 年第 6 期。

29. 郭铁民、王永龙：《福建发展循环农业的战略规划思路与模式选择》，《福建论坛》（人文版），2004 年第 11 期。

30. 郭文才、薛绯：《论金融支持与我国循环经济的发展》，《科学管理研究》，2008 年第 1 期。

31. 海热提·涂尔逊：《循环经济（生态）工业园区》，《再生资源与循环经济》，2008 年第 7 期。

32. 韩晔：《生态伦理观与生态创新体系的建立》，《北京林业大学学报》，2006 年第 3 期。

33. 何立胜、管仁勤：《经济体制创新的方式与成本相关分析》，《经济问题探索》，1994 年第 10 期。

34. 贺新元、王晓林：《中国发展循环经济的社会机制构建构架探略》，《学术论坛》，2004 年第 5 期。

35. 黄进：《中国与国际法规比较年刊》，法律出版社 2005 年版。

36. 黄鲁成：《基于生态学的技术创新行为研究》，科学出版社 2007 年版。

37. 黄涛、罗天强、李锐锋等：《论政府在企业技术创新生态化中的职能》，《科学学与科学技术管理》，2004 年第 8 期。

38. 黄志斌、王晓华：《产业生态化的经济学分析与对策探讨》，《华东经济管理》，2000 年第 3 期。

39. 季昆森：《循环经济原理与应用》，安徽科学技术出版社 2004 年版。

40. 加尔布雷斯：《丰裕社会》，北京商务印书馆 1981 年版。

41. 姜太平：《绿色制度创新初探》，《华中理工大学学报》，2000 年第 1 期。

42. 姜太平：《论企业绿色制度创新模式》，《中国软科学》，1999 年第 4 期。

43. 姜欣：《中国循环农业经济发展研究》，《社会科学辑刊》，2008 年第 2 期。

44. 解振华：《生态工业理论与实践》，中国环境科学出版社 2002 年版。

45. 金晶、曲福田：《循环农业经济体系的内涵及其构建》，《中国人口资源与环境》，2006 年第 6 期。

46. 金永红：《我国金融生态系统发展现状及其优化策略》，《生态经济》，2006 年第 6 期。

47. 金涌、李有润、冯久田：《生态工业理论与应用》清华大学出版社 2003 年版。

48. 柯金虎：《工业生态学与工业生态论析》，《科技导报》，2002 年第 12 期。

49. 课题组：《发展循环经济的金融政策支持研究》，《福建金融》，2009 年第 1 期。

50. 孔令丞、谢家来：《循环经济推进战略研究》，中国时代经济出版社 2008 年版。

51. 蓝虹：《环境产权经济学》，中国人民大学出版社 2005 年版。

52. 劳爱乐（美）、耿勇：《工业生态学和生态工业园》，化学工业出版社 2003 年版。

53. 劳可夫、刘思华：《企业绿色竞争战略》，《改革与战略》，2005 年第 7 期。

54. 雷海章等：《关于建立循环经济的绿色制度的探讨》，《福建农林大学学报》，2004 年第 3 期。

55. 李尔彬、蒋敏元、孙延华：《林区发展循环经济支撑体系的研究》，《森林工程》，2007 年第 3 期。

56. 李贯岐：《对生态消费问题的探讨》，《理论学刊》，2002 年第 6 期。

57. 李虹：《循环经济发展与金融支持》，《东岳论丛》，2006 年第 3 期。

58. 李建梅、任建兰：《科学发展观中的生态文化建设》，《山东省农业管理干部学院学报》，2006 年第 1 期。

59. 李建民等：《中国循环经济战略选择的政治经济分析》，人民出版社 2007 年版。

60. 李敏琪：《循环农业是我国农业可持续发展的必由之路》，《乡镇经济》，2007 年第 8 期。

61. 李树：《我国生态产业的发展模式及政策支持》，《经济问题》，2008 年第 11 期。

62. 李顺兴、邓南圣：《生态消费观刍议》，《漳州师范学院学报（自然科学版）》，2002 年第 3 期。

63. 李伟、张彩彩：《论生态产业发展对经济社会的影响》，《经济问题》，2008 年第 9 期。

64. 李伟：《刍议绿色消费、可持续消费及生态消费观》，《特区经济》，2008 年第 9 期。

65. 李文涛：《制度创新理论研究述评》，《经济纵横》，2001 年第 11 期。

66. 李文云：《美国：垃圾回收有法律管》，《人民日报》，2005 年 8 月 26 日。

67. 李燕：《循环经济与政府的政策选择》，《云南行政学院学报》，2006 年第 3 期。

68. 李阳：《关于我国发展循环农业的思考》，《经济纵横》，2006 年第 6 期。

69. 李英东：《发展循环经济的制度模式与制度创新》，《经济经纬》，2007 年第 2 期。

70. 李正发：《传统经济分析的主要视野与缺失》，《湖北省社会主义学院学报》，2008 年第 1 期。

71. 李忠立等：《我国工业生态建设的实践模式》，《天津师范大学学报》，2007 年第 4 期。

72. 练绪宁、李桂莲：《构建我国循环经济的支撑体系》，《井冈山师范学院学报》，2004 年第 1 期。

73. 梁惠清：《珠三角地区循环农业发展模式探讨》，《经济与科技》，2006 年第 10 期。

74. 梁钰：《论沿海城市发展循环经济的支持体系》，《经济研究导刊》，2009 年第 3 期。

75. 林白鹏：《消费经济辞典》，经济科学出版社 1991 年版。

76. 林瑞基：《制度创新——可持续发展的唯一道路经济体制改革》，《经济体制改革》，2001 年第 2 期。

77. 林永军：《金融生态建设：一个基于系统论的分析》，《金融研究》，2005 年第 8 期。

78. 刘伯霞：《关于生态产业文明的思考》，《柴达木开发研究》，2008 年第 4 期。

79. 刘泊、秦书生：《我国技术创新生态化的经济支撑环境分析》，《沿海企业与科技》，2008 年第 10 期。

80. 刘东：《中国金融改革面对的产权问题思考》，《金融研究》，2003 年第 8 期。

81. 刘光岭、李伟：《循环经济条件下的技术创新研究》，《经济纵横》，2008 年第 5 期。

82. 刘明：《凤凰山现代生态农业园区建设研究》，《林业资源管理》，2001 年第 1 期。

83. 刘思华：《创建五次产业分类法，推动 21 世纪中国产业结构的战略性调整》，《生态经济》，2000 年第 6 期。

84. 刘思华：《对可持续发展经济的理论思考》，《经济研究》，1997

年第3期。

85. 刘思华:《可持续发展经济学》,湖北人民出版社1997年版。

86. 刘云生、冼宇航:《金融生态法律制度问题研究》,《南方金融》,2005年第12期。

87. 刘志捷:《德国如何分类回收垃圾》,《中国经济周刊》,2005年第35期。

88. 龙莉:《北京市生活垃圾处理与金融支持措施》,《北京社会科学》,2004年第1期。

89. 卢强、凌虹、吴仁涛:《企业的绿色战略》,《环境保护》,2000年第6期。

90. 卢现祥:《西方新制度经济学》,中国发展出版社2003年版。

91. 罗宏:《国外工业园区的环境管理》,《环境导报》,2001年第1期。

92. 罗斯托:《经济成长的阶段》,商务印书馆1983年版。

93. 马慧:《论内蒙古地区发展循环经济的支撑体系》,《内蒙古财经学院学报》,2007年第5期。

94. 马蕾、吴曼、马锦义:《循环农业生态园区建设规划初探》,《江苏农业科学》,2008年第5期。

95. 毛如柏、冯之浚:《论循环经济》,经济科学出版社2003年版。

96. 茆长宝、陈勇、程琳:《我国不同地区生态足迹差异与可持续发展的实证研究》,《农业现代化研究》,2009年第3期。

97. 孟国庆、张玉新、侯世昌等:《面向可持续发展的技术创新及其价值实现》,《中国软科学》,2001年第2期。

98. 孟国庆:《可持续发展的技术创新机制》,《中国人口、资源与环境》,1999年第2期。

99. 南枫:《金融支持循环经济存在的问题及对策》,《西部金融》,2007年第12期。

100. 庞任平:《建立发展循环经济的金融支持体系》,《金融理念与实践》，2006 年第 6 期。

101. 彭福扬、胡元清、刘红玉：《科学的技术创新观——生态化技术创新》，《自然辩证法研究》，2006 年第 6 期。

102. 彭福扬、王胜：《以绿色消费创新促进技术创新生态化转向》，《求索》，2005 年第 2 期。

103. 彭琴、龚新奇：《从循环经济的国内外实践看我国循环经济发展支撑体系的构建》，《北方环境》，2003 年第 4 期。

104. 彭易成、张霞：《循环经济与传统经济学的比较研究》，《宏观经济》，2005 年第 7 期。

105. 彭宗波、陶忠良、蒋菊生：《生态产业的发展历程及未来趋势》，《华南热带农业大学学报》，2005 年第 1 期。

106. 齐建国：《关于循环经济理论与政策的思考》，《经济纵横》，2004 年第 2 期。

107. 钱平凡：《基于产业集群的我国科技创新的战略研究》，《中国科技论坛》，2004 年第 2 期。

108. 钱小安：《金融监管机制，效率与变革》，中国金融出版社 2006 年版。

109. 卿定文、张菊：《建设环境友好型社会呼唤生态消费》，《消费经济》，2006 年第 3 期。

110. 邱丹、白延飞：《江苏发展循环农业的探索和实践》，《农业环境与发展》，2006 年第 3 期。

111. 曲格平：《循环经济与环境保护》，《光明日报》2001 年 11 月 20 日。让 · 波德里亚：《消费社会》，南京大学出版社 2001 年版。

112. 荣诚：《生态技术创新研究初探》，《中国软科学》，2004 年第 5 期。

113. 阮晓莺：《和谐社会视阈下生态化技术创新的路径选择》，《闽江学院学报》，2008 年第 6 期。

114. 尚杰、于法稳：《生态文明、生态产业与西部大开发》，《生态经济》，2001 年第 9 期。

115. 施里达斯·拉尔夫：《我们的家园——地球》，中国环境科学出版社 1993 年版。

116. 石敏俊等：《中国经济增长的资源环境代价》，科学出版社，2009 年版。

117. 史培军、刘学敏：《生态建设产业化，产业发展生态化》，《求是》，2003 年第 4 期。

118. 史小红：《循环农业及发展模式研究》，《河南教育学院学报》，2007 年第 4 期。

119. 舒建玲、杨艳琳：《以生态产业推动我国循环经济的发展》，《生态经济》，2008 年第 6 期。

120. 宋瑛、王亚飞：《县域经济缺乏金融支持的困境分析及其对策》，《重庆工学院学报》，2004 年第 4 期。

121. 孙启宏等：《中国循环经济发展战略研究》，新华出版社 2006 年版。

122. 唐广炬、陈兵：《消费创新的探讨》，《经济与社会发展》，2004 年第 10 期。

123. 唐善茂、李守义：《全面落实科学发展观建立矿产资源开发利用的生态创新体系》，《矿产与地质》，2006 年第 2 期。

124. 陶君道：《金融支持欠发达地区循环经济发展研究》，《甘肃金融》2006 年第 2 期。

125. 汪丁丁：《制度创新的一般理论》，《经济研究》，1992 年第 5 期。

126. 王国莉等：《观光农业生态园的规划设计》，《生态环境》，2005 年第 3 期。

127. 王环：《生态消费是社会和谐发展的自然选择》，《济南大学学报（社会科学版）》，2009 年第 1 期。

128. 王卉彤、陈保启：《金融创新和循环经济的双赢路径》，《上海金融》，2006 年第 6 期。

129. 王慧：《我国生态创新产业发展问题的探讨》，《生态经济》，2005 年第 2 期。

130. 王克强：《略论绿色技术创新理论对传统技术创新的革命性发展》，《武汉理工大学学报》，2007 年第 1 期。

131. 王明彦：《基于科学发展观的生态消费及其实现》，《消费经济》，2009 年第 3 期。

132. 王如松：《生态创新与生态普及的几个基础问题》，《生态科学创新与发展》（中国生态学会 2006 年学术年会论文荟萃），中国环境科学出版社，2006。

133. 王瑞贤、罗宏等：《国家生态工业示范园区建设的新进展》，《环境保护》，2003 年第 3 期。

134. 王寿春：《循环经济与生态产业发展中的生态政治问题研究》，《自然辩证法研究》，2005 年第 4 期。

135. 王双正：《我国农村金融体系发展的深层次思考》，《金融理论与实践》，2006 年第 1 期。

136. 王祥荣、陆佳、张浩：《中心城生态园区建设规划研究——以上海市卢湾区为例》，《城市发展研究》，1999 年第 2 期。

137. 王晓娟：《可持续发展与制度创新》，《理论界》，2006 年第 10 期。

138. 王卓君：《循环经济与可持续发展》，《农村经济》，2006 年第 2 期。

139. 魏少平：《发展循环农业增强农业可持续发展能力》，《新西部》，2009 年第 2 期。

140. 吴大华：《中国循环经济的政府引导及激励政策》，《管理现代化》，2007 年第 4 期。

141. 吴迪冲：《绿色生产企业创新》，《商业研究》，2003 年第 14 期。

142. 吴慧：《技术创新生态化的经济发展观取向》，《科技情报开发与经济》，2003年第11期。

143. 吴磊、姜太平：《浅议企业绿色制度创新的实现途径》，《软科学》，2003年第1期。

144. 吴琳：《绿色消费内含的生态文明观探析》，《学习与实践》，2009年第1期。

145. 谢芳：《中国常驻联合国使团环保总动员》，《法制日报》，2000年7月16日。

146. 徐建中、马瑞先：《企业发展循环经济的利益激励对策研究》，《改革与战略》，2007年第9期。

147. 徐金香：《加快生态产业发展的实践创新》，《理论导报》，2000年第11期。

148. 徐诺金：《论我国金融生态问题》，《金融研究》，2005年第2期。

149. 徐荣贞：《金融生态的系统再构与生态功能》，《商场现代化》，2008年第9期。

150. 许尔君等：《以生态文明理念推动产业结构的调整》，《中国园艺文摘》，2008年第6期。

151. 薛达元、郭泺、张丽荣：《论生态产业与循环经济》，《环境保护》，2008年第12期。

152. 薛东峰：《南海工业生态区的生态规划》，《环境科学学报》，2003年第2期。

153. 闫敏：《循环经济国际比较研究》，新华出版社2006年版。

154. 严立冬、谭波、刘加林：《生态资本化：生态资源的价值实现》，《中南财经政法大学学报》，2009年第2期。

155. 严立冬：《经济可持续发展的生态创新》，中国环境科学出版社2002年版。

156. 严立冬：《绿色农业导论》，人民出版社2008年版。

157. 严立冬等：《绿色农业生态发展论》，人民出版社2008年版。

158. 严少华：《现代循环农业产业化模式的实践与探索》，《江苏农村经济》，2006年第11期。

159. 杨发明、吴光汉：《绿色技术创新研究述评》，《科研管理》，1998年第4期。

160. 杨立新：《论生态文化建设》，《湖北社会科学》，2008年第3期。

161. 杨敏英：《经济效益与资源代价》，《数量经济与技术研究》，1995年第7期。

162. 尹昌斌、唐华俊、周颖：《循环农业内涵、发展途径与政策建议》，《中国农业资源与区划》，2006年第1期。

163. 尹世杰：《论生态需要》，《光明日报》，1998年1月26日。

164. 尹世杰：《论生态需要与生态产业》，《湖南师范大学社会科学学报》，1998年第5期。

165. 尹艳冰：《面向循环经济的生态化技术创新主体系统研究》，《西安电子科技大学学报（社会科学版）》，2008年第5期。

166. 余达锦、胡振鹏：《基于生态文明的现代生态工业园区建设研究》，《求是》，2009年第6期。

167. 余华银：《生态创新：农业可持续发展的必然选择》，《经济问题》，1998年第8期。

168. 余敬、董青：《技术创新新论：生态技术创新》，《科技进步与对策》，2007年第3期。

169. 余伟玲、赵旭：《生态工业模式的经济效益分析》，《技术经济与管理研究》，2003年第6期。

170. 袁光耀：《可持续发展概论》，中国环境科学出版社2001年版。

171. 苑清敏、齐二石、李健：《绿色供应链与工业生态园区》，《天津理工学院学报》，2002年第6期。

172. 臧漫丹、高显义：《循环经济及政策体系研究》，《同济大学学报》，2006 年第 2 期。

173. 詹湘东：《技术创新生态化区域创新系统研究的新视角》，《科技管理研究》，2005 年第 2 期。

174. 张柏江、朱正国：《生态产业与可持续发展》，《经济地理》，2000 年第 3 期。

175. 张贡生：《循环经济与传统经济的区别及中国的选择》，《天津商学院学报》，2005 年第 1 期。

176. 张贡生：《走向生态文明之路》，《中国环保产业》，2004 年第 9 期。

177. 张静等：《金融生态建设理论与实务》，中国金融出版社 2006 年版。

178. 张凯：《发展循环经济，走可持续发展之路》，山东人民出版社 2003 年版。

179. 张鹏：《技术创新的外部效应与生态化转向研究》，《桂海论丛》，2006 年第 5 期。

180. 张青山等：《企业绿色制度创新研究》，《企业研究》，2006 年第 12 期。

181. 张社尧：《生态创新理念与可持续发展》，《生命科学》，2004 年第 3 期。

182. 张文华、杨红英：《对强化西部大开发金融支持的几点思考》，《经济问题探索》，2004 年第 4 期。

183. 张向前：《试论技术创新生态化》，《郑州经济管理干部学院学报》，2006 年第 4 期。

184. 张小兰：《对技术创新与循环经济关系的分析》，《科学管理研究》，2005 年第 2 期。

185. 张引：《论金融机构市场退出与优化金融生态》，《求索》，2006 年第 5 期。

186. 张宇清：《金融体系中的生态平衡》，《农村金融研究》，2004

年第 11 期。

187. 张玉卓：《西安市企业生态化技术创新的政策支持》，《科技和产业》，2008 年第 6 期。

188. 章新华：《论消费创新》，《云南社会科学》，1999 年第 6 期。

189. 赵波：《循环经济发展模式及其激励机制研究》，西南财经大学 2006 年硕士论文。

190. 赵国杰、宫靖、毕伟：《构建我国循环经济支撑体系的思考》，《天津大学学报》，2007 年第 6 期。

191. 赵国杰等：《企业制度创新的理论依据及应注意的两个问题》，《经营与管理》，1999 年第 7 期。

192. 赵弘志：《绿色经济发展和管理》，东北大学出版社 2003 年版。

193. 诸大建：《中国发展需要绿色创新》，《沪港经济》，2008 年第 4 期。

194. 钟书华：《工业生态学与工业生态科技》，《管理研究》，2003 年第 1 期。

195. 钟祖昌、陈功玉：《论面向可持续发展的生态技术创新实现机制》，《云南科技管理》，2004 年第 2 期。

196. 周荣：《科学认识人与自然的关系，促进人与自然的和谐发展》，《理论探索》，2005 年第 4 期。

197. 周生军、尚红云：《循环经济下的财税政策选择》，《新疆财经》，2005 年第 4 期。

198. 周小川：《完善法律制度，改进金融生态》，《金融时报》，2004 年 12 月 7 日。

199. 周欣华、赵旭：《西方工业生态园区的发展及对我国的启示》，《城市规划汇刊》，2001 年第 2 期。

200. 朱德位：《优化金融结构：改善金融生态的另一个视角》，《上海金融》，2006 年第 1 期。

后　记

生态创新是现代经济可持续发展的重要支柱，它是从经济生态化的生态发展实际出发，遵循生态文明的新思想和新概念，以生态经济系统良性循环、创新发展、协调发展、可持续发展为基本目标，通过生态科技的革新、绿色制度的形成、生态观念的改变，不断地解决经济可持续发展过程中的各种生态问题，其目的就是要增加生态环境系统运转的生态资本，增强生态环境系统的转化功能，提高自然物质和经济物质转化效率，从而提高生态环境系统适应现代经济发展的供给能力及其对现代经济社会的支撑能力。

本书是“十一五”国家重点图书规划项目，也是中南财经政法大学与中美生态、能源及可持续性科学内蒙古研究中心合作研究的重要成果。该书由严立冬、刘加林、郭晓川编著。全书写作提纲由严立冬设计拟定，编写人员多次讨论修订后进行规范写作。撰写具体分工如下：第一、二、三、六章由严立冬、刘加林撰写，屈志光、袁浩等参加了该部分的资料收集、文字组织及撰写工作；第四章由陈光炬、黄鹂撰写；第五章由邓远建、严立冬撰写；第七章由郭晓川、孟慧君撰写；第八章由孟慧君、郭晓川、徐丽、严立冬撰写；第九章由严立冬、朱蓓撰写；第十章由刘加林、屈志光撰写。严立冬、刘加林对全书进行最后统稿和定稿，屈志光、袁浩在全书最后统稿和定稿中协助做了大量的工作。

该书的出版是集体智慧的结晶，凝聚了许多人的辛勤劳动和汗水。

《生态文明与绿色低碳经济发展》论丛主编刘思华教授对本书的写作思路、提纲及书稿的内容提出过具有建设性的修改意见和建议；博士研究生黄鹂、屈志光、马期茂、何伟、麦琮翎、苏发金等参加了本书的资料收集、部分文字组织及撰写工作；袁浩、文敏、王江欣、乔地、陈臣、姜婉、秦征帆、胡岚、邹俊兰等硕士研究生参加了本书资料的搜集工作并提出了一些有趣的想法，在此一并表示感谢！

在撰写过程中，本书参阅并引用了许多专家、学者的相关研究成果，在此表示诚挚的谢意！由于循环经济生态创新是一种新的思想，许多理论与观点还处于初创与成形阶段。因此，本书写作难度较大，书中提出的一些理论与观点有些不一定准确，这需要我们进一步加以研究与探讨。本书难免存在一些错误与缺点，希望得到同行及广大读者的批评指正。

严立冬

2011年8月20日